Friedrich Christian Delius:
Werkausgabe in Einzelbänden

Bildnis der Mutter als junge Frau. *Erzählung*
Der Sonntag, an dem ich Weltmeister wurde. *Erzählung*
Amerikahaus und der Tanz um die Frauen. *Erzählung*
Als die Bücher noch geholfen haben. *Biografische Skizzen*

Mein Jahr als Mörder. *Roman*
Ein Held der inneren Sicherheit. *Roman*
Mogadischu Fensterplatz. *Roman*
Himmelfahrt eines Staatsfeindes. *Roman*
Adenauerplatz. *Roman*

Der Spaziergang von Rostock nach Syrakus. *Erzählung*
Die Birnen von Ribbeck. *Erzählung*
Die Flatterzunge. *Erzählung*
Die Frau, für die ich den Computer erfand. *Roman*
Der Königsmacher. *Roman*

Wir Unternehmer/Unsere Siemens-Welt/Einige
Argumente zur Verteidigung der Gemüseesser. *Satiren*
Die Minute mit Paul McCartney. *Memo-Arien*
Unsichtbare Blitze. *Ausgewählte Gedichte*

Friedrich Christian Delius

Als die Bücher noch geholfen haben

Biografische Skizzen

Rowohlt Taschenbuch Verlag

Veröffentlicht im Rowohlt Taschenbuch Verlag,
Reinbek bei Hamburg, Februar 2014
Die vorliegende Ausgabe wurde erweitert
um zwei Texte und ein Personenregister
Copyright © 2012, 2014 by Rowohlt · Berlin Verlag GmbH, Berlin
Umschlaggestaltung any.way, Walter Hellmann
Satz aus der Arno Pro PostScript (InDesign) bei
CPI books GmbH, Leck
Druck und Bindung Druckerei C. H. Beck, Nördlingen
Printed in Germany
ISBN 978 3 499 26782 6

Das für dieses Buch verwendete FSC®-zertifizierte Papier
Lux Cream liefert Stora Enso, Finnland.

Inhalt

Vorsätze

Wenige Tage nach dem Ende der Schlacht von Stalingrad nicht weit vom Vatikan in das warme Frühlingslicht von Rom geboren, die Mutter eine milde Mecklenburgerin, der Vater ein westfälischer Pfarrer, zwischen hessischen Wäldern und Fachwerkhäusern, Bücherregalen und Fußballplatz Lesen und Schreiben gelernt und zugleich stotternd und stumm geworden – wo fängt es an, das Ich, das mit gelähmter Zunge zur Sprache drängt und im Alter von zehn Jahren mit der Schreibmaschine des gefürchteten Vaters sich einen «Weltplan» tippt? Und als «Beruf» angibt: Dichter.

Dies Rätsel habe ich auch in der Erzählung «Der Sonntag, an dem ich Weltmeister wurde» nicht gelöst, und ich will es nicht lösen, denn es treibt mich voran. Wer schweigt und stottert, mag, im Idealfall, ein besonders glühender Liebhaber der Sprache sein. Die Vorstöße vom Schweigen zum Schreiben, vom Fußballfan am Radio zum Bastler epigonaler Gedichte, die Expeditionen von weitschweifenden Leseabenteuern zu abgehackten Zeilen, ich habe sie rational nie begriffen. Ich entdeckte ganz neue, selbst induzierte Glücksgefühle, ich spürte die Wohltat, mich am Schopf der eigenen Texte aus dem Sumpf der Sprachlosigkeit ziehen zu können, mit jedem neuen und möglicherweise besseren

Gedicht festeren Boden unter den Füßen zu gewinnen und so das «entmündigte Ich wieder aufzurichten» (Kertész). Es wuchs die Lust am Widerspruch – erst gegen die Sprache der Väter, Großväter und Götter, dann gegen die Sprachen der Floskeln, der Macht, der Wirtschaft, der Ideologie. Wenigstens auf den Spiel- und Kampfplätzen der schriftlichen Sprache durfte ich mich stark fühlen, viel stärker als ich war, was wiederum die jugendliche Arroganz beförderte. Schreiben hieß Opposition und Selbstentdeckung, und ein dauernder Kampf gegen den Dilettanten, Nichtskönner und Hochstapler, als den ich mich sah.

Es zog mich ins Zentrum der deutschen Reibungen und Widersprüche, anderthalb Jahre nach dem Mauerbau. Aber was wäre Berlin gewesen ohne den Weg durch die Mauer, ich brauchte Gesprächspartner in beiden Berlins. Die politischen Schübe von 1965, 1966, 1967, 1968 haben mich nicht gehindert, zehnmal mehr Jean Paul und Fontane zu lesen als Marx. Theorie war meine Sache nie, Aktionismus noch weniger, und die Höhepunkte meiner Studentenbewegung waren ein gelungener Steilpass auf Wolfgang Neuss, eine Dissertation über «Der Held und sein Wetter» und das Werfen eines Steines in London. Die Maxime von Friedrich Schlegel begleitet mich seit 1965: «Jeder Satz, jedes Buch, so sich nicht selbst widerspricht, ist unvollständig.» Ein heimlicher Romantiker, wer möchte das nicht sein? Oder doch ein aufklärerischer Ästhet, der sich an Walter Benjamins Anspruch orientiert «Ein Autor, der die Schriftsteller nichts lehrt, lehrt niemanden»?

Nichts kann so falsch sein wie die Erinnerung. Jahrzehnte später sieht alles so einfach aus und glatt: der kleine Schritt von der Schulbank unter das literarische Zirkuszelt, die

Kurzstrecken vom ersten zum zweiten, dritten oder fünften Buch, die Übungen im politischen Speerwerfen, die Weitsprünge mit drei Gedichtzeilen in die Gerichtssäle und wieder zurück, die Stabhochsprünge über Berliner Mauern, die Hindernisrennen zum Entdeckerglück, der Zehnkampf der Verlegerei. Also, noch einmal von vorn: ein paar Nahaufnahmen literarischer Lebenskapitel aus den Zeiten, als die Bücher noch geholfen haben.

I. Zwischen Ich und Wir

Jungdichter, Lach- und Lehrmeister

Zum Lachen hatte ich sie gebracht, die Literaten, die kritischsten Köpfe, die man sich im Jahr 1964 vorstellen konnte. Rund hundert Leute hatten zugehört, hatten zustimmend gelacht, und mir schien es, jetzt, wo es vorbei war, ein leichtes Spiel: sie erheitert zu haben mit einigen kurzen, pointierten Gedichten, bei der ersten Lesung am Morgen, nach dem Frühstück, viele Zuhörer vielleicht noch verkatert, alle milde gestimmt. Die ganze gefürchtete und gehasste, die geschätzte, dämonisierte, verehrte Gruppe aus Autoren und Kritikern schaute auf mich, den stotternden Drittsemesterstudenten aus Berlin, ich hielt die Blicke aus, ich hielt sie gern aus, mein kurzer Auftritt war nicht peinlich gewesen, ich hatte nicht gestottert, ich hatte die Probe bestanden. Der Stuhl, auf dem ich saß, wurde elektrischer Stuhl genannt, doch es fand keine Hinrichtung statt. Im Gegenteil, man lobte und ermunterte mich, ich hatte Glück gehabt. Nur einer hatte Einwände – und bot sich ein Jahr später als Doktorvater an.

Aufgereiht sah ich sie vor mir sitzen, die schreibenden Meister mit den berühmten und weniger berühmten Namen, die unerbittlichen Kritiker mit großem und weniger großem Einfluss, die jungen Dichter und viele Unbekannte in der Schulhalle von Sigtuna in Schweden, und fühlte, wie die Angst von mir wich. Beim Abitur, anderthalb Jahre zuvor, hatte ich, der schlechte Schüler, mehr geschwitzt. Hier, bei der Gruppe 47, wäre ein Scheitern keine Schande gewesen, ich hatte mich schüchtern, aber einigermaßen furchtlos unter den Literaten bewegt. Nun war der Initiationsritus überstanden, ich gehörte dazu, ein wenig. Das Schreiben war nicht umsonst gewesen, der Eigensinn wurde belohnt, das Leben, das spürte ich, schien einen Sinn zu bekommen, mit einundzwanzig Jahren in den literarischen Himmel katapultiert.

Aus dem man jederzeit wieder fallen kann. Das wusste ich, das hatte man ständig vor Augen, ich sah ja, wie es anderen ging, die Pech hatten, die missverstanden oder zu hart angegangen wurden. Oder die zu mutlos schrieben oder zu angestrengt. Niemals ausruhen auf winzigem Erfolg, bloß nicht überheblich werden, verstoßen, fallen gelassen wird man schnell.

Ich hatte Glück, fast zu viel Glück. Hatte mit Klaus Wagenbach einen Verleger gefunden, der nicht nur einen Gedichtband für den Herbst des folgenden Jahres versprochen, sondern mich auch Hans Werner Richter empfohlen hatte. Zum Zweiten das Glück, dass es wegen der Reise nach Schweden Absagen gegeben hatte und Richter mich als Ersatzmann im letzten Moment dazugeladen hatte. Und drittens das Glück, am Morgen gelesen zu haben, als noch niemand das scharfe kritische Besteck auspacken mochte und, vom langen Zuhören belästigt, unwirsch und ungerecht zu poltern anfing.

In diesen Tagen kam eine vierte beglückende Erfahrung hinzu: Bei den Diskussionen über die gelesenen Texte zu erleben, wie produktiv und anregend die literarische Meinungsbildung sich entfalten kann. Von den Kritikern, von der Symphonie der unterschiedlichen Argumente eines Jens oder Mayer, Kaiser, Baumgart oder Reich-Ranicki, Raddatz oder Höllerer und vielleicht noch mehr vom Sensorium eines Grass, Weiss, Enzensberger, Fried, Lettau für handwerkliche Fragen ließ sich eines lernen: Intelligente Leute können, ja müssen aus guten Gründen sehr verschiedene Meinungen über literarische Texte haben – und je feuriger sie sich widersprechen, desto besser, Eitelkeit hin oder her.

Höllerer und Baumgart merkte man etwas Zögerndes an, als wollten sie die Vorläufigkeit ihrer Meinungen betonen, Jens glänzte mit eleganten, gebildeten Abschweifungen, Kaiser mit gedrechselter Nuancierungskunst, Mayer mit messerharter Direktheit, Raddatz mit melancholischem, fein dosiertem Pathos, Reich-Ranicki mit flinker Ja-Nein-Pose – kein Wunder, dass der, der am schnellsten seine Urteile fällte und am gröbsten und am wenigsten literarisch argumentierte, Jahrzehnte später der berühmteste wurde. Nie behielt einer Recht, Urteile entwickelten sich im Widerspruch, im inspirierenden Ergänzen, im Wettstreit der Argumente. Jeder von Kritikern Gebeutelte fand wenigstens einen eloquenten Verteidiger, auch die Mehrheit konnte Unrecht haben. Beim Beurteilen literarischer Texte gab es keine Beschlüsse, keine Abstimmungen, kein abschließendes Fazit. Bei permanenter Scherz-, Schimpf-, Streit- und Debattierlust hatten Rechthaber keine Chance. Jedem Teilnehmer blieb überlassen, was er mit den angebotenen Meinungen anfangen wollte – das war das erfrischend Demokratische an den Beurteilungsprozeduren der Gruppe 47 an ihren guten Tagen.

Spätestens jetzt, im September 1964, war der Weg klar: hin zu den Büchern.

In Sigtuna 1964 mit Peter Bichsel und Peter Rühmkorf.

Gerettet durch das Schreiben, aufgestiegen vom verschüchterten Knaben zum studentischen Dichterling, geschmeichelt von ersten Erfolgen und flüchtiger Anerkennung, eingebildet wegen ein paar gelungener Zeilen, hatte ich gar keine andere Wahl als: ein Literaturidealist zu werden. Einer, der an die Literatur glaubt, an ihren Nutzen für Herz und Verstand, an Literatur als unendlichen Speicher von Erfahrung und Erinnerung, als ein allzeit verfügbares Lebensmittel zur Erheiterung, Horizonterweiterung und Stärkung des Ichs. Ein Literatursüchtiger, der eine Droge allen andern vorzieht: die schriftliche, die geformte, die erhellende, die poetische Sprache.

Als Berufswunsch hatte der Abiturient angegeben: Redakteur, Lektor. Nicht Deutschlehrer oder Germanist an der Universität, nicht Bibliothekar oder Archivar, nicht Drehbuchautor – und nicht Schriftsteller, obwohl ich für diese Rolle übte. Nichts Sicheres und nichts Utopisches. Ich wollte nebenher Gedichte schreiben und hauptsächlich Mittler sein, bei einer guten Zeitung oder in einem anständigen Funkhaus. Oder der Mittler zwischen Autoren und Lesern in einem Verlag. Wählerisch sein dürfen, kritisch sein müssen, Ja oder Nein sagen, mitentscheiden. Handwerkszeug: Sprache. Leise, aber mit Leidenschaft hin zur höchsten Kunst, zur Literatur. Hinter dem Berufsziel steckte auch ein moderat missionarisch-pädagogischer Wunsch: Die Bücher und das Gedichteschreiben hatten mir geholfen, also wollte ich dazu beitragen, dass auch andere sich an Büchern, an der Literatur weiterentwickelten – so altruistisch durfte in den sechziger Jahren noch gedacht werden.

Nach der Sigtuna-Erfahrung traute ich mir alles, fast alles zu auf dem großen Arbeitsfeld der Sprachbehandler und -verwandler, in den Werkstätten des literarischen Betriebs, die sich nach und nach öffneten. Ich nutzte jede Gelegenheit, die sich ergab im westlichen Berlin Mitte der sechziger Jahre. Manches vermittelte Wagenbach, der mich gern als seinen jungen Autor vorzeigte, während ich mich als Schweiger, Schüchterner, Stotterer genierte. In größeren Gruppen, in Seminaren oder in der Nähe von bedeutenden, wichtigen Leuten sagte ich nichts, in kleinen Gruppen der Freunde wenig. Ich schwieg, und wie allen Schweigern war mir mein Schweigen peinlich. Während ich hinter der Stummheit nur meine Ängste und Dummheiten sah, wollten andere darin eine eigenwillige Klugheit und Überlegenheit entdecken, ich ließ sie in diesem Irrglauben, musste aber hin und wieder

Texte vorlegen, die diese schmeichelhafte Meinung nährten. Da ich in der mündlichen Rede nichts, aber auch gar nichts zu bieten hatte, musste ich alle Kräfte auf das Schriftliche werfen, mit lyrischen, kritischen oder polemischen Zeilen bemerkbar bleiben. Es gab nur ein Mittel gegen Minderwertigkeitsgefühle: schreiben und das Geschriebene veröffentlichen.

Kaum war der Gedichtband «Kerbholz» in Satz gegeben, wagte ich mich ans Prosaschreiben, wusste aber zuerst nur den Ort der Handlung, Butzbach, nicht viel mehr. Wagenbach druckte trotzdem vier Seiten in seinem ersten Verlagsalmanach, ich las bei der nächsten Tagung der Gruppe 47 aus dieser Prosa, auch das ging recht gut ab. Das Angebot von Ernst Schnabel, W. H. Audens «Night Mail», der heute als erster Rap-Text der Welt gilt, für das Dritte Fernsehprogramm zu übertragen, schlug ich trotz meines dürren Schulenglischs und fehlender Übersetzererfahrung nicht aus – das unglaubliche Honorar von siebenhundert DM vertrieb die Skrupel. Bald druckten drei Zeitungen meine Kritiken. Ich half dem Verleger hin und wieder mit einer Beurteilung, schrieb essayistische Referate wie alle emsigen Studenten. Ich las und las wie alle Enthusiasten. Alte Romane, neuste Gedichte, wie sie mir zuflogen, Philosophen, die von Professoren empfohlen oder von der Mode befohlen waren. Wenn noch Zeit war, schrieb ich längere Briefe, drehte für literarische Sendungen das Radio an oder hörte den Freunden in der Kneipe beim Streit über Bücher und Autoren zu und steuerte hin und wieder eine Bemerkung bei. Oder ich fuhr zu Ostberliner Dichtern, bei denen die Gespräche oft spannender, persönlicher waren. Viele Abende im Kino oder im Theater, doch um die Theater- und Filmleute machte ich einen Bogen, ein typischer Einzelgänger, der bei den Dialog-, Team- oder Kollektivkünsten verloren gewesen wäre. Ich zog die freiste, die extremindividuelle Disziplin vor, Literatur.

Prosa im Pullover, Gruppe-47-Lesung Pulvermühle 1967.

Solchen literarischen Aktivismus teilte ich mit vielen in den mittleren sechziger Jahren, aber meine Rastlosigkeit war immer auch das Kontrastprogramm zum Schweigen, ein Behauptungskampf mit der stillen Hoffnung, irgendwann trotz aller Ängste und Dummheit mich selbst finden, akzeptieren und respektieren zu können. Kein leichtes Unterfangen auf dem Trampolin der Ironie und eines fröhlichen Skeptizismus: So wichtig wie die Selbstfindung war die Kunst, sich selbst nicht zu wichtig zu nehmen.

1965 führte ich einige Monate Tagebuch, nur in Stichworten. Auffällig die pausenlose literarische Beschäftigung –

wenn man von den Bierrunden, Spaziergängen, Fahrschule und erfolglosen Liebesversuchen absieht. Zwischendrin Vorlesungen und Seminare an der FU und der TU, Mittelhochdeutsch und Lautverschiebungen mussten gepaukt werden, und nicht nur Hans Mayer verlangte in seinem Seminar über die klassische Literaturkritik viel Lektüre. Auf halbstündige Wutanfälle des Professors, etwa weil niemand den Beginn der Freundschaft Goethe – Schiller genau datieren konnte, war man nicht erpicht. Nebenbei nahm ich den gespreizten Jugendstil Stefan Georges genüsslich aufs Korn, deckte die Ambivalenzen eines Kritikers wie Ludwig Tieck auf, verschlang Bücher von Joyce, Kleist, Djuna Barnes, Lenz, Peter Weiss, Jean Paul, Arno Schmidt, Lawrence Durrell, Laurence Sterne und rezensierte zeitgenössische Lyriker. Alles wie beiläufig, ohne Plan und Programm sowieso, alles spielerische Versuche, möglichst abseits von den Trampelpfaden der Nacheiferer von Kafka, Brecht oder Grass, abseits von den Germanisten-Pilgerstraßen Goethe, Rilke oder Thomas Mann eigene Schleichwege zu literarischen Paradiesen zu finden.

Und die Politik? Im Bundestagswahlkampf 1965 schien die SPD zum ersten Mal die Chance zu haben, die CDU zu schlagen, Willy Brandt oder Ludwig Erhard als Kanzler, das war die Frage. Zum ersten Mal engagierten sich Schriftsteller für eine Partei, nicht nur Günter Grass, nicht nur mehrere Autoren der Gruppe 47 mit rororo-aktuell-Büchern. Ungefähr ein Dutzend jüngerer Autoren saß in einem «Berliner Wahlkontor der SPD» und versuchte, Teile aus dem Programm der Partei in schmissiges, in besseres, in Werbedeutsch zu übersetzen. Klaus Roehler verteilte die Aufgaben, Klaus Wagenbach zahlte den Lohn aus, zehn Mark pro Stunde. Bernward Vesper und ich begannen, das Projekt Volksversicherung mit sprachlichen Funken attraktiv zu machen, am Ende kamen dann Sätze zustande wie «Die Rente ist kein Schmerzensgeld für das Alter», die von den SPD-Kandidaten in ihre Wahlreden eingestreut werden sollten. Mit Nicolas Born und Hans Christoph Buch überlegten wir, ob die SPD nicht patriotischer auftreten sollte. «Unser Sport steht im Abseits» formulierte ich zum Thema Sport und Gesundheit, Roehler war mit solchen und ähnlichen Sätzen der Schmal-Demagogie sehr zufrieden. Für den Schatten-Wirtschaftsminister Schiller durfte ich mich im Redenschreiben üben (am Ende ging ein Satz durch die Presse: «Was Adenauer nicht lernt, lernt Erhard nimmermehr»), dann das Deutschland-Manifest der Partei überarbeiten, mit Gudrun Ensslin Zeitungsausschnitte auswerten, mit Vesper und Piwitt und Herburger Anti-CDU-Sprüche dichten, mit Born, Haufs, Fichte Fußballsätze auf die Politik ummünzen, mit Marianne Eichholz spotten, dass das Wahlkontor eine höhere Komik habe: «Wählen ist gut. SPD wählen ist besser.»

Daneben Bellows «Herzog» und Biermann lesen («gut, gut, bis auf allzu penetrante Sozialismen»), um zwei Frauen werben, Prosa vorantreiben, Nono hören, Fahrschulprüfungen absolvieren, sich gegen die SPD-Panik und den Grass-Horror der Großeltern wehren und die Mutter wegen Willy Brandt beruhigen, ein langes Gedicht gegen die langen Gedichte schreiben, Tucholsky studieren, Buster Keaton sehen, den von ihrer Lektüre begeisterten Freunden Buch und Kurbjuhn zuhören, Peter Hamm mit Gedichten, Alfred Kolleritsch in Graz mit Prosa beliefern, mit dem ältesten Freund ständig über die Weltlage debattieren, Frieds

«Warngedichte» für die «Welt der Literatur» besprechen, Gerardo Diego für die «Weltwoche», im Forum-Theater Queneaus «Stilübungen» sehen, Freunde in Ostberlin besuchen, ein passendes gebrauchtes Auto finden, den Verleger bei Laune halten, dem während dieser Wochen der Freund und Autor Johannes Bobrowski in Ostberlin starb.

Alles geschah eher beiläufig, ohne sogenannten Stress, ohne Karrierestreben, die Möglichkeiten ergaben sich – oder auch nicht. Bei allem Ehrgeiz waren die politischen und literarischen Tätigkeiten immer von moderatem Unernst begleitet. Es regierte das Spielerische, beim SPD-Engagement genauso wie bei Queneau – unsere Wahlsprüche verfertigten und lasen wir auch als Parodien auf Wahlsprüche. Die Parodie war unauffällig eingebaut in die politischen Formulierungen, im Grunde praktizierten die Berliner Dichter und Jungdichter, ohne es zu wissen, die romantische Ironie: Wer durchblicken lässt, dass die Welt doch ein wenig komplizierter ist als das, was man gerade sagt, relativiert und dementiert sich auf heitere Weise selbst.

Ich wage sogar die Behauptung: Leitkultur im Berlin der vorachtundsechziger Zeit war das Lachen. Viele der literatursüchtigen Leute waren auch Lachsüchtige. Enzensberger etwa, der jeden seiner intelligenten Einwürfe mit Lachen würzte, seine Thesen stets ironisch abfederte und seine Gedichte einer Poetik des Vergnügens verdanken wollte. Man denke an Uwe Johnsons Trockenwitz, an Grassens «Wer lacht hier, hat gelacht», an die Lachkanone Günter Bruno Fuchs und die Kreuzberger Boheme, an Wolfgang Neuss und Wolf Biermann – und zwischen all denen bewegte sich der rastlose Jungdichter. Am meisten aber profitierte ich von den «Lachsäcken» Günter Kunert, Karl Mickel, Kurt

Berlin 1965, U-Bahnhof Innsbrucker Platz.

Bartsch hinter der Mauer und meinen beiden wichtigsten westlichen Lehr- und Lachmeistern Klaus Wagenbach und Walter Höllerer.

Einen Startvorteil hatte ich: sehr genau zu wissen, was ich nicht wollte, wogegen ich war. Gegen fertige Begriffe, Floskeln, Sprüche, gegen Dogmen, Ideologie, starre Übereinkünfte, normierte Tradition. Ich setzte auf das, was ich als ideale Sprache verstand: die fragende, die infragestellende, die nachdenkliche, die originelle, die witzige, die widersprüchliche, die literarische Sprache. «Sprache ist, wo sie da ist, für mich das Engagement selbst, weil sie kontern muss, die bestehende Sprache kontern muss», sagte Ilse Aichinger in jener Zeit. Da mir als Kind schon die Religion als Ideologie begegnet war, ahnte ich sehr deutlich, lange bevor ich das mit dürftigem Verstand begriff: dass die literarische Sprache der beste Schutz gegen Ideologie war. Selbst Nietzsche mit seinem protestantischen Pathos schien mir durch und durch Ideologe. Wirklich subversiv war nicht die Philosophie, nicht die Theorie, sondern die Poesie.

Für «eine bessere Welt» steigt der Verleger über den Bauzaun

Es war an einem Novemberabend 1965 gegen 21 Uhr, ich saß am Schreibtisch, als jemand an die Fensterscheibe klopfte. Das war noch nie passiert, ich erschrak. Die Einzimmerwohnung mit einem schmalen Küchenvorraum, der auch als Waschraum diente, lag im Erdgeschoss, das Fenster ging zum Hinterhof, wo sich die Toilette befand. Es konnte nur ein Bewohner des Hinterhauses sein, irgendein Notfall.

24

Draußen in der Dunkelheit stand, freundlich feixend wie so oft, Klaus Wagenbach, mein Verleger. Ich ließ ihn eintreten, er musste erzählen, wie er es geschafft hatte, bis an dies Fenster vorzudringen. Die Haustür war, wie damals üblich, ab 20 Uhr verschlossen, Klingeln gab es nur für die besseren Wohnungen, nicht für meine, die ehemalige Hausmeisterwohnung, und ein Telefon hatte ich noch nicht. Spontanbesuche waren nach 20 Uhr nicht möglich. Wagenbach hatte sich davon nicht abschrecken lassen, war auf das Baugelände der Nebenstraße gegangen, dort über einen Bauzaun gestiegen und hatte dann, sich durch einen maroden Drahtzaun zwängend, den Hinterhof erreicht – und das alles, um mir ein Manuskript zu bringen und mich um sofortige Lektüre und Beurteilung zu bitten. Es war ein Notfall, ein literarischer.

Jakov Lind, damals oft mit Grass verglichen, hatte wenige Tage zuvor bei der Tagung der Gruppe 47 am Wannsee mit einem Auszug aus dem Roman «Eine bessere Welt» Furore gemacht und hätte beinah den Preis der Gruppe bekommen, die Mehrheit war für Peter Bichsel. Lind war mit seinem Verlag, Luchterhand, unzufrieden und hatte das Manuskript Wagenbach angeboten, der im Frühjahr und Herbst gerade seine ersten elf Titel publiziert hatte. Lind hatte den Verleger gedrängt, binnen vierundzwanzig Stunden Ja oder Nein zu sagen, da er zurück nach London müsse, wo der Wiener Emigrant seit Jahren lebte. Er sei noch unentschieden, sagte Wagenbach, er zögere, ich möge bitte lesen und um zwölf Uhr mittags bei ihm vorbeikommen und ein Votum abgeben. Ich brachte Wagenbach zur Haustür, räumte die Schreibmaschine vom Schreibtisch, bereitete einen Nescafé und begann zu lesen.

Nicht zum ersten Mal fühlte ich mich als Leser, als Lektor ernst genommen, aber dies war keine Anfängerarbeit, jetzt kam es auf meine Stimme an. Wagenbach hatte Dutzende literarischer Freunde in Berlin, jeder hätte ihn mindestens so gut beraten wie ich, aber er hatte kein Hindernis gescheut, nicht einmal Bauzäune, Drahtzäune und finstere Hinterhöfe, um das Manuskript ausgerechnet mir anzuvertrauen.

Gewiss, wir waren schon eingespielt, ich hatte ihm als Hilfslektor zugearbeitet, als er Lektor im S. Fischer Verlag in Frankfurt gewesen war und ich das erste Semester hinter mir hatte, im Sommer 1963. Im Hochhaus an der Konstabler Wache stapelten sich die ungelesenen Manuskripte, die Stapel sollten abgetragen werden, und für diese Arbeit hatte Wagenbach mich engagiert, von dem er ein halbes Jahr zuvor zwei Gedichte für die Anthologie zeitgenössischer Lyrik, «Das Atelier 2», angenommen hatte. Ich las, was «unverlangt» eingesandt worden war, und schickte das meiste mit einem Formbrief zurück. Bei den nicht ganz so schlechten Texten formulierte ich zwei Ablehnungssätze, die Wagenbach unterschrieb, und die wenigen diskutablen Manuskripte legte ich ihm vor, sagte meine Meinung dazu, in das eine oder andere schaute er hinein, vier oder fünf las er und lehnte sie selber ab. So schafften wir es in acht Wochen immerhin, die Stapel A bis D oder E abzubauen, den dringlich mahnenden Autoren ihre Arbeiten zurückzuschicken. Natürlich machte ich den Anfängerfehler, mich zu lange mit manchen gutgemeinten, aber schlecht geschriebenen Texten aufzuhalten oder dort, wo ich gelungene Ansätze zwischen missglückten Konzepten oder Formulierungen zu entdecken meinte, den Autoren mit kurzen Argumenten

zu antworten. Ich suchte die Qualität, das literarisch Über-
zeugende auch da, wo es sich erst entwickelte oder wo es
verschüttet war – so lange war es noch nicht her, dass ich,
als Achtzehnjähriger, selber eine Reihe von Ablehnungs-
briefen für meine Gedichte bekommen hatte und sehr wohl
zu unterscheiden wusste zwischen Lektoren, die Formbriefe
schickten, und denen, die für mich ermutigende Formulierungen, Schwächen und Stärken skizzierend, gefunden
hatten, darunter Elisabeth Borchers und Günther Neske. Ich
wollte nicht nur ein scharfsinniger, sondern auch ein guter
Lektor sein, nicht nur ein Ablehner, auch ein Ermutiger und
Förderer. Neinsagen ist auch in dieser Branche keine Kunst,
ich wollte, wenn es ginge, Entdecker sein.

Aber woher wusste ich überhaupt, was «gut» war und
was «schlecht»? Woher nahm ich, ein paar Monate nach
dem Abitur, zwanzig Jahre alt, die Kriterien oder das, was
ich für Kriterien hielt? Woher die Sicherheit, einen Text gut
oder weniger gut oder schlecht zu nennen? Was machte den
sonst so braven, schüchternen jungen Mann so frech und
wagemutig, anderleuts Texte in Richtung Papierkorb oder
in Richtung Bücherhimmel zu winken?

Ohne die kräftigen Reste spätpubertärer Überheblichkeit,
ohne die Jünglingsfrechheit, ständig alles um einen herum zu
beurteilen und verurteilen, nur um sich nicht ständig selbst
verurteilen zu müssen, ohne diese banale Notwendigkeit der
abgrenzenden Selbstbehauptung hätte ich die Lektorentätigkeit nicht ausüben können. Lesen, lesen, lesen, natürlich
waren es die Bücher, die schulten. 1963, im S. Fischer-Hoch-
haus, orientierte ich mich vor allem an der zeitgenössischen
deutschen Literatur. In der Lyrik an Enzensberger und Eich,
Bachmann und Rühmkorf, Celan und Krolow: was gut war,

musste besser oder sehr anders sein als die Gedichte dieser Autoren. In der Prosa an Koeppen oder Johnson, Grass oder Gaiser, Hans Bender oder Arno Schmidt: man musste schon besser oder deutlich anders sein als diese Autoren, um zu bestehen vor dem Gericht, das ich war. Gnadenlos war ich mit denen, die den Rilke-Ton oder den Hesse-Ton nachahmten, und das tat die Mehrheit der Lyrikschreiber. Nicht besser erging es den Autoren, die zu viel Borchert oder Camus gelesen hatten. Die Jahre unter dem Diktat der Bibelsprache und der Trostformeln waren nicht umsonst gewesen: Pathos, Phrasen, Klischees aufzuspüren und als verdächtig, minderwertig beiseitezuwischen, war meine Leidenschaft.

Der strenge, sortierende Blick stieß jedoch hin und wieder auf irritierend uneindeutige Texte, bei denen mühsam herausgefunden werden musste, wo die Qualitäten lagen, wo die Schwächen. Wagenbach versuchte mir die Skrupel zu nehmen: Wenn ein Text nur halb gut sei, wenn er einen nicht voll und ganz überzeuge, dann habe er in einem Verlag nichts zu suchen, jedenfalls nicht im Buchprogramm. Kleine Schwächen, Kürzungen ja, einigen Redigieraufwand brauche selbst Grass, aber der Verlag sei keine öffentlich-rechtliche Anstalt, kein Dienstleistungsunternehmen für faire und begründete Bewertung und Beratung zehntausender Schriftsteller und Möchtegernschriftsteller. Diese Einstellung lernte ich von Wagenbach, doch den Ehrgeiz, auch im Unfertigen oder Ungelenken die Begabung und das noch nicht voll entwickelte Können aufzuspüren, habe ich nicht aufgegeben, weder in den späteren Lektorenjahren (in den Siebzigern) noch bei den viel späteren Entdeckungsreisen (in den Achtzigern und Neunzigern) durch die meterhohen Stapel von Manuskripten, die für den Döblin-Preis eingereicht worden waren: immer auf der Suche nach behutsamer, sicher gesetzter Metaphorik auch in der Prosa, nach klaren, geschmeidig gebauten Sätzen mit möglichst viel Spannung zwischen den Punkten und vibrierenden, fein rhythmisierten Sprachmelodien. «Handlung» ist Nebensache.

Die Tätigkeit als Lektoratsassistent in Frankfurt hatte acht Wochen gedauert. Nun, zwei Jahre später, im November 1965, war die Situation eine ganz andere. Klaus Wagenbach hatte seinen eigenen Verlag, ich war der erste junge Autor, dessen Manuskript er angenommen hatte. Wenn ich zu ihm in den Verlag in die Jenaer Straße kam, bat er oft um eine Meinung zu einem Gedicht oder Kurztext, über den er gerade zu befinden hatte. Aber jetzt lag ein Manuskript auf dem Tisch, das den jungen Verlag auf eine harte Probe stellte. Der Roman sprengte das bis dahin übliche Format der Quarthefte, hätte als Doppelband erscheinen müssen, schon das ein Risiko für sich. Außerdem stand die Freundschaft Wagenbach – Grass auf dem Spiel (Grass und Lind mochten sich nicht – der gleiche Schnurrbart, auch im drastisch-eleganten Stil gab es Verwandtes, das konnte nicht gut gehen). All das kümmerte mich nicht, hatte mich nicht zu kümmern, als ich in dieser Nacht zu lesen begann. Schon nach wenigen Seiten festigte sich das Urteil: ein sperriges, verrücktes, schwer verständliches, schlecht verkäufliches Buch, also ein klares Ja. Ich las bis fünf Uhr, schlief vier Stunden, gab mein Gutachten gegen Mittag im Verlag mündlich, und im Frühjahr 1966 erschien der Roman «Eine bessere Welt».

Die Parodie auf Ordnungswahn und Weltverbesserer, der groteske Kampf zwischen verfeindeten Brüdern, die makabre Sorte jüdischen Witzes kam bei den Kritikern und

Lesern überhaupt nicht an, zwei Jahre vor 1968. Kein Buch des jungen Verlages wurde so verschmäht und verrissen wie dieses. Erst die amerikanische Übersetzung und eine Bearbeitung als Theaterstück brachten den Erfolg. Die «New York Times» stellte Lind in eine Reihe mit Kafka und Beckett – ganz falsch konnten wir einsamen Befürworter aus Berlin-Wilmersdorf also nicht gelegen haben.

Das Krabbeln des Verlegers über den Bauzaun, das gemeinsame Ja zu Linds verrückten Weltverbesserern hatte jedenfalls Folgen, ungeachtet der Prügel der Literaturkritik. Die Lust am literarischen Werten und Urteilen war gewachsen, das Ziel Lektor näher gerückt. Der Verleger gab mir hin und wieder ein Manuskript mit der Bitte um ein Votum, überließ mir das Lektorieren von Peter Schneiders erstem Buch («Ansprachen») und versprach, dass ich nach Abschluss der Promotion als sein erster literarischer Lektor anfangen könne, halbtags, mit Putzfrauengehalt, versteht sich. So geschah es, im Sommer 1970, drei harte Jahre als Lektor im Wagenbach-Kollektiv, schließlich fünf im Rotbuch Verlag. Für meinen Literaturidealismus, für die Lust, beim Machen von Büchern mitzumachen, und für die bescheidene Rolle als kritischer Anwalt der Autoren und Anwalt der Literatur gab es sogar eine flotte politische Rechtfertigung, mit mehr oder weniger großen Portionen Unernst vorgetragen: eine bessere Welt wird es nur mit Hilfe besserer Bücher geben.

Warum ich kein Kritiker wurde

Zu dem zweifelhaften Glück, kein Kritiker werden zu müssen, hat mir ein Buch verholfen, das ich als Kritiker verrissen habe. Ein Buch oder vielmehr sein Autor, Erich Fried. Zwischen 1964 und 1967 verfasste ich an die zwanzig Rezensionen für die «Welt der Literatur», das «Spandauer Volksblatt», die «Weltwoche», meistens kritisches, deutliches Lob, dazu ein paar saftige Verrisse. Zuerst hatten die Zeilenhonorare gelockt, doch mehr und mehr spürte ich, dass das schönste Honorar die Befriedigung der Eitelkeit war. Mit Kritiken war es am leichtesten, sich gedruckt und beachtet zu sehen, viel leichter jedenfalls als mit Gedichten oder der mühsamen Verfertigung anderer literarischer Texte. Der Kritiker mit seiner kleinen Macht, den Daumen nach oben oder nach unten zu drehen, wurde gehört, verflucht oder geschätzt, Aufmerksamkeit war ihm sicher. Am leichtesten war es, sich hin und wieder das diebische Vergnügen eines Verrisses zu gönnen.

Einer davon traf den Prosaband «Kinder und Narren» des damals noch nicht sehr bekannten Lyrikers Erich Fried – berühmt wurde er erst mit den Gedichten «und vietnam und». Die Kritik erschien im März 1966 in der Schweizer «Weltwoche» («Frieds Fiasko») und wies Fried mit durchaus soliden Argumenten und entlarvenden Zitaten, aber in rüdem Ton zurecht, er solle bei seinem Leisten, bei der Lyrik bleiben, Prosa könne er nicht.

Nun stelle man sich einen Bus voll mit Autoren und Kritikern vor, im April 1966 auf dem New Jersey Turnpike, die

Teilnehmer der Tagung der Gruppe 47 werden von New York nach Princeton gefahren. Es gab nicht genug Sitzplätze, sechs oder acht der Jüngsten standen im hinteren Teil des Busses und hielten sich an der Gepäckablage fest, einer davon ich. In der Mitte sitzend Erich Fried. Beim Einsteigen hatte ich darauf geachtet, möglichst nicht in sein Blickfeld zu geraten. Schon im Hotel, beim Empfang im Algonquin, hatte ich seine Nähe gemieden, ihm nur kurz die Hand gegeben. Aus seinem Verhalten konnte ich nicht schließen, ob er die Kritik, die drei Wochen zuvor erschienen war, kannte. Ich wusste nicht, ob die Rezension von der Zeitung schon an den Verlag geschickt und von da zügig an den Autor nach England weitergeleitet oder, um ihn zu schonen oder um weitere Besprechungen zu sammeln, erst einmal zurückgehalten worden war. Seine Miene hatte mir nicht verraten, ob er von dem Verriss bereits gehört hatte oder völlig ahnungslos war.

Ich sah seinen mächtigen Hinterkopf in den mittleren Reihen, und es beschlich mich auf dem New Jersey Turnpike, zwischen all diesen wortmächtigen und erfahrenen Leuten, die Furcht, einer persönlichen Begegnung, einer direkten Konfrontation nicht gewachsen zu sein. In der Gruppe war es nicht ungewöhnlich, dass einer den andern in den Zeitungen angriff oder verriss, genau das machte diesen lockeren Haufen so produktiv und unberechenbar. Polemiken mit kräftigen Argumenten waren gefragt und erwünscht, Corpsgeist dagegen nicht.

Ein Verrat war es also nicht, was ich da verfasst hatte, eher ein Ausweis meiner Unabhängigkeit. Ich fürchtete mich vor etwas anderem, vor einem Disput mit Fried, obwohl der zu den freundlichen und unarrogantan Autoren gehörte. Ich

Das Literaturgericht tagt: Hans Mayer, Peter Weiss, Walter Höllerer, Inge Jens, Marcel Reich-Ranicki, Klaus Wagenbach, Dieter E. Zimmer (v. l.), Princeton 1966.

sah keinen Grund, etwas zurückzunehmen, meine Argumente schienen mir stichhaltig, aber ich scheute einen heftigen Wortwechsel, einen Streit über das Buch, ich war sicher, nicht schlagfertig genug zu sein, rasch in die Defensive zu geraten, mich in mündlicher Rede vor dem Autor zu blamieren und der Unfähigkeit zum literarischen Urteilen überführt zu werden. Am Schreibtisch war ich stärker.

Als hätte Fried meine Angst vor Blamage, Strafe oder Rache gespürt, drehte er sich plötzlich um. Er hatte einen Fensterplatz auf der linken Seite, er drehte seinen großen Kopf noch weiter um, bis er mir geradewegs ins Gesicht sehen konnte. Keinen anderen als mich hatte der Blick gesucht. Zwei oder drei Sekunden wurde ich fixiert, ich wich nicht aus, obwohl ich spürte, dass er der Stärkere war. Ein Augenduell, das ich nicht verlieren wollte. Ich drehte mich nicht weg, feige wollte ich nicht sein. Ich nickte dem Älteren zu, deutete einen Gruß an. Nun war klar, dass er die Kritik gelesen und dass sie ihn getroffen hatte. Immerhin, er sagte nichts, im fahrenden Bus, bei der Entfernung hätte er schon schreien müssen, fürs Erste bestand keine Gefahr, der Streit konnte vertagt werden. Ich hatte viel Respekt vor dem Mann mit den großen Augen. Ich wusste, er war als Jugendlicher emigiriert, hatte sich in England durchgeschlagen, im Krieg und im Nachkrieg, und hatte bedeutende Gedichte geschrieben, dafür achtete ich ihn. Aber gerade wegen dieses Respekts, sagte ich mir, wird man schreiben dürfen und wird auch ein sehr junger Rezensent schreiben dürfen, wo er die Schwächen sieht, und darum wich ich dem Blick nicht aus.

Zwei oder drei Sekunden, die Augen hinter der schwarzen Brille ließen nicht locker, sie wollten noch mehr sagen. Nichts Feindliches, nichts Strafendes, ich bemerkte etwas Schlimmeres, das mich viel tiefer traf. Ich sah diesen Augen an, dass sie mich durchschauten, sie durchschauten in diesen Sekunden den ängstlichen, ehrgeizigen Jüngling, der ich war. Sie durchschauten, so kommt es mir heute vor, wenn ich diesen vor bald fünfzig Jahren gespeicherten Blick abrufe, warum meine stille und keineswegs kämpferische Natur es nötig hatte, Verrisse zu schreiben, sich auf dem Papier auszutoben mit fixen Urteilen und aus der Literatur von anderen Sätze der Verachtung zu destillieren und so die eigene Seele mit Überlegenheitsgefühlen zu füttern.

Dieser Blick hatte mehr mit dem Adressaten zu tun als mit seinem Absender. Der Ältere hätte gute Gründe gehabt, mich zu hassen, den Schnösel. Aber er schien fast Mitleid mit mir zu haben. Er kannte meine Gedichte, er hielt mich für begabt, aber das hieß gar nichts, begabt waren alle, jedenfalls alle in diesem Bus. In Frieds großen Augen meinte ich zu lesen, wie mir erst nach und nach klar wurde, dass er mich einfach für unreif und damit für inkompetent und literarisch nicht für satisfaktionsfähig hielt. Da kam ein blasser deutscher Student daher, der gerade ein paar Gedichte ausgestreut hatte, und meinte, ihm, dem doppelt so alten Emigranten, in einer Schweizer Zeitung die Leviten über das Prosaschreiben lesen zu müssen! Meine Anmaßung schien er mit amüsiertem Befremden zu betrachten und erstaunlicherweise sogar mit Milde.

Als Fried sich wieder umgedreht hatte, wieder in Fahrtrichtung blickte und das Gespräch mit seinem Sitznachbarn fortsetzte, stellte sich bei mir ein schales Gefühl ein, das ich erst nach und nach zu fassen vermochte. Nicht wegen der möglichen Fragwürdigkeit meiner Argumente oder Kriterien, nicht wegen meines allzu forschen, draufgängerischen Rezensionsstils und auch nicht, weil ich einen einst verfolgten Juden angegriffen hatte, sah ich mich irritiert und beschämt, nein, weil Fried, statt mit einer Replik, mit einem Blick, statt mit seinem Finger, mit seinen Augen auf mich gezeigt hatte, so dass mir nichts anderes übrig geblieben war als mich zu fragen: *Wer bin ich denn, ein Urteil zu fällen?* Ein Urteil über Fried, ein Urteil über sein Prosabuch, Urteile über andere Autoren, andere Bücher, über wen oder was auch immer. *Wer bist du denn?*

Die Frage traf, die Frage saß, und da war es völlig unerheblich, dass alle hier im Bus ständig Urteile abgaben, dass ohne Urteile und schroffe Abfertigungen, ohne das Pro und Contra der Wertungen keine künstlerischen Entwicklungen möglich waren und dass literarische Urteile im Gegensatz zu juristischen nur relative und keine definitiven sind. Die Frage *Wer bist du denn, ein Urteil zu fällen?* traf mich deshalb mit einer solchen Wucht, weil es plötzlich um mich ging, allein um mich. Fried hatte mir mitgeteilt, so verstehe ich heute diesen unvergesslichen Blick, dass ich, der Schnösel, es nötig hatte, Verrisse zu schreiben. Nicht das Buch, welches auch immer, war einer scharfen Kritik würdig, sondern das Ego des Kritikers.

An den folgenden Lesetagen wunderte ich mich mehr denn je, wie die Kritiker der ersten Reihe scheinbar hemmungslos und ohne Skrupel ihrem skrupulösen Handwerk nachgingen. Ich staunte wieder über das Wissen und die analytischen Fähigkeiten jedes einzelnen und hätte gern ein Zehntel der Schlagfertigkeit und Eloquenz des einen oder anderen gehabt, ein Zehntel der Anspielungskunst und des Arsenals von Argumenten. In ihrer Nähe kam ich mir nur dumm und ungebildet vor, der Schüchterne wollte nicht noch mehr eingeschüchtert werden. Ich beneidete sie nicht, die mächtigen Männer mit der richterlichen Gewalt und der extrovertierten Klugheit. Keiner von ihnen, schätzte ich, hätte sich von der Frage irritieren lassen, die ich in Frieds Blick gelesen hatte, *Wer bist denn du, ein Urteil zu fällen?* Ich war unendlich weit von ihnen entfernt und wollte es bleiben. Die Versuchung, als Kritiker sich durchsetzen zu wollen, stellte sich nach dieser Szene im Bus nicht mehr ein.

Von allen literarischen Beschäftigungen, behaupte ich seitdem, wenn ich zu Pauschalsätzen gedrängt werde, ist die des Rezensierens die leichteste. Viel schwerer ist es schon, unter fünfhundert oder tausend Manuskripten das eine zu entdecken, das den Buchdruck wert ist und den vollen Einsatz eines Lektors, eines Verlages. Noch schwerer, ein solches Buch zustande zu kriegen. Bewerten, Sortieren, Kritisieren, das ist ein ehrbares und notwendiges Handwerk, es wird zuweilen ein wenig überschätzt.

Der Schweiger von Princeton

Im Flugzeug hatten die Zweifel angefangen. Noch nie hatte mich ein eigener Text so unsicher, so nervös gemacht. Mal prüfte ich die Zeilen und war beruhigt, mal blühten die Bedenken, und je näher New York kam, desto schlechter fand ich die drei Seiten, die ein Gedicht sein sollten. Ich wusste nicht einmal, ob es eher ein Kommentar war oder ein Gedicht, ein ironischer Kommentar zu einem Vorfall Anfang Februar dieses Jahres 1966. Berliner Studenten hatten gewagt, was sonst nur amerikanische Studenten wagten, sie hatten, mit Erlaubnis der Polizei, die Straßen der Innenstadt betreten, um gegen den amerikanischen Krieg in Vietnam zu protestieren. Danach war vor dem Amerikahaus die Flagge der USA ein paar Minuten lang auf Halbmast gezogen worden, vier Eier waren an die Hauswand geflogen, und diese Vorgänge hatten zuerst die Berliner Zeitungen, dann die Berliner Politiker in höchste Empörung versetzt.

Ich hatte am Rand gestanden, hatte alles beobachtet und das Groteske dieser Stunde erfassen und festhalten wollen, gegen alle Widerstände. Es war riskant, sich von aktuellen Streitfragen zum Schreiben verlocken zu lassen. Über «Tagespolitik» zu schreiben, galt als unfein. Sich über die Nebenwirkungen eines Kriegs lustig zu machen, der von unseren Freunden und Beschützern irgendwo in unbekannten Fernen geführt wurde, gehörte sich nicht. Ich hatte viel Überwindung gebraucht, damit anzufangen. So war mein bisher längstes Gedicht entstanden mit langen Zeilen, die viel zu wenig poetisch geraten waren, fand ich, im isländischen Flugzeug über dem kanadischen Eismeer.

Alle wurden kritisiert und karikiert, die braven Studenten, die nicht mitdemonstriert hatten, die militanten Studenten, die Eier geworfen und die Fahne angerührt hatten, die Polizisten, die geprügelt, die Journalisten, die Hetze betrieben, die servilen Politiker und Demagogen, die ihr Süppchen gekocht, die Heuchler aus Ulbrichts Truppe, die ihre Lügen dazugemischt hatten, und die amerikanischen Militärs, die den Krieg führten, für den sie in aller Welt und am meisten im eigenen Land und nun zum ersten Mal auch in Deutschland kritisiert wurden. Es war ein überladenes, missratenes Gedicht. Dabei hatte ich doch nur beschrieben, was beschrieben werden wollte, gedeutet, was ich gesehen hatte. Die Berührung der Fahne. Das Eigelb an der Hauswand. Das Gerangel und die Prügel. Der Tabubruch und die Aufregung über den Tabubruch. Die Fakten, die Erregung, die Hetze. Empörung über die Menschenschlachtung in Vietnam wollte verglichen sein mit der Empörung über das Eigelb. Napalmbomben auf Bauerndörfer mit dem abgesenkten Sternenbanner in der Berliner Windstille. Für all das hatte ich einen ironisch grundierten appellativen Ton ausprobiert.

Allen hatte ich etwas vorzuwerfen, nur mir selbst nicht. Es blieb nur einer verschont, der Autor, der Beobachter, der sich als Schiedsrichter, als Richter in Szene setzte. Es war also nicht nur ein überladenes, rhetorisches, missratenes, es war auch ein überhebliches Gedicht. Noch schlimmer, dachte ich, es ist ein rechthaberisches Gedicht. Es war also nicht einmal ein Gedicht, es war eine einzige Peinlichkeit. Warum war es nicht längst in der Mappe mit den fragwürdigen Sachen gelandet oder im Papierkorb? Weil der sonst so kritische Verlegerfreund Wagenbach gesagt hatte: Das ist gut, das können Sie lesen, und es passt doch bestens, wenn wir mit der Gruppe nach Amerika fahren.

Vorsichtshalber malte ich mir die schlimmste Variante aus: den elektrischen Stuhl. Es drohte eine Verurteilung, wenn das hohe Gericht aus hundert Kritikern, Autoren, Verlegern und Journalisten zur Beratung zusammenkam. Ich sah mich als Verlierer zurückfliegen. Zweimal war es gut gegangen, aber das bedeutete für das dritte Mal gar nichts. Literarische Verdienste zählten nicht, Ehrfurcht erst recht nicht. Auch der Berühmteste konnte verrissen, der Erfahrene getadelt, der Neuling gepriesen werden. Jetzt drohte das Ende. Also weg mit dem Text, überlegte ich, versteck ihn hinter der Kotztüte, dachte ich im Flugzeug, im Papierkorb, dachte ich im Hotel, unter dem Sitz, dachte ich im Bus, vergiss ihn, zerreiß ihn!

Aber das war gegen die Regeln. Junge Autoren mussten einen unveröffentlichten Text in der Tasche haben und drei Tage lang bereit sein, zu lesen und sich beurteilen zu lassen. Ich hatte nichts in der sogenannten Schublade, nicht weil ich faul, sondern weil ich ein Glückspilz war. Gerade ein halbes Jahr zuvor hatte ich das erste Buch herausgebracht, nun war ich dabei, ein zweites aus Zitaten von Unternehmern und Politikern zu collagieren. Sonst hatte ich nichts geschrieben und mich geweigert, extra für die Tagung einen Text zu verfassen, der vielleicht eher hätte Zustimmung finden können als das sperrige, unpoetische Gedicht. Man schrieb nicht für Kritiker. Man schrieb nicht für Beifall. Es gab nur diesen

Jetlag in Princeton 1966.

Text, den ich, seit die Lesetage näher rückten, für missraten
hielt. Aber Wagenbach, der sonst so strenge Prüfer meiner
Zeilen, warum hatte er nicht gewarnt vor der Hinrichtung?
Weil er sie für unwahrscheinlich hielt? Weil er den Text provozierend fand, hübsch skandalös oder wirklich gut? Weil er,
gelesen in den USA, für einen kleinen Skandal taugte? Einmal im Sog solcher Fragen, kam eine neue Befürchtung auf:
Vielleicht sähe der Verleger die Niederlage gar nicht ungern,
den totalen Verriss als literarisch-pädagogische Maßnahme,
als verdienten Dämpfer zur rechten Zeit? Sein junger Autor,
ein Buch fertig, ein zweites im Herbst, war dieser winzige Erfolg dem schon zu Kopf gestiegen, wurde dieser junge Kerl
schon zu selbstbewusst, zu hochnäsig, selbstsicher, selbst-
gefällig, dünkelhaft? Könnte es sein, dass der Verleger damit
recht hatte?

Ich war alles andere als selbstsicher. Ratlos in einer Zwickmühle, in die ich mich selbst manövriert hatte. Sonst gefiel ich mir in der Rolle des Neinsagers, des Verweigerers, aber hier hatte ich nicht Nein sagen können, zum dritten Mal unter den Auserwählten. Hatte den Ehrgeiz nicht gebremst, meine Ehre aufs Spiel gesetzt, ja, das gab es auch für einen Dreiundzwanzigjährigen, die literarische Ehre. Hatte ich mich schon kompromittieren lassen? Mir bis zum Besteigen des Flugzeugs den peinlichen Text schöngeredet, weil ich ihn als Eintrittskarte für die USA brauchte? Hatte ich meinen eigenen Text missbraucht? Nur um New York und das gelobte Land zu sehen? Noch dazu fast kostenlos? War ich doch bestechlich? Vorteilsblind? Oder nur dumm?

Alles war kompliziert geworden, weil die Gruppe in die USA eingeladen wurde. Stiftungen und Universitäten hatten eine Menge Geld aufgetrieben, um mehr als hundert Autoren, Kritiker, Verleger und Journalisten über den Ozean zu transportieren, in New York und Princeton unterzubringen und zu verköstigen und jedem Teilnehmer anschließend noch einen ordentlichen Packen Dollars zu geben, damit er nach freier Wahl noch eine Woche oder zwei im Lande herumreise, ein großzügigeres Angebot hätte sich niemand wünschen können. Und doch wurde heftig um diese Einladung gestritten, die USA führten ihren viel kritisierten Krieg in Asien, jeden Tag wurden neue schreckliche Einzelheiten bekannt, wie konnte man da einfach hinreisen, lesen und diskutieren? Besonders kritische Leute fürchteten, der Besuch könne als Alibi benutzt werden. Außerdem waren die Dichter uneins, ob sie dabei waren, zu einer Reisegruppe zu werden, ob sie sich als Exportartikel hergeben wollten. Über Wochen soll gestritten worden sein im engeren Kreis, hieß es, und es würde weiter gestritten werden, öffentlich, so viel war sicher. Das hat man davon, wenn man der Reiselust nachgibt, dachte ich, schlaflos im Holiday Inn von Princeton. Auch ich hatte mit mir selbst gestritten, ob ich wegen Vietnam die Einladung annehmen durfte, nun, da ich nicht schlafen konnte, stritt ich mit mir selbst, warum mich nicht früher die Angst oder der Instinkt gewarnt hatte, zu meiner eigenen Hinrichtung zu fliegen.

Oder war ich sogar mutig, tollkühn, war es vielleicht der Gipfel allen Mutes, das Risiko auf sich zu nehmen, das Scheitern zu wollen oder wenigstens zu lernen? Die Niederlage einzuplanen und zu ertragen? Der eigenen Hinrichtung, der verdienten Hinrichtung, gefasst entgegenzusehen? Gehörte es nicht zum Künstler, das Scheitern zu provozieren, zu überstehen und auszukosten? Die berechtigte Kritik zu ertragen? Verrisse einzustecken, Missverständnisse, Vorurteile und

die unerschöpflichen Ströme der Ablehnung und der Dummheit an sich abperlen zu lassen? Bereit zu sein, etwas falsch zu machen? Bereit, den Kopf hinzuhalten, und nach der Hinrichtung, vielleicht ein paar Grade reifer, besser, gewagter weiterzumachen? Vielleicht brauchst du das Scheitern, vielleicht brauchst du die Gruppe nicht, vielleicht brauchst du eine andere Gruppe oder gar keine, vielleicht steht es dir besser, den Einzelgänger, der du bist, noch mehr als Einzelgänger zu stilisieren? Wenn alle die Gruppe suchen, hast du nur eine Chance: die Gruppen zu fliehen. Wenn alle anderen mitreden wollen,

Die Gruppe 47 in Amerika: Willkommen zwischen Joachim Kaiser und Peter Handke.

hast du nur eine Chance: zu schweigen. Wenn alle anderen Erfolg haben wollen, hast du nur eine Chance: zu scheitern. Aber tu es mit offenem Visier, ohne Wehleidigkeit, lies dein Gedicht und schweige! Alles klar?

Ich wusste das alles nicht zu entscheiden, ich sah mich umzingelt von hundert Vielleichts, vor lauter Müdigkeit hatte ich nur noch den Wunsch, am nächsten Morgen unbedingt ausgeschlafen zu sein, um dann, endlich wach in Amerika, zu beschließen, mich entweder den Lesungen und der wahrscheinlichen Hinrichtung zu stellen oder die vier Tage im Zimmer zu bleiben, unter welchem Vorwand auch immer, oder mich davonzustehlen, zurück nach New York.

Am nächsten Morgen steckte ich das Gedicht in die Jackentasche und überließ alles dem Schicksal, das ich nicht Schicksal nennen wollte, schwieg tapfer, nannte mich den Schweiger von Princeton und hoffte, nicht auf den Lesesessel gerufen zu werden.

Der verrückteste Moment in der deutschen Literaturgeschichte seit 1945

Der junge Mann, den ich für jünger hielt als mich, fiel mir auf, als er in seinem Manuskript herumkorrigierte. Was für ein Anfänger, dachte ich, wie kann man kurz vor einer Lesung vor dem erlauchten Gremium der Gruppe, vor so vielen kundigen Leuten, vor der höchsten literarischen Instanz, in der allerletzten Minute noch mit dem Kugelschreiber an seinem Text bosseln – wenn der schlecht ist, wird er jetzt auch nicht mehr besser, und wenn er gut ist, wird er eher schlechter beim nervösen Umformulieren kurz vor der Mutprobe.

Er saß zwei, drei Meter entfernt auf der nächsten Bank, der junge Österreicher, ganz auf seine getippten Blätter konzentriert. Ich sah ihn von der Seite und hörte dabei einem Gespräch zweier Freunde neben mir zu, um uns herum Rhododendronbüsche. Mittagspause nach dem ersten Lesevormittag der Gruppe 47 in Princeton, ein Frühlingstag im amerikanischen April, wir hatten gegessen und konnten noch eine halbe Stunde in frischer Luft zubringen, in einer kleinen Parkanlage neben dem Mensagebäude. Ich überlegte einen Moment, ob ich mich zu ihm setzen und ihn über die Torheit seiner Korrekturpanik aufklären sollte, doch dieser Impuls verschwand sofort wieder. Ich hatte weder ein Recht noch einen Grund, ihn zu unterbrechen, außerdem hätte ich mich nicht getraut, die beiden Freunde abrupt zu verlassen und den Fremden zu belästigen. Wir hatten uns zwei Tage vorher, beim ersten Abend in der Blue Bar des Hotel Algonquin in New York, kurz begrüßt, ich hatte seinen Namen behalten, obwohl wir, beide Randfiguren, kaum miteinander gesprochen hatten. Er war ein stiller Beobachter, und ich war ein stiller Beobachter, er aber mit einem deutlicheren Ausdruck von Unnahbarkeit im Gesicht, während ich dankbar für jeden war, der sich näherte und mich eines kurzen Gesprächs würdigte. Ich wollte mit Kleidung nicht auffallen, er zog mit seiner Mütze und den streng nach vorn gekämmten Haaren die Blicke auf sich, und es schien so, als hätte er es darauf abgesehen.

Am nächsten Tag las Peter Handke einen sonderbar starren Prosatext, «Der Hausierer», mit überkonstruierten, gestelzten, reiz- und humorlosen Hauptsätzen. Bei der Kritik fand er Fürsprecher und Gegner, und ich dachte: die kleinen Korrekturen auf der Rhododendronbank haben auch nichts genützt. Vorher, bei der Lesung von Walter Höllerer, hatte er sich als Erster gemeldet und den Professor-Autor-Kritiker zu attackieren versucht mit: das sei alles geistlos, öde, langweilig. Auch ich hatte Schwierigkeiten mit den hochkomplexen Texten, aber solche Pauschaleinwände wirkten dümmlich. Diese Prosa war eher zu raffiniert als «geistlos». Noch mehr aber, muss ich zugeben, störte mich die nölende österreichische Stimme, der Mäkelton, in dem ich den hochnäsigen Schmäh des Besserwissers vermutete, der sich nicht im Geringsten geniert, als Besserwisser aufzutreten.

Wieder eine Überraschung, als er am Nachmittag des letzten Lesetags, bei der Debatte über einen Text von Hermann Peter Piwitt, als Erster aufstand, direkt in der Reihe vor mir, und zu sprechen anfing. Er sagte nichts zu dem vorgelesenen Text, kein Zitat, kein Beispiel, er warf Reizwörter in die allgemeine Müdigkeit und Lustlosigkeit des Nachmittags, Wörter wie läppisch, unschöpferisch, billig und Beschreibungsimpotenz. Die Zuhörer erschraken, solches Abfertigungsvokabular war neu, vor allem das Wort Impotenz schien einen empfindlichen Punkt getroffen zu haben. Jedenfalls wirkte die Frechheit des Behauptens und Imponierens: Wer andere öffentlich impotent nennt, prahlt ja vor allem mit seiner Potenz. Alle Aufmerksamkeit richtete sich auf den jungen Mann, der nun erst richtig in Fahrt kam und nicht nur Piwitts Text, sondern die ganze gegenwärtige deutsche Prosa läppisch und idiotisch nannte, kein Autor habe mehr schöpferische Potenz für irgendeine Literatur, rief er laut. Es herrsche eine neue Sachlichkeit, Bilderbuch-Duden-Beschreibung, alles sei fürchterlich konventionell, die Gestik dieser Sprache sei völlig öde und läppisch und idiotisch.

Es gab Gemurmel, Gelächter und vereinzelten Applaus, und das stachelte ihn zum Höhepunkt seiner Philippika an, die Kritik sei ebenso läppisch wie die Literatur. So ließ er, in merkwürdig steifer Haltung, seine Beschwerde ab, und meine Aversion richtete sich wieder gegen seine Stimme, gegen den sich hinschleppenden, leicht beleidigt klingenden österreichischen Singsang, nicht nur gegen seine Sätze. Was er sagte, war verwirrend, der Ausbruch seines Unmuts wirkte übertrieben, künstlich. Entweder, dachte ich, habe ich schlecht zugehört oder der. Denn mit ausführlicher Beschreibung von Einzelheiten, mit neuer Sachlichkeit, mit allen Negativbegriffen, die der mutige Junge in den Saal streute, hatte der vorgelesene Text nichts zu tun und auch die meisten anderen Texte nicht, die vorher zu hören gewesen waren. Nur einer hatte am Tag zuvor einen besonders langweiligen, in Beschreibungen, in konventionellen Aussagesätzen sich erschöpfenden Text vorgelesen, dieser junge Autor selbst – wenn von Beschreibungsimpotenz die Rede sein sollte und wenn dies Geschimpfe einen sachlichen Kern haben sollte, dann müsste er doch zuerst auf seine eigene Literatur zielen, dachte ich, nachdem der erste Schrecken über die Wörter Impotenz, läppisch, idiotisch gewichen war. Er experimentiert mit verödeter Sprache, gut, aber warum kreidet er den anderen Autoren, allen anderen, genau solche Ödnis an? Er liefert krampfhafte Beschreibungen und schimpft auf Beschreibungsimpotenz? Ich verstand plötzlich nichts mehr und hätte doch nicht sagen können, was ich nicht verstand, und ich weiß nicht, ob ich mich in diesen Sekunden schon fragte: Will der uns foppen? Warum beschimpft er sich selbst?

Immer mehr Unruhe im Saal, Hans Werner Richter wollte keine Grundsatzdebatte, wollte keine Seminardiskussion, wie er sagte. Trotz des Unmuts, den er auslöste, durfte der Störer, der höflich darum bat, ausreden zu dürfen, noch einige Sätze sagen und hörte erst auf, als er zum fünften oder sechsten Mal das Wort läppisch in Richtung Lesesessel geschleudert hatte. Endlich setzte er sich wieder, und einen Moment lang war Stille. Ich hoffte, jetzt werde einer aufstehen und sagen: Genial, junger Mann, mit welchem Furor Sie Ihre eigene Literatur in Grund und Boden kritisiert haben und die scharfe Kritik gleich selbst übernommen haben, das war ein schöner Nachtrag zum gestrigen Nachmittag, nun lassen Sie uns zur eben gehörten und aus den und den Gründen keineswegs läppischen Literatur zurückkehren.

Aber niemand sagte das. Einige schienen ganz zufrieden, dass dieser junge Mann so starke, freche, erfrischende Worte gefunden und das Unbehagen der drei Tage auf eine Formel gebracht hatte. Wie sollte man auf die groben Geschosse mit dem standesüblichen Florett antworten? Günter Grass, vom Wort Langeweile provoziert, versuchte mühsam, aus den pauschalen Angriffen brauchbare Argumente zu machen. Hans Mayer lobte den jungen Mann, vereinahmte, umarmte ihn fast, «was Handke meint, ist folgendes». Ich wunderte mich: Hat der geschlafen? Hat denn gestern niemand zugehört? Waren die gestrigen Lesungen schon vergessen? Das kuriose Eigentor hatte noch niemand bemerkt oder verstanden, weil es nicht zu verstehen war, dass einer, gegen alle polemisierend, vor allem sich selbst angriff, das verwirrte die staunenden Zuhörer, das verwirrte auch mich. Ironie oder Humor waren offenbar nicht im Spiel, dafür war die Rede zu schülerhaft, ehrgeizig, verschwitzt. Alle schienen einge-schüchtert von den Angriffen.

Nun wurde mehr über die Schimpfrede als über den gele-senen Text diskutiert. Ich lehnte mich zurück, war dankbar für jeden Redebeitrag, der folgte. Wenn diese Debatte nur lang genug dauerte, schwand die Gefahr, als Letzter oder einer der Letzten nach vorn gerufen zu werden mit dem missglückten Text, den ich in der Jackentasche trug. Nach diesem Happening, wie man in den Tagen danach sagte, war es völlig unmöglich, noch differenzierte Urteile zu er-warten, das wäre ganz sicher meine Hinrichtung geworden. So schielte ich auf die Uhr, während die anderen über das Langweilige oder angeblich Langweilige, das Läppische oder angeblich Läppische stritten, und je länger sich das Gefecht hinzog, desto mehr spürte ich die Erleichterung: Der hat mich gerettet, dieser komische Österreicher, er hat mich gerettet vor dem Schafott oder dem elektrischen Stuhl, ich werde ihm immer dankbar sein. Weg mit den Angst-träumen, die Hinrichtung fällt aus, ist auf unbestimmte Zeit ausgesetzt!

Als alles vorbei war, fiel mir die Szene auf der Rhododen-dronbank wieder ein, der Autor mit Kugelschreiber in einem Typoskript korrigierend. Erst jetzt, nach dem Auftritt als Be-schimpfer des Läppischen, verstand ich, was der andere kor-rigiert hatte: Es war nicht sein Manuskript gewesen, es waren die Stichworte für seine Schimpfrede, die er in der Hand ge-halten hatte. Ich glaubte mich zu erinnern, dass er nur an we-nigen Schreibmaschinenseiten herumkorrigiert hatte, nicht an zehn oder fünfzehn. Der hatte diese getippten Seiten of-fenbar fertig mitgebracht aus Graz und hier nur noch etwas aktualisiert! Und dann mehr oder weniger auswendig vorgetragen! Daher die Wiederholungen, daher der pauschale Abfertigungston, die schamlosen Verallgemeinerungen, deswegen nichts Konkretes, keine Silbe zum Vorgelesenen, kein Beispiel, kein Zitat, kein Name. Was so spontan gewirkt hatte, war genau kalkuliert, war ohne Kenntnis der hier vorgelesenen Texte vorfabriziert, war sehr geschickt inszeniert gewesen!

Warum aber, fragt man mich heute, konnte die Rede eine solche Wirkung finden, so viel Zustimmung, so viel Beachtung? Sie sprengte alle Regeln, zuerst die der Fairness: Nur das zu kritisieren, was vorgelesen wurde. Sicher, Handke hatte Mut und dazu den Mut des Einschüchterers. Vielleicht eine Art Generalprobe der «Publikumsbeschimpfung» (sechs Wochen später war die Uraufführung). Vor allem konnte man sich gegen die Anwürfe nicht wehren. Wer geantwortet hätte: Das ist nicht läppisch, hätte sich damit schon auf das unterste Argumentationsniveau begeben, und das hätte nicht einmal der schwächste der kritischen Rhetoriker gewollt. Ebenso hätte einer, der sich mit Verve gegen das Wort impotent verwahrt hätte, sogleich den Verdacht auf sich gezogen: Der hat's nötig. Es blieb also gar keine Wahl: umarmen oder rausschmeißen. Und Handke hatte den Vorteil, vielleicht sogar die Witterung des Jägers, die Gruppe genau in ihrem schwächsten Moment zu treffen.

Es war der letzte Nachmittag einer Tagung, mit der niemand zufrieden war, jeder sehnte das Ende herbei. Klaus Stiller, ebenfalls Ohrenzeuge, schrieb danach von «Handkes in ein vorbereitetes Vakuum entlassenen Luftballons». Drei Tage lang hatte man es ausgehalten in der Kopie eines griechischen Tempels mit Säulen und Imponiertreppen, in einem kaltweißen quadratischen Raum mit zwei winzigen

Fenstern, an den Seiten Ölbilder strenger Präsidenten, und vorne, unweit des Lesesessels und des Sessels von Richter, die amerikanische Fahne. Immer war sie präsent, bei jedem Gedicht, bei jeder witzigen Formulierung, bei der Lesung eines Stückes über Rosa Luxemburg. Außerdem hatten sich einige Fremde eingeschlichen, Zuhörer, die Hans Werner Richter aus diplomatischen Gründen nicht hinauswerfen konnte, man war nicht unter sich wie bei den Tagungen zuvor. Selbst ich, der Schweiger von Princeton, fühlte mich beobachtet, als säße ich in einem kalten, weißen Laborkäfig unter den Augen der Literaturforscher. Als hätte man einer akademischen Ordnung und der respektgebietenden Fahne zu gehorchen und nicht der geregelten Anarchie der Kunst. Sogar die routinierten Kritiker in der ersten Reihe fanden ihren souveränen, quirligen Ton nicht. Und die über den Atlantik geflogenen Autoren litten immer noch unter dem Jetlag, unter den Folgen ungewohnter Drogen oder gewohnten Alkohols, doch am meisten lähmte sie der Zwiespalt, Luxusgäste in einem Land zu sein, das in einem andern Teil der Welt einen Vernichtungskrieg führte. Schließlich hatte es zu wenige literarische Höhepunkte gegeben, und so wuchs die allgemeine Unzufriedenheit zu einem spezifischen Unbehagen an der aktuellen Literatur.

Für diesen hochgrotesken, verrücktesten Moment der deutschen Literaturgeschichte der Nachkriegszeit sind also vor allem außerliterarische Faktoren bestimmend gewesen. Hier wollte einer, auf Teufel komm raus, Avantgarde sein. Es war ja kein Zufall, dass er seinen ersten Angriff, das kurze Lamento über das Öde und Langweilige, gegen den bekanntesten Förderer der Avantgarde in der Gruppe, den heftigsten Kritiker des Konventionellen, den literarischen Transatlantiker Höllerer gerichtet hatte. Es wäre eine Geschichte für sich, diese Tagung und ihre Atmosphäre zu schildern, in der ein knäbischer Westernheld mit vier Kugeln im Magazin (öd, läppisch, langweilig, impotent) den Saloon betritt und nicht einmal schreien muss: Hände hoch! und alle schreck-starr gehorchen.

Die Wörter läppisch usw. trafen also nicht die Literatur, sondern die Atmosphäre, sie trafen sie so gut, dass nach dem Ende des Lesetages alle Presseleute sich sogleich auf den Österreicher stürzten. Er verließ als einziger Sieger das Schlachtfeld von Princeton, rief sich, in den Tagen danach in New York, auf dem Empire State Building vor Fernsehkame-ras, wie mir Freunde versicherten und Reinhard Baumgart bezeugt, als den neuen Kafka aus und kanzelte die deutsche Literatur ab, inklusive Grass als «den besseren Ganghofer». Und nun war er es, ausgerechnet, der den Journalisten er-klärte, was die Gruppe 47 sei.

Ein Meister der Provokation, der den Medien wie geru-fen kam. Ein Popkünstler, sein eigener Marketingstratege, in wenigen Stunden zum Star geworden, auch weil unter den Literaten noch niemand wusste, was ein Popkünstler, ein Marketingstratege ist. Erst Jahre später habe ich ihn als Au-tor hoher Wahrnehmungskraft zu respektieren begonnen. Doch die Erinnerung an den starken Auftritt vom April 1966 bleibt: So schnell habe ich, außer im Kino, nie wieder das Bubenstück der Einschüchterung funktionieren sehen.

Der Montag, an dem ich mich
in Frau Sontag verliebte

Sontag, was für ein schöner, was für ein seltsamer Name, dachte ich an dem Montag, an dem ich mich in Frau Sontag verliebte. Ein schöner Name, der einzige weibliche auf dem Programmzettel für die Diskussionen unter dem Titel *The Writer in the Affluent Society*. Nach drei Tagen interner Textdiskussion war in Princeton nun die Öffentlichkeit zugelassen, Hunderte von Studenten saßen im Parkett und auf den Rängen eines riesigen Saals voll nachgemachter düsterer Romanik und Gotik mit kitschbunten Fenstern.

Den Vormittag über hatten die Deutschen vor allem unter sich gestritten über die richtige politische Haltung beim Schreiben, vor dem Schreiben oder nach dem Schreiben, und das bei miserabler Akustik. Viele tausend Dollar amerikanischer Stiftungen hatten unsere Flüge und unseren Aufenthalt in den USA finanziert, und als Zugabe ermöglichten noch einige tausend Dollar aufwendige Debatten über Schriftsteller in der Wohlstandsgesellschaft. Der Wohlstand der Amerikaner spendierte großzügig vier Streitgespräche über den Wohlstand, diese triviale Ironie war von niemandem angesprochen worden, jedenfalls nicht laut, vor dem schlecht funktionierenden Mikrofon. Die Freunde und ich, in den ersten Reihen auf Polstersesseln sitzend, spöttelten darüber und über uns: Zuhörer im Wohlstand. Vom Nachmittag erhofften wir mehr, *New Forms: Fashion or Necessity?*, mit den beiden gescheitesten Köpfen der jüngeren Deutschen und einer Amerikanerin.

Und dann kam sie, eine junge Frau, ging zwischen Enzensberger und Höllerer mit festen Schritten zu ihrem Platz in der Mitte des Podiums, die erste Frau und die einzige, die an diesem Montag in der Alexander Hall auftrat. Sie lachte schon, bevor sie sich setzte. Halblanges dunkles Haar, starke Lippen, ein intensiver Blick, große, suchende, fragende Augen, mit denen sie auch über die dritte Reihe streifte, in der ich fast in der Mitte saß. Der Moderator Ted Ziolkowski stellte sie als Susan Sontag vor. Rechts von ihr saß Höllerer, links Enzensberger, ich schaute nur auf die junge Frau. Als sie sich zum zweiten Mal das Haar aus dem Gesicht strich und ihre Hand für einen Augenblick an der Schläfe ruhen ließ, hatte sie mich in einen Verliebten verwandelt. Noch kein Wort gesagt, schon hatte sie mich gewonnen, bestochen mit ihrer lockeren und selbstbewussten Haltung zwischen den drei leicht nervösen Herren.

Sie war, das verbarg sie nicht, von sich selbst überzeugt, und darum war ich sogleich von ihr überzeugt, viele Minuten bevor sie ihre Rede begann. Von solch heiterer, stolzer Schönheit konnten nur intelligente Sätze kommen. Sie gehörte, das sah man sofort, zu den standfesten, temperamentvollen, selbständigen Frauen, zu denen ich mich hingezogen fühlte, obwohl sie mich zurückwiesen, weil ich in ihren Augen zu schwächlich, unsicher und defensiv auftrat oder meinte, so gesehen zu werden. Diesmal, in der Alexander Hall in Princeton, war ich nicht so töricht, irgendwelche Hoffnungen oder nur den Hauch einer Hoffnung zu hegen, und so begann ich die leise Verliebtheit umso freier auszukosten, mitten in einer Wohlstandsdiskussion und mitten in einer scheußlichen Halle mit Wandbildern griechischer Helden und Philosophen. Die Frau war ein paar Jahre, aber

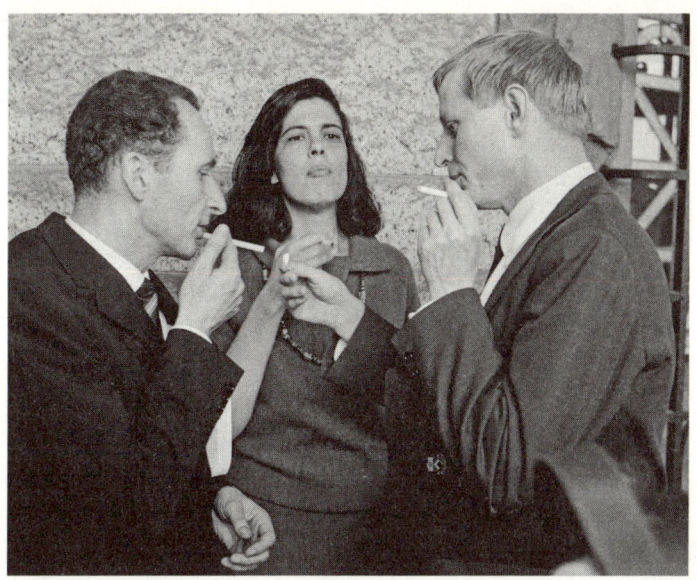

Walter Höllerer, Susan Sontag, Hans Magnus Enzensberger,
Princeton 1966.

nicht zu viele Jahre älter als ich. Rote Haare hätten zu ihr
gepasst, dachte ich, während Enzensberger in tadellosem
Englisch über die Notwendigkeit neuer Formen dozierte,
munter, ironisch, ich hörte nicht richtig hin, ich wartete auf
Frau Sontag.

Sie schreibe, sagte sie mit offenem Blick ins Publikum
und mit eleganten Handbewegungen, sie schreibe wie ein
Maler malt und wie ein Komponist komponiert. Da murrten
einige, vor allem in den deutschen Reihen. Obwohl Joyce,
Stein, Beckett neue Stilformen entwickelt hätten, sagte sie,
bleibe die Literatur die konservativste aller Künste und sei
auch nicht für Statements da. Frau Sontag ging noch weiter,
sie schreibe nicht, sagte sie, um Botschaften zu vermitteln

oder politische und soziale Wirkungen zu erzielen, sondern aus Freude an ästhetischen Formen. Es gäbe keinen Gegensatz zwischen Form und Inhalt, in der Kunst zähle allein die Form. Diese Aussagen brachten ihr wenig Beifall, auch ich stutzte: Kann man es sich wirklich so einfach machen? Ist das nicht arg naiv, ein Rückzug auf das Goethe'sche *Ich singe wie der Vogel singt*? Oder eine Provokation?

Erst nach einigen Minuten der Verstörung begriff ich: Aus Freude, hatte sie gesagt, aus Freude! Sie benutzte das Wort *pleasure*, ein Wort, das eindeutig mit Freude zu übersetzen war. Ein Wort, das, auf die Literatur bezogen, schon im Jahr 1966 als unanständig galt. Ein Wort, das in literarischen Debatten, in Seminaren, auf Podien nicht auftauchte. Hier, in der bombastisch dekorierten Alexander Hall, nach den verbissenen Statements des Vormittags, nach den Auftritten der deutschen Kampfhähne, wirkte es wie eine Erlösung. Der Verstand wollte das noch nicht akzeptieren, aber ich fühlte schon: sie hatte völlig recht damit. Für diese Frau war das Schreiben nichts Verdrücktes, nichts, was man vor anderen verteidigen, rechtfertigen musste mit der Floskel eines moralischen Auftrags.

Das war die Befreiung nach den vormittäglichen Streitgesprächen und meinem Schwanken zwischen den Parteiungen. Zuerst hatte ich Günter Grass und dessen Satz zugestimmt, *Wenn es der Ohnmacht an Witz mangelt, wird sie langweilig*, aber sein Loblied auf den Kompromiss war mir viel zu kurz gedacht. Auf der anderen Seite der Barrikade redeten Erich Fried und Peter Weiss, und ich teilte ihren Wunsch, den Unterdrückten mit mehr Aufmerksamkeit zu begegnen, aber es ging mir zu weit, ihnen meine Stimme leihen zu sollen, ich hatte sie ja noch gar nicht gefunden, meine eigene Stimme. Nicht mal ein gescheites Gedicht über einen harmlosen Berliner Nebenschauplatz des Vietnamkrieges hatte ich zustande gebracht. Es war mir unmöglich gewesen, meine Zustimmung eindeutig werden zu lassen, mich auf die Seite der Kompromiss-Fraktion oder der Engagement-Fraktion zu stellen. Die Schlacht um die vermeintlich richtigen Positionen, mehr oder weniger sozialdemokratisch oder mehr oder weniger sozialistisch, um das richtigste Rechthaben vor der Geschichte oder wenigstens vor der Literaturgeschichte, vorgeführt im Herzen einer amerikanischen Eliteuniversität, zwei Jahre vor den Unruhen des Jahres 1968, war von seltener Absurdität. Das alles interessierte mich, aber ich hatte mich ratlos abgewandt. Jetzt hatte Frau Sontag das Argument geliefert, mit dem ich mich solchen falschen Alternativen verweigern konnte und keine Stellung beziehen musste, wie es immer so kriegerisch hieß, nicht Ja oder Nein sagen, wo man Ja oder Nein nicht sagen konnte.

Auch ich, da brauchte ich gar nicht viel nachzudenken, schrieb aus Freude. Selbst wenn ich aus Trauer schrieb, wie bei frühen Gedichten, selbst wenn ich mich an einer politischen Polemik versuchte, schrieb ich aus Freude oder mit dem Ziel, mich an einer gelungenen oder je nach dem Stand des Epigonentums gelungen scheinenden ästhetischen Lösung zu freuen. Dazu gehörte der handwerkliche Stolz auf die Reihen schwarzer Buchstaben, von den Fingerspitzen und den Typenhebeln auf weißes Papier geschlagen, Zeile für Zeile, Absatz für Absatz, Seite für Seite. Das Vergnügen an dem fast Fertigen, dem mehr oder minder Gelungenen war die höchste Belohnung. Aber Frau Sontag war die Erste, die mir nach fünf Jahren Lehrzeit das Schlüsselwort zum

Verständnis meiner von zu vielen Skrupeln begleiteten Schreibtätigkeit lieferte: Freude.

Genau dies einfache Wort hatte mir gefehlt, jetzt hatte ich es, so empfand ich das, geschenkt bekommen. Schon dafür hatte sich die Reise in die USA gelohnt. Ich begann die Frau zu lieben, die mir dies Wort gegeben oder wiedergegeben hatte. Ich kannte es gut, es war in mir gespeichert, jedoch in abgelegenen Tiefen, weil es in meinen Ohren ein verdächtiges, ein christlich kontaminiertes Wort war, *Jesu, meine Freude!*, *In dir ist Freude in allem Leide, Geh aus, mein Herz, und suche Freud.* Die großen Choräle und die «frohe Botschaft» kamen nicht ohne das Wort Freude aus, es war durch und durch christlich gefärbt und daher für mich verdorben, weil man mir die Freude hatte anerziehen, aufzwingen, überstülpen wollen.

Auch in anderen Zusammenhängen war es anrüchig: *Kraft durch Freude* oder das hohe Pathos der *Ode an die Freude.* Ich hatte es gemieden, es war für mich ein abgenutztes und beschmutztes Wort, ich hatte es, soweit ich wusste, nie in einem Text verwendet. Ich operierte manchmal, nach Enzensbergers Vorbild, mit dem distanzierteren Wort Vergnügen, aber die Triebkraft Freude hatte ich nie auf mein eigenes Leben oder die Arbeit anzuwenden gewagt. Frau Sontag hatte bestimmt keine christliche Schuld- und Freuden-Erziehung hinter sich, dachte ich und hoffte, dass ich vielleicht von ihr lernen könnte, so gelassen und eines Tages so offensiv wie sie mit diesem Wort umzugehen. Es schien nun gesäubert und poliert mit fröhlicher Sinnlichkeit, rot gefärbt, liebesrot, vielleicht politisch rot, endlich wieder brauchbar. Aus dem christlichen war ein ästhetischer Begriff geworden.

Auch wenn ich das während ihrer kurzen Rede und der Diskussion nicht alles so wörtlich dachte, wie es hier formuliert ist, ich fühlte doch, was diese Autorin in mir losgetreten, welchen Anflug von Befreiung sie in mir ausgelöst hatte. Ich war hellwach und gebannt, flüsterte kaum mit den Freunden rechts und links oder vor mir in der Reihe, unterließ die bei solchen Veranstaltungen fälligen spöttischen Bemerkungen. Ich hatte nur Augen für die Augen, das Lächeln, die Hände, Lippen, Sätze dieser Frau dort oben. Illusionen konnte ich mir sparen, es gab zu viele Unterschiede, Sprache, Wohnort, Alter, aber gerade deshalb hielt ich spielerisch, nicht trotzig und nicht verzweifelt, an der Idee fest, mich an diesem Nachmittag verliebt zu haben.

Gewiss war ich nicht der Einzige, aber das war egal. Wo Schönheit und Klugheit zusammentreffen, mangelt es nie an Verehrern, an aufdringlichen nicht und an stillen schon gar nicht. Gerade weil sie keine Botschaft verkünden wollte, hatte mich die junge Frau an diesem 25. April 1966 bestärkt in der frohen Botschaft der Literatur oder der Poesie, wie sehr viel später der alte Goethe mit dem Satz: «Die wahre Poesie kündet sich dadurch an, daß sie, als ein weltliches Evangelium, durch innere Heiterkeit, durch äußeres Behagen, uns von den irdischen Lasten zu befreien weiß, die auf uns drücken.» Mit «uns» meint er die Autoren.

Am späten Nachmittag, als das Schlusswort zu den langen Debatten gesprochen war, durfte auch in Princeton gegen den Krieg in Vietnam demonstriert werden, außerhalb des Programms. Studenten luden zu einem Teach-in, zweihundert von ihnen waren versammelt, dazu kam ein gutes Dutzend deutscher Dichter, die jüngeren und die exponierten Linken, der Hörsaal war voll. Ein Student nannte Daten,

Zahlen, Fakten des laufenden Desasters, wie viele Tote pro Tag auf beiden Seiten, wie viele Verwundete, die Kosten, den Nutzen, die Firmen mit ihren Gewinnen, die Aussichten. Ein anderer berichtete von den Folgen der Napalmbomben, mit denen die Vietnamesen, Zivilisten wie Soldaten, Bauern wie Kinder, zu Hunderttausenden verbrannt, erstickt, verstümmelt wurden, ganze Dörfer, ganze Wälder, ganze Landschaften vergiftet. Enzensberger, der am Nachmittag über Pop-Literatur gesprochen hatte, sagte, je schlechter es den USA in Vietnam gehe, desto schwächer werde die Sache der Demokratie in Deutschland. Weiss sagte, er sei nach Amerika gekommen, um seine Sympathie für die Menschen zu zeigen, die für ein anderes Amerika kämpfen.

Und dann sprach sie, leidenschaftlich, klar, kurz. Drei oder vier Stunden vorher war sie wegen ihres Lobes der Freude und der ästhetischen Kriterien von der Fraktion der Engagierten mit Misstrauen bedacht worden. Jetzt beeindruckte sie alle. Was sie im Einzelnen sagte, behielt ich nicht, so überrascht war ich von der Schärfe und Eindeutigkeit ihrer Kritik an der Washingtoner Regierung, so etwas hatte ich bis dahin nicht gehört. Niemand hielt das für einen Widerspruch, niemand fand das antiamerikanisch, im Gegenteil.

Man konnte also die höchsten Ansprüche an die Kunst stellen und gleichzeitig die höchsten Ansprüche an die Politik. Man musste radikal sein, hier wie da. Ästhetik und Demokratie passen zusammen, man sollte sie nur nicht vermischen, diese Lehre von Frau Sontag wollte ich aus Princeton mitnehmen.

Sie selbst war von einem Schwarm von Männern umgeben und hatte mit ihrer Fünfminutenrede wieder neue Verehrer gewonnen. Den Versuch, am Ende der Veranstaltung wenigstens einmal dicht neben sie zu gelangen und eine Sekunde in ihrem Blickwinkel zu stehen, gab ich auf, kurz bevor sie, von zwei Männern eskortiert, aus dem Saal verschwand.

Die Tugend des Zersetzens und die Tugend der Befreiung

Wenige Wochen nach Benno Ohnesorgs Erschießung am 2. Juni 1967 fand im Londoner Round House, ein Zentrum der Off-Szene in einem ehemaligen Lokschuppen, der Kongress «Dialectics of Liberation» statt, wo die berühmten Veränderer der Welt miteinander wetteiferten. Herbert Marcuse wollte den ganzen Menschen, Stokely Carmichael die schwarzen Amerikaner, Ronald Laing und David Cooper die Psyche, Paul Sweezy den Kapitalismus, Allen Ginsberg das poetische Bewusstsein umkrempeln. Alles in Ordnung, dachte ich, aber doch zu viel auf einmal. Wahrscheinlich zum letzten Mal waren sie hier alle beieinander, die radikalsten Philosophen, Black-Power-Propheten, Soziologen, Poeten, Marxisten, Psychoanalytiker, sozialistischen Politiker aus den USA und Großbritannien, alle im rhetorischen Wettbewerb um die optimale Befreiung von spätkapitalistischen Zwängen. Ich hörte allen zu und wurde der Jünger von – keinem. Ich war im Herbst 1966 für ein knappes Jahr nach London gegangen, um deutsche Romane des 19. Jahrhunderts für die Doktorarbeit zu lesen. Überall wurden neue Takte eingeübt, ich mühte mich nebenher an einer dann doch misslingenden Novelle. Die Musiker waren damit beschäftigt, die Welt zum Tanzen zu bringen, Flower-Power-

Gruppen missionierten, die Beatles bastelten ein paar Straßen weiter am Sgt.-Pepper-Album, Pink Floyd trat als Kellerband auf, die Rolling Stones schickten Sympathiewerbung für den Teufel durch die noch winzigen Lautsprecher. Alles wunderbar, dachte ich, die melodischen Schläge auf die Ohren, but not my cup of tea.

Ein halbes Jahr zuvor hatte ich in dem Vortrag «Von der Tugend des Zersetzens oder Der Belletrist im Wohlstand» mein Programm entworfen. Abgeschreckt vom Princetoner Streit um die Meinungsführerschaft der Großautoren versuchte ich, ganz unten anzufangen und den Negativbegriff der Nazis und der Konservativen neu oder im Sinn von Gottfried Keller und Ulrich Sonnemann positiv zu deuten. Für Analysen, gegen Synthesen, für Aufklärung, gegen Gewissheiten, für Ratio, Polemik, Verstörung, Unbequemlichkeit in der Literatur, die Lessing-Büchner-Heine-Linie, selbstkritisch, allergisch gegen Ideale, misstrauisch gegen alles, was Illusion sein könnte – das alles war mit Zersetzen gemeint. Für den Wunsch nach Veränderung der Welt oder nach «Befreiung» war ich noch nicht reif – oder nicht mehr unreif genug.

Zum Londoner Kongress über die «Dialektik der Befreiung» kamen auch zwei Studenten von der FU aus Berlin und berichteten von dem Polizei- und Presseterror rund um den 2. Juni. Nur eine kleine Gruppe interessierte sich dafür. Was im ehemaligen britischen Kolonialreich, in der Dritten Welt häufig, sogar in den USA hin und wieder geschah, hatte sich nun auch in der jungen Bundesrepublik ereignet: ein friedlicher Demonstrant erschossen. Den Engländern imponierte das nicht besonders. Mich erregten und empörten die Berliner Vorgänge, die ich aus Zeitungen und Telefonberichten kannte, nicht anders als die FU-Studenten: Die

Demokratie war zum politischen Mord fähig, immer lauter wurden die Proteste, da konnte man, dachte ich, nicht zur Tagesordnung übergehen.

Vorbilder hätten die Londoner literarischen Emigranten sein können: Erich Fried, der sich über alles ereiferte und zu allem eine Meinung hatte. Jakov Lind, der launische und freundliche Zyniker. Elias Canetti, der in einem Café in Hampstead donnerstags «Die Zeit» las von der ersten bis zur letzten Zeile, wie es schien, und, außer von jungen Frauen, nicht angesprochen werden wollte. Drei Varianten intellektuellen Verhaltens, keine hätte richtig zu mir gepasst. Der Eifrige, der Distanzierte, der Faktenfresser und philosophisch-literarische Deuter, irgendwo dazwischen lag das Ideal, das ich suchte. Am meisten beneidete ich die drei dafür, dass sie ständig von neuen Freundinnen oder Verehrerinnen umgeben waren. Nur mit Erich Fried gab es, trotz oder wegen des Verrisses, einige intensive Gespräche, er hatte Rainer Nitsche, meinen Freund und Mitbewohner, und mich zu gelegentlichen Mitarbeitern beim deutschsprachigen BBC-Radio gemacht, wo er sein Geld verdiente. Eine Slapstickszene bleibt: Fried versucht Marcuse im Round House auf sich aufmerksam zu machen, Marcuse ist im Gespräch mit anderen, Fried schiebt sich mit einem Gedichtband immer näher, Marcuse wendet sich ab, Fried umtänzelt ihn, Marcuse wirkt belästigt, Fried dienert fast, bis er dem umschwärmten Philosophen sein Buch zeigen, eine Widmung kritzeln, einen Satz über sich sagen kann, und Marcuse gleichgültig das Buch wegsteckt und sich dem nächsten Verehrer zuwendet. Zwei linksradikale Emigranten im Sommer 1967, die das Gleiche wollen, der eine mit dem neuen Menschen, der andere mit Vietnamgedichten, und den gemeinsamen Takt nicht finden. Eine Lehre fürs Leben: Dränge dich nie einem Prominenten auf, schon gar nicht mit einem Buch in der Hand.

Ich musste in diesem Sommer mit ungewohnten Widersprüchen umgehen lernen, mit der Pointe, dass der Regierende Bürgermeister Albertz, ein Pfarrer überdies, der oberste Verantwortliche für den Berliner Polizeieinsatz und den Tod von Ohnesorg, mir nur wenige Wochen zuvor den Berliner Literaturpreis «Junge Generation» (und dem Emigranten Walter Mehring den Fontane-Preis) überreicht hatte. Ich sah den Preis nun entwertet, es klebte ein lästiger Widerspruch daran, in Berlin hätte ich ihn vielleicht zurückgegeben, die Londoner Leichtigkeit schützte vor solch pathetisch-politischen Waschzwängen.

Doch mit den Berliner Empörungswellen breitete sich langsam der Veränderungsimperativ aus und erreichte auch den schreibenden Literaturstudenten in London-Kilburn. Selbst als biertrinkender Nüchternheitsfanatiker wurde man, mit oder ohne den rastlosen Erich Fried, immer wieder auf die Überlegung gestoßen: Was fängst du an mit deiner Sprache? Wie kannst du dich nützlich machen? Mit dem Schreiben? Für die von der Polizei Geprügelten, die Unterdrückten in Vietnam, für die Aufklärung? Mehr tun als Gedichte schreiben? Fried dichtete ununterbrochen Politisches, das war so abschreckend wie hilfreich: Nie kam ich in Versuchung, auf dem Feld des Aktualitätengedichts reüssieren zu wollen.

Der Veränderungsimperativ stimulierte zunächst die Minderwertigkeitskomplexe. Da die anderen immer viel rebellischer waren, radikaler dachten, raffinierter schrieben als ich, meinte ich, mithalten zu müssen. Ich kam mir vor wie

London 1967, Regent's Park. Kurz vor der «Minute mit Paul McCartney».

ein zurückgebliebener Sozialdemokrat. So versuchte ich an meiner größten Schwäche zu arbeiten, der Theorie, und gab mir Mühe, über die mehr oder weniger von Empörungsgefühlen geprägten linkssozialdemokratischen oder radikaldemokratischen Standpunkte hinauszukommen. Das gelang nicht. In Marx' «Kapital», in einem Antiquariat Wiener Emigranten gekauft, schaffte ich nicht viel mehr als vierzig Seiten. Maos Sprüche im sogenannten Roten Buch waren Klolektüre, nur zum Lachen, voll unfreiwilliger Komik. (Ehe der Verfassungsschutz mich eines Tages als Begründer des bundesdeutschen Maoismus enttarnt, gestehe ich an dieser Stelle: Im Frühjahr 1967 schickte ich Hans Christoph Buch auf dessen Bitte, weil es noch keine deutsche Ausgabe gab, zehn Exemplare der ersten, der englischen Ausgabe der «Mao-Bibel», gekauft beim Londoner Hofbuchhändler der Beatles und der Rolling Stones.)

Herbert Marcuse kam in Mode, in London hatte er vor zweihundert Leuten geredet, danach in Berlin eine Anhängerschaft von Tausenden gefunden. Ich versuchte, den «eindimensionalen Menschen» zu verstehen, stieß ständig an meine Grenzen und exzerpierte tapfer viele Seiten, am Ende blieb nicht viel Klarheit übrig. Frecher, tiefer und anregender, weil literaturnäher, war Blochs «Prinzip Hoffnung», mit der gefälligen Grundthese, dass seit den Anfängen der Philosophie das Denken auf Befreiung, Aufklärung, Emanzipation zielte. Man musste auch solche Banalität erst einmal begreifen, ehe man sie als Banalität wieder beiseitelegen konnte: selbst die Gedanken, die uns frisch und aktuell vorkommen, fußen auf Traditionen.

Marx, Marcuse, Bloch hin oder her, das hilflose Stochern in der Theorie zeigte einmal mehr, dass die Sprache mein

Handwerk war, nichts sonst. Im Herbst 1966 war die Dokumentarpolemik «Wir Unternehmer» erschienen, mit der ich die Rhetorik der CDU-nahen Wirtschaftsvertreter aufspießen wollte. Nun fand ich immer spannender, was in den rebellischer werdenden Zeiten mit der Sprache geschah. Das passte zur «Tugend des Zersetzens». Bevorzugtes Objekt des Staunens war das Aggressionsvokabular der Springerpresse, die nicht einmal nach der Erschießung Ohnesorgs zu zurückhaltenden, selbstkritischen Tönen fand, sondern weiter hetzte gegen alles, was die studentische Jugend, mit beiden Beinen auf dem Boden des Grundgesetzes, mündlich, schriftlich und gestisch kundtat.

Schüsse und Sprache, vom Ich zum Wir

Nach dem Londoner Zehnmonatsausflug zurück in Berlin im Spätsommer 1967, hatten sich die deutschen Sprachen verändert. Die Schüsse eines Westberliner Polizisten (und Staatssicherheitshelfers der DDR, wie wir heute wissen) auf einen Studenten hatten die Emotionen und Debatten so stark entfacht, dass die Gesellschaft erst einmal in Lager zerfiel, die sich rhetorisch verhärteten, stärker gegeneinander abgrenzten und auseinander entwickelten. Vom Konsens zum Dissens. Von der geschlossenen Gesellschaft zur offenen und fragenden, von der «formierten Gesellschaft» (Erhard) zur informierten, zur «Informationsgesellschaft», die mit der Vereinheitlichung der Software, man kann das Zufall nennen, 1968 begann.

Mal locker, mal krampfhaft versuchten Studenten und Intellektuelle sich vom Hetzdeutsch bestimmter Zeitungen

und von der überkommenen politischen Rhetorik abzu-
grenzen. Das Vokabular der Flugblätter veränderte sich, die
Sujets der politischen Bücher erweiterten sich, der Jargon
der Gespräche wurde direkter, die Sprache auch unter literarischen Freunden offener. Bei immer mehr jungen Leuten
erwachte die Neugier auf ökonomische Fakten, schärfte sich
der Blick auf die Unterprivilegierten, erwachte die stür-
mische Lust an der Entdeckung oder Neuentdeckung der
Welt, von der Arbeiterbewegung bis zur Kybernetik, von der
Dritten Welt bis zur Frauenbewegung, vom Anarchismus bis
zum Faschismus der Väter und Mütter.

Doch schon bald wurden die frisch entdeckten Wirklich-
keiten von der Einheitssoße trockener, pseudowissenschaft-
licher Politsprachen eingedickt und zugedeckt. Der Humor,
der die antiautoritären Bewegungen 1966 und 67 geprägt
hatte, wurde ausgetrieben, jetzt hieß die Parole Widerstand.
Denken und Sprache der linken Wortführer wurden fast von
Quartal zu Quartal abstrakter, radikaler und aggressiver. Die
Sätze wurden länger, Relativsätze hatten oft mehr Inhalt zu
transportieren als die Hauptsätze, Partizipkonstruktionen
hielten vieles in der Schwebe. Auch Rudi Dutschke redete
so: Jedes aktuelle Thema führte er im Singsang sich steigern-
der Perioden, mit kühnen Wortkombinationen und wilden
Konditionalsätzen atemlos zu rhetorischen Höhepunkten,
bei denen die charmierten Zuhörer denken mussten, es
hinge der politische Prozess nur an ihrem Wollen, an ihrem
Mut zur Tat, als fehlten nur noch drei winzige Schritte zur
bevorstehenden Revolution. Im Rausch solcher Reden hatte
man am Ende die Konditionalsätze vergessen: Ja, wenn!

Ein unerforschtes Gebiet: Wie sich die Sprache der Studentenbewegung zwischen 1967 und 1970 von der Defensive

ins Offensive, vom Fragen zum Behaupten gewendet, vom Konkreten und Sinnlichen abgewendet, radikalisiert und es sich im Abstrakt-Allgemeinen bequem gemacht hat. Meines Wissens haben nur Willi Winkler in seiner «Geschichte der RAF» und Peter Schneider genauer darüber nachgedacht. Schneider, der sein Tagebuch jener Jahre vergleichen kann mit heutiger Sicht, schreibt in «Rebellion und Wahn»:

«Gleichzeitig rüstete ich verbal mächtig auf. Mit Verblüffung registriere ich, wie rasch sich in meinen damals geschriebenen Texten der Wortschatz änderte. In wenigen Wochen und Monaten fand ... eine Ideologisierung der Sprache und des Denkens statt. Man kann von einer Art linguistischer Machtergreifung sprechen. Mehr und mehr übernahm ich Denkfiguren und Fachwörter aus dem Revolutionslexikon. Der öffentlich Schreibende und Redende sah sich offenbar unter einem ganz anderen Druck, mit Hilfe sprachlicher Fertigteile seine revolutionäre Gesinnung unter Beweis zu stellen, als der Verfasser der privaten Aufzeichnungen.» Schneider fragt, wie es kam, dass aus Arbeitern plötzlich die «Arbeiterklasse», aus politischen Gegnern «Charaktermasken», aus Regierung «die herrschende Klasse», aus Revolte und Protest «die Revolution» wurden. «Indem wir / ich unseren Kontrahenten ihre Individualität absprachen, begannen auch wir / ich, uns unserer Individualität zu entledigen.»

Ich zitiere das hier, um die Schwierigkeiten beim Balancieren anzudeuten, mit denen die jungen Autoren in den sechziger Jahren zu kämpfen hatten – wenn sie überhaupt die Balance zwischen poetischem Anspruch und politischem Anspruch halten wollten. Ich versuchte es und hatte das Glück, im Gegensatz zu Schneider nicht zu den «öffentlich Schreibenden und Redenden» zu gehören, ich konnte auch hier im Hintergrund bleiben. Die Worte Arbeiterklasse und Charaktermaske kamen in meinen Texten, falls ich nicht schwer irre, nicht vor, und das Wort Revolution wurde nur ironisch gebraucht.

Mit dem 2. Juni 1967 begann die Zeit der babylonischen Sprachverwirrung innerhalb der Linken. Alle wollten Veränderung, alle zitierten plötzlich Marxens 11. Feuerbach-These: «Die Philosophen haben die Welt nur verschieden interpretiert, es kömmt aber darauf an, sie zu verändern.» Die schlichte Frage war nur, welche Veränderung, wann, wie und mit wem und welche zuerst? Bald gab es hundert, bald viele hundert Varianten von politischen Meinungen, Theorien, Taten, lauter Gruppen, die ein starkes Wir-Gefühl stifteten und ihren eigenen ideologisch geprägten Dialekt pflegten. Man konnte zwar das Vokabular noch verstehen, aber sich innerhalb der antiautoritären Bewegung immer weniger verständigen, je mehr die einzelnen Gruppen nach neuen Autoritäten suchten. Mit Autoritäten meine ich Wortführer, straffere Strukturen, Parteiungen, Parteien. Je mehr das Denken aussetzte, desto mehr wurden Gipsköpfe gebraucht, Lenin, Mao. Die fortschreitende Radikalisierung der Radikalen schloss immer mehr Leute aus – die vielen, die Mehrheit, die weniger radikal blieb.

Keine Ahnung, ob wir in Walter Höllerers Doktoranden-colloquium im Wintersemester 1967/68 über das «gegenwärtig geschriebene und gesprochene Deutsch» schon den viel später von Schneider thematisierten Sprachwandel im Auge hatten. Aber bei Höllerers untrüglicher Witterung für solche Veränderungen ist das zu vermuten. Er hasste nichts so wie Phrasen, bequeme Redewendungen, sprachliche

Gedankenlosigkeit, ideologische Scheuklappenpflege. Mitten in den Zeiten, in denen alle zur Vereinfachung neigten, förderte Höllerer, in schönster Lockerheit, die Lust an der Genauigkeit, am Differenzieren, an kritischer, hellwacher Distanz gegenüber jedem gehörten, gelesenen oder selbstgeschriebenen Satz. Außerdem lernten wir bei ihm Respekt vor den anderen Künsten, anderen Wissenschaften, Respekt vor technischen Leistungen. Als einige Studenten forderten: Mehr Marxismus, Herr Professor!, konterte er: Sie haben völlig recht, mehr Beschäftigung mit dem Marxismus wäre wichtig, aber bitte auch mehr Beschäftigung mit der Hirnforschung und mit der Thermodynamik!

«Die Revolution» war in meinen Kreisen nicht die Hauptbeschäftigung. Hin und wieder lief man bei einer Demonstration mit, doch von politischen Arbeits- und Schulungsgruppen hielt ich mich fern. Ich wollte zügig mit der Promotion fertig werden. Nebenbei quälte ich mich durch Wittgensteins «Philosophische Untersuchungen», auch das eine Übung in Nüchternheit, aber ich spürte immer mehr körperliche Abwehr gegen alles Theoretische, Abstrakte, Hochlogische, ob in philosophischen oder politischen Fragen. Bei dem Versuch, ein Marx-Seminar an der TU durchzustehen, ging es mir genauso: kein Talent für abstraktes, «richtiges» Denken. Vielleicht lag das auch an dem Dozenten, er kam aus Ostberlin, musste also verdächtig parteinah sein, spielte aber so souverän sein Wissen aus, dass man sich klein vorkam und dachte: das schaff ich nie. Auf einen Parteifänger wollte ich erst recht nicht hereinfallen und folgte nach vier oder fünf Sitzungen dem Fluchtimpuls.

Werktags Romane, sonntags Fußball. Im Rückblick vergolden sich die Nachmittage auf Hartplätzen am Stadtrand zu Höhepunkten der 68er-Zeit. Da trafen die Autoren Born, Buch, Delius und Haufs die «Rixdorfer» Künstler Bremer, Schindehütte, Vennekamp, Waldschmidt, da kamen der Filmer Farocki, der Redakteur Krüger, der Anwalt Schily, der Kabarettist Neuss und sein Koautor Tomayer zusammen, die «Stern»-Journalisten Hermann und Rieck, dazu noch der eine oder andere Buchhändler, Arzt und Jurist. Hin und wieder war auch Dutschke dabei, einer der besten Spieler im Kreis der «Rixdorfer Balltreter & Co.». Man wählte sich zwei Mannschaften, nicht alle hatten richtige Fußballschuhe, ich auch nicht, durfte aber später damit angeben, bei Auswärtsspielen, etwa in Stuttgart, zweimal in Dutschkes Schuhen gespielt zu haben. Man kickte, bolzte und brüllte zwei Stunden, natürlich ohne Schiedsrichter. Bei umstrittenen Szenen entschied, wer am lautesten und längsten schimpfen konnte, das war fast immer Wolfgang Neuss. Im Roman «Mein Jahr als Mörder» ist ein solches Spiel beschrieben. Als Fußballer schwach, zog ich mich auf den seit Kindertagen gewohnten Verteidigerposten zurück und konnte mir den Spaß machen zu sagen: Das Stürmen überlass ich anderen. Die wussten, dass ich auch im richtigen Leben Verteidiger war, als Autor in der Abwehr gegen Pathos und Phrase und Imponiergeschwätz. Nach den Spielen die verschwitzten Künstler beim Bier, viel Distanz zum studentischen Radikalisierungseifer, hier saßen selbstbewusste Leute, hier blühte der Witz, die Torlinie war wichtiger als die politische Linie.

Nein, ich war «kein guter Linker», wie mir Fried später vorgeworfen hat. Ich gehörte selbstverständlich dazu, irgendwie, ich wollte dazugehören, weil ich auf keinen Fall zu der Elterngeneration, zu den Jasagern gehören wollte, die sich der Wahrheit in Vietnam oder im Iran verweigerten, auf keinen Fall zu den Etablierten, die sich so rechthaberisch und gewaltsam gegenüber den zunächst erzdemokratischen Forderungen der Studenten verhalten hatten. Zur «Tugend des Zersetzens», die ich 1966 propagiert hatte, gehörte es, alles in Frage zu stellen, man war Opposition, außerparlamentarisch. Als sogenannter Undogmatischer, als «freischwebender Intellektueller» wurde man nicht in Marxismus geprüft, nicht für politische Taten benotet, nicht einer bestimmten Denkschule unterworfen. Man konnte sich von Dutschkes Reden ein bisschen aufputschen lassen, aber musste dessen Jargon und Vorschlägen nicht folgen. Auch das gehörte zur großen Freiheit der Außerparlamentarischen Opposition, bevor sie zur strikten Organisierung drängte. Man konnte den Kadern, den Eiferern, den Hundertprozentigen aus dem Weg gehen. Die Bücher halfen, das spürte ich genau. Die belletristische Literatur schützte vor Dogmatismus und weitgehend auch vor hochgestochenem und ideologischem Denken. Der SDS war nichts für Lyriker. Andere politische Gruppen auch nicht. Ich konnte mir erlauben, ein Einzelgänger zu bleiben, durfte es nur nicht zu laut sagen.

Wenn der Dichter trotzdem mehr sein will als Dichter – oder eher weniger als Dichter, was bleibt dann? Er kann sich nützlich machen als Dokumentarist oder als Formulierungshelfer. 1965 hatten einige Autoren und ich für die SPD mehr oder weniger unbrauchbare Wahlkampfsätze verfertigt, im Januar 1968 kam es zu einer ähnlichen Arbeit für den SDS, den Sozialistischen Deutschen Studentenbund, diesmal allein.

Im Zuge der Vorbereitung für den Internationalen Vietnamkongress und eine große Demonstration sollte eine Folge von sechs Flugblättern mit Fakten zu diesem Krieg verteilt werden. Solche Flugblätter waren in der Regel schlecht oder schwer verständlich geschrieben, das wollten die Organisatoren ausnahmsweise einmal anders haben. Ich weiß nicht mehr, wie die Anregung zustande kam, durch Enzensberger oder Wagenbach oder Dritte, jedenfalls saß ich mit dem führenden SDS-Genossen Schlotterer, später Manager von «Ton Steine Scherben», viele Stunden über den Entwürfen. Sätze kürzen, Nebensätze klar zuordnen, die Syntax vereinfachen, Passivkonstruktionen meiden, das Vokabular möglichst eindeutschen, die Kunst des Weglassens üben – es waren harte Kämpfe, es wäre fast zum Krach gekommen. Wenn es um korrektes Deutsch ging, konnte der stille Delius streng werden. Man musste nicht nur einen grausamen Krieg verhindern und beenden wollen, man musste auch verhindern, das in einem grausamen Deutsch zu sagen. Die Arbeit war zumindest in einer Hinsicht nicht vergeblich. Die Filmemacherin Helke Sander, Mitbegründerin der Frauenbewegung und der Kinderläden, erzählte viel später: Diese präzisen sechs oder sieben Flugblätter hätten sie so überzeugt, dass sie dem SDS, in den sie gerade eingetreten war, vorgeschlagen habe, etwas in ähnlicher Form zum Thema Unterdrückung der Frauen zu machen. Das sei abgelehnt worden. Daraufhin habe sich der Aktionsrat der Frauen im SDS gebildet, bekanntlich der Anfang der Frauenbewegung, vor Alice Schwarzer, mit Helke Sanders berühmter Rede auf dem «Tomatenkongress» gegen die Macho-Genossen in Frankfurt 1968.

Und die eigenen Texte? Der gute Ratschlag von Susan Sontag aus Princeton, das belletristische Schreiben und die politische Meinungsäußerung strikt zu trennen, ließ sich nicht mehr einhalten. Wer über den Berliner Alltag schrieb oder das poetische Sensorium auf deutsche Zustände richtete, konnte nicht anders, als die latenten und offenen Aggressionen zu konstatieren. Doch dabei fand eine für die sechziger Jahre typische Verwandlung statt, für die Peter Schneider in seiner Rede «Wir haben Fehler gemacht» vom Mai 1967 den Ton vorgegeben hat: der Schritt von der ersten Person Singular zur ersten Person Plural.

So wurde aus dem lyrischen Ich ein lyrisches Wir. Ein offenes, sich ständig veränderndes Wir war gemeint. Obwohl ich möglichst unabhängig zu bleiben versuchte, gehörte ich dazu, nicht etwa, weil mich die Massen anzogen, eher im Gegenteil. Trotz der Abneigung gegen Fraktionen und Dogmen fühlte man sich als Teil einer allgemeinen Bewegung. Ich spürte die eigenen Kräfte wachsen, freier werden, weil auch andere in Aufbruchstimmung waren. Man musste nicht auf Barrikaden steigen oder Fahnen schwenken, man konnte trotzdem, auch als Einzelgänger, sich zur antiautoritären Bewegung rechnen, zur Linken zwischen Palo Alto und Prag. Ich wollte bis weit in das Jahr 1969 oder länger an so etwas glauben wie eine internationale oder zumindest Westberliner Wir-Solidarität jugendlichen Aufbegehrens. An ein Über-Wir über allen Gruppen und Fraktionen.

Das Wir war auch für den Gedichteschreiber etwas Neues, ein Experiment. Ein Wir der gesellschaftlichen Minderheit, ein Wir, teils defensiv, teils offensiv, teils ironisch zu verstehen, ein Schutzraum auch und ein Versteck. Im Wir konnte sich Größenwahn unauffälliger tarnen. Der Strom politisch aufgewachter junger Leute hinein in ein studentisches Wir, das sich ständig bewegte, neu zusammensetzte und neu definierte und fröhlich oder verbissen gegen andere abgrenzte, diese allgemeine Wir-Euphorie spiegelte sich auch in meinen zwischen 1967 und 1969 geschriebenen Gedichten. Waren die «Kerbholz»-Gedichte von 1965 noch aus der Perspektive eines lyrischen Ichs geschrieben, so sind die meisten in «Wenn wir, bei Rot» (1969) Wir-Gedichte. Das Ausmaß der poetischen Wende verwundert mich heute selbst. Aber es zeigt die Härte dieser Zeit: Schüsse verändern die Sprache, und nach den Schüssen auf Rudi Dutschke Ostern 1968 ist das Ich fast verschwunden, nicht nur in meinen literarischen Texten.

In einem programmatischen «Gedicht über Arroganz und Methode» aus «Wenn wir, bei Rot», das Wagenbach als Aufmacher für den Verlagsalmanach 1969 wählte, wird die poetische Pluralbildung sogar als Notwendigkeit gefeiert: «Nee, auf den arglosen Wiesen und auf dem Papier / Haben wir lang genug gelernt, wie man am zierlichsten / Die Schnauze hält in verschiedenen Sprachen, / Aber nie, wie man sie, ganz gezielt, aufreißt, / Wenns sein muss, auf Straßen und möglichst / Im Plural. Wir fangen erst an, mit Spaß an / Größeren Gesten und größeren Anstrengungen / Des Kopfs. Denn friedlicher / Werden die Abende ganz bestimmt nicht.»

Den Imperativ der Studentenbewegung «Dichter, mach dich nützlich!» stellte ich nicht in Frage – wenn ich selbst entscheiden konnte, wo der Nutzen lohnte, wie bei den Vietnam-Flugblättern. Die Literatur auf diesen Imperativ reduzieren oder abschaffen oder für tot erklären zu wollen, hielt ich für Schwachsinn. Den Forderungen, Gedichte müssten aufklären oder aufwiegeln, begegnete ich im Prinzip zustimmend, aber mit einer Skepsis, die an Walter Benjamins «Der Autor als Produzent» geschult war. Agitprop-Dichter konnte und wollte ich auf keinen Fall werden,

Wir oder ich? Mit Siegfried Lenz, Peter Bichsel,
Peter Härtling in der Pulvermühle 1967.

trotz zwei, drei spielerischen Versuchen in diese Richtung,
darunter eine Moritat für einen «Springer-Abreiß-Kalender
1969» der Anti-Springer-Kampagne.

Für das Agitationshandwerk war ich viel zu literatursüchtig, zu fest den Präzisions-, Differenzierungs- und
Lachschulen von Höllerer, Wagenbach und Enzensberger
verbunden – und der schönen Vielfalt der Gruppe 47 von
Heißenbüttel bis Peter Weiss, von Jürgen Becker bis Ilse
Aichinger und Alexander Kluge, von Peter Bichsel bis Uwe
Johnson. Ich wusste, unbewusst, auch damals: Ich habe
mich doch nicht mühsam vom Kirchenlied emanzipiert,
um jetzt neue politische Kirchenlieder zu schreiben. Als

stärkstes Argument gegen plattes Nützlichkeitsdenken der Studenten und gegen die auf Inhalt und Tendenz fixierten Autoren diente der hilfreiche Satz des von allen Fraktionen als heilig verehrten Walter Benjamin: «Ein Autor, der die Schriftsteller nichts lehrt, lehrt niemanden.»

Kein Tod, kein Scheintod der Literatur – das «Kursbuch 15»

Von 1968 habe ich, offen gesagt, die Schnauze voll. Nicht von den alten Erfahrungen, die auch meine Studentenjahre gewürzt haben und nun ein halbes Leben zurückliegen. Was das Thema 68 so degoutant macht, ist seine mediale Zubereitung Jahrzehnte später. Bei fast allem, was man dazu lesen, sehen, hören kann, stellt sich alsbald ein Gefühl des Widerspruchs ein, das vereinfacht in drei Wörtern ausgedrückt werden könnte: Nicht schon wieder! Oder, protestliterarisch gesagt: Alles war anders!

Die Bilder, Berichte und Dokumente aus alten Zeiten lügen nicht, aber sie lügen doch. Sie zeigen die Leute aus den ersten Reihen, die wildesten Gesichter, die nacktesten Kommunarden, die plakativsten Plakate, die unordentlichsten Wohnungen, die rotesten Fahnen, die spektakulärsten Aktionen. Zitiert werden die kämpferischsten Reden, das auffälligste Politkauderwelsch, die euphorischen – und nicht die skeptischen Stimmen.

Zu diesem schlechten, aber mediengerechten Brauch gehört es, dass bei allen entsprechenden Jubiläumsfeierlichkeiten in unziemlich privilegierter Weise Veteranen zu Wort kommen, die schon 1968 Wortführer waren. Zeitzeugen, die sich im Kreise drehen und vor unseren Augen fossilieren, selbst wenn sie selbstkritisch Richtiges, Nachdenkenswertes sagen. Stets vermitteln sie das gleiche Bild: Wir haben den Durchblick.

Keine politische Bewegung ist so auf ihre eigenen Mythen und Klischees hereingefallen wie die 68er. Die meisten dieser Klischees sind sogar nicht einmal falsch. Trotzdem sage ich: Alles war anders, nämlich viel widersprüchlicher, mehrdeutiger, spielerischer. Schon bei der Definition «68» oder «68er» verengt sich Geschichte zur Schablone. Ich sträube mich nach Kräften, als «68er» beschimpft oder gefeiert zu werden. Wenn einem schon ein Jahrgangsetikett angepappt wird, dann ziehe ich den «66er» vor: die Phase des Aufbruchs, des Kulturbruchs, der Horizonterweiterungen. Meine Erzählung «Amerikahaus und der Tanz um die Frauen» ist auch ein Versuch, diese noch nicht von Superlativen, Maximalforderungen, Ideologie und Rhetorik geprägten Jahre 1966 und 1967 zu rehabilitieren.

In Ausstellungen zum Thema sehe ich mir die Exponate nicht ohne das Gefühl von Peinlichkeit an. Das liegt an der rüden Sprache des Behauptens, an dem selbstgerechten Ton der Verachtung gegen alles, was nicht auf der Höhe des eingebildeten Avantgardestatus war. Die Plakate, die Resolutionen, die Flugblätter, etliche Bücher, das meiste wirkt, wenn nicht schrecklich einfältig, dann doch schrecklich eindeutig. Daran möchte man, selbst wenn man damals schon einige Distanz empfand, nicht gern erinnert werden. Überdies, die Exponate, auch wenn sie angestoßen sind, Anstreichungen oder Fettflecken aufweisen, kommen einem, so ausgestellt und von ihrem Apfelsinenkistenmilieu isoliert, wie gereinigt vor, reiner als sie einem in den sechziger Jahren begegnet sind. Was damals relativ war, erscheint heute absolut. Was damals mitten in einem Wust von Texten und Papierstapeln lag und bald vergilbte, erscheint heute, durch die Historie und die Literaturhistoriker geadelt, als zeittypisches Spitzenprodukt. Das ist nicht zu vermeiden. Es sollte nur nicht vergessen werden, dass sich junge, schreibende, studierende Menschen damals – und ich behaupte: sogar die Mehrheit der politisch und literarisch aufgeweckten Studenten – nur mit wenigen dieser Texte wirklich «identifizierten» und sie zu ihrer Bibel machten. Die Vorbehalte gegen einen großen Teil dieser «Protest!Literatur» waren schon damals beachtlich.

Hans Christoph Buch und ich haben zum Beispiel den Versuch, eine gemeinsame Sprache zu finden mit den SDS-Studenten, die ein Papier zum Thema «Kultur und Revolution» erarbeiteten, nach drei oder vier Sitzungen aufgegeben. Deren Manifest ist dann sogar in der «Zeit» erschienen, ein großtönender Aufruf, an den sich kein Mensch hielt – aber unsere bescheidener formulierten Texte kamen natürlich nicht in die «Zeit». Meine Reserven richteten sich ebenso gegen die SDS-Kulturvorschriften wie gegen die Autoren, die nach 1968 noch in der DKP-Literaturzeitschrift «kürbiskern» publizierten, die den Einmarsch der UdSSR in Prag begrüßt hatte. Sich abgrenzen gegen die falschen Linken und dennoch links hellwach sich von allem anregen zu lassen, das gehörte auch damals zu den Kunststücken der künstlerisch tätigen Leute.

Es war ja alles in Bewegung, und es passierte dauernd etwas Neues, Gewaltiges, anno 68. Der Krieg in Vietnam und die Proteste dagegen auf neuen Höhepunkten, die Schüsse auf Rudi Dutschke, der Kampf gegen Springer, die anarchistisch-terroristischen Anfänge, gesponsert vom Berliner Verfassungsschutz (was wir damals noch nicht wussten). Der Mai-Aufstand der Pariser Studenten. Dann der Tiefschlag vom August, der Warschauer Pakt unterdrückt mit Panzern den Prager Frühling, eine Enttäuschung und Desillusionierung, die immer noch unterschätzt wird. Schließlich der von den USA geförderte Militärputsch in Griechenland. Dies nur die Schlagzeilen – und nur Plattköpfe können behaupten, das alles auf die Reihe, in eine Formel zu kriegen.

Falls also zu 68 noch irgendetwas Erhellendes zu sagen ist, dann wäre es vielleicht dies: von der Suche zu sprechen, der Suche auch nach der eigenen Nützlichkeit und dem Gebrauchswert eigenen Tuns, von der Ambivalenz und der Mehrschichtigkeit, die das hektische Leben wie das übereifrige Lernen bestimmten. Was heute uniform erscheint, war einmal Pluralität. Die 68er-Bewegungen, ich bestehe auf dem Plural, sind in sich sehr widersprüchlich gewesen. Zu jeder These gab es eine Gegenthese. Synthesen waren verpönt, sie hätten schließlich die Ernsthaftigkeit unterminiert und wären versöhnlerisch gewesen. Jeder Ideologisierung folgte ein Gegenprogramm, das sich bald wieder ideologisch verengte und dann von einer neuen Gegenidee angegriffen wurde, die ihrerseits erstarrte. Der Wettlauf auf den getippten, hektographierten oder gedruckten Papieren um das möglichst revolutionäre, möglichst allgemeingültige Ideengut nahm kein Ende. Das sollten heutige Forscher, Betrachter, 68er-Hasser und 68-Nostalgiker beachten: Wer immer sich Details, Bilder, Sätze, Thesen aus den Strömungen dieser großen Zirkulation herausfischt und die Gegenbilder, -sätze, -thesen weglässt, wandelt auf dem bequemen Pfad der Legendenbildung.

Zu den vielen Legenden, die sich gehalten haben, gehört die vom «Tod der Literatur». In jenem berüchtigten «Kursbuch 15» vom November 1968 sei, so liest und hört man immer wieder, der «Tod der Literatur» ausgerufen worden, vornehmlich von Hans Magnus Enzensberger, Walter Boehlich und Karl Markus Michel. Das ist Unsinn. Bis heute habe ich nicht verstanden, warum im Horrorfilm 68 einige Autoren dieses Heftes zu Meuchelmördern an Kunst, Literatur und Liberalität stilisiert wurden. (Ich gebe zu, ich bin ein wenig Partei, vielleicht sogar ein Mittäter oder Komplize, da auch vier Gedichte von mir in jenem «Kursbuch» zu finden sind.)

Das Heft mit seinen rund zweihundert Seiten ist viel amüsanter als vermutet. Erstaunlich zunächst der weite Blick auf die Weltliteratur, für den der Herausgeber Enzensberger schon damals berühmt war. Er beginnt mit einem Vorabdruck aus dem «Cimarrón», der von Miguel Barnet erzählten Lebensgeschichte eines ehemaligen Sklaven aus Kuba, ein klassisch-simpler dokumentarischer Text, aus dem später eine Henze-Oper wurde. Dann schreiben Lu Hsün und andere Chinesen über Literatur und Revolution (dagegen jedoch sperrten sich schon damals mein Sinn, Verstand und Sprachgefühl), ehe Samuel Beckett mit dem Anfang seines damals noch nicht ins Deutsche übersetzten Romans «Watt» mit Spott und Humor wieder für Ausgleich sorgt. Es folgen einige der seinerzeit völlig unbekannten Prosastücke von Daniil Charms, zum ersten Mal auf Deutsch, entdeckt von Peter Urban. Ingeborg Bachmanns vier späte Gedichte «Keine Delikatessen», «Enigma», «Prag Jänner 64» und «Böhmen liegt am Meer» sind für mich der Höhepunkt. Ich will nicht das ganze Inhaltsverzeichnis aufzählen, es soll nur gesagt sein, dass neben dem Kubaner und den Chinesen, vertreten auch durch ein nicht ganz schlüsselfertiges Gedicht von Mao Tse-tung, neben dem verfolgten Russen, Beckett und Bachmann der junge US-Amerikaner Donald Barthelme, der chilenische Lyriker Nicanor Parra und der Schwede Lars Gustafsson mit dem Essay «Über das Phantastische in der Literatur» vertreten sind. Gustafsson, nebenbei, preist die phantastische als den Gegenpol zur ideologisch geprägten Kunst und argumentiert fröhlich antimarxistisch. Schließlich ist Julio Cortázar vertreten, der noch als in Paris lebender Übersetzer vorgestellt wird, mit Auszügen seiner wunderbaren «Reise um den Tag in 80 Welten».

Bemerkenswert ist nicht, dass hier so viele Autoren auftauchen, die erst später berühmt wurden. Das gehört zur Aufgabe einer anständigen Zeitschrift. Überraschend ist vielmehr die große Pluralität an literarischen Formen und nationalen Färbungen in einem einzigen Heft. Lebendiger hätte man die Weltliteratur des Jahres 1968 kaum vorstellen können. Und das soll der «Tod der Literatur» gewesen sein? Nein, hier wurde Literatur in ihren verschiedensten Facetten und Möglichkeiten gewürdigt und gefeiert und keineswegs begraben. Und auch in den deutschen Beiträgen, überwiegend Gedichte und Essays, mehr oder minder gelungen, werden alle möglichen Litaneien und Töne angestimmt, nur keine Abgesänge auf die Literatur, wenn man von Ingeborg Bachmanns «Keine Delikatessen» absieht.

Wenden wir uns trotzdem den Texten der drei mutmaßlichen Meuchelmörder zu. In den redaktionellen Anmerkungen heißt es: «Die Aufsätze von Walter Boehlich, Karl Markus Michel und Hans Magnus Enzensberger sind un-

abhängig voneinander entstanden.» Das befreit sie natürlich nicht vom Anfangsverdacht, denn sie kommen alle
aus dem gleichen Milieu. Walter Boehlich, ehemals Suhrkamp-Lektor und einer der gebildetsten Köpfe der Nation. Ähnliches gilt für Karl Markus Michel, damals Suhr-
kamp-Sachbuchlektor und «Kursbuch»-Redakteur. Hans
Magnus Enzensberger, ehemaliger Suhrkamp-Lektor und
wichtiger Suhrkamp-Berater, unermüdlich produktiv auf
vielen literarischen Feldern. Was haben die drei angerich-
tet, dass man sie für den «Tod der Literatur» verantwortlich macht?

Karl Markus Michel beleuchtet unter dem provozierend
doppeldeutigen Titel «Ein Kranz für die Literatur» zuerst
die Graffiti und andere verbale Angriffe der französischen
Studenten im Mai 68 auf literarische Leitfiguren bis hin zu
Sartre. In Paris war man auch an diesem Punkt viel radikaler als in Berlin. Michel macht sich über die Rhetorik vom
«Tod der Literatur» auf diskrete Art lustig und weist darauf
hin, dass die Kunst in Zeiten gesellschaftlicher Umbrüche
immer wieder unter Rechtfertigungsdruck steht. Die Kunst
brauche sogar diesen Druck, sie sei stets den nie eindeutig
zu beantwortenden Fragen ausgesetzt: Wie weit ist sie Widerstand? Ist sie affirmativ oder integrativ? Wie weit Religion? Michels Kritik ist klar: «Die neue Linke, so scheint
es, verschmäht diese Tröstungen. Was immer ihre Theorie
sein mag: Ihre Praxis zeigt, daß sie den Kampf, der – streng
marxistisch – der Basis gelten sollte, in erster Linie gegen
den Überbau führt … In den schönen Garten Literatur, der
seine Gärtner ernährte, ist ein Barbar eingebrochen, und
nicht, dass er einiges kaputtmacht, ist das schlimmste, sondern dass er nicht unterscheiden mag zwischen Unkraut und

Kraut. Ihm ist alles ‹Ware›, ‹Alibi›, ‹Manipulation›, und was er gelten läßt, ist nur er selbst.»

Kann man, so frage ich, den Garten Literatur leidenschaftlicher verteidigen?

Walter Boehlich dagegen macht sich alles sehr einfach. In seinem «Autodafé», wie eine Zugabe als Plakatbogen dem «Kursbuch» beigelegt und dadurch besonders herausgehoben, behauptet er: «Die Kritik ist tot. Welche? Die bürgerliche, die herrschende. Sie ist gestorben an sich selbst, gestorben mit der bürgerlichen Welt, zu der sie gehört, gestorben mit der bürgerlichen Literatur, die sie schulterklopfend begleitet hat, gestorben mit der bürgerlichen Ästhetik, auf die sie ihre Regeln gegründet hat, gestorben mit dem bürgerlichen Gott, der ihr seinen Segen gegeben hat ...» Es ist dann weiter vom toten Gott, von toter Ästhetik, von toter Literatur, von toter Welt und toter Kritik die Rede, immer rhetorischer, theologischer, abstrakt und verstiegen-hilflos. Was Boehlich will, sagt er nur an einer Stelle: «Eine Kritik, ... die endlich die gesellschaftliche Funktion jeglicher Literatur als das Entscheidende versteht und damit die künstlerische Funktion als eine beiläufige erkennt.»

Gesellschaftliche Funktion, das war die zentrale Frage von 68, die in allen Aspekten gründlich diskutiert werden musste und viele Autoren mit Recht beschäftigt hat – aber in der Weise, wie Boehlich sie verabsolutiert, ist sie bei aller Hochrhetorik doch nur banausenhaft. Im Grunde eine der elendsten Anbiederungen an jene Barbaren, von denen Michel gesprochen hat. Darum war dieser Kursbogen auch jahrelang an den Wänden hyperkritischer studentischer Geister zu sehen. Schriftsteller haben ihn, soviel ich weiß, nicht bejubelt. (In meinem Exemplar hat der Autor, der ich war, im ersten Satz «Die Kritik ist tot» «Die Kritik» durchgestrichen und «Boehlich» darübergeschrieben. Nicht gerade feinfühlig, aber mit dem Holzhammer eines roten Kugelschreibers zurückgeschlagen.)

Nun zum Dritten, Hans Magnus Enzensberger. In den «Gemeinplätzen, die Neueste Literatur betreffend» mokierte er sich, im gewohnten, ironisch abgefederten Ton lässiger Übertreibung, über diejenigen Literaten, die das Ende der Literatur feiern. Er diagnostiziert «Unbehagen, Ungeduld, Unlust» bei den Schreibern und Lesern und führt das auf das Erschrecken vor dem Markt zurück – nicht etwa auf die Pariser Parolen. Der Literatur seien im Nachkriegsdeutschland «Entlastungs- und Ersatzfunktion aufgeladen (worden), denen sie natürlich nicht gewachsen war», ihr Aufstieg sei mit «theorieblindem Optimismus» erkauft worden. Die surrealistische Literatur sei ebenso an ihre Grenze gekommen wie die ideologisch-agitatorische, und wie die Verhältnisse so seien, habe nur die bürgerliche Literatur noch Entwicklungschancen. Der Imperialismus habe effektivere Instrumente zur Manipulation des Bewusstseins, auf die Literatur sei er nicht mehr angewiesen. Die «politische Harmlosigkeit aller literarischen, ja aller künstlerischen Erzeugnisse» liege offen zutage.

Enzensberger warnt aber vor dem «revolutionären Gefuchtel, das in der Liquidierung der Literatur Erleichterung für die eigene Ohnmacht sucht». Den Studenten empfiehlt er, nicht gegen die Verfasser von Romanen und Gedichtbändchen vorzugehen, sondern gegen die mächtigen kulturellen Apparate.

Dann folgt der berühmte Ratschlag, den ich ausführlich

zitiere: «Für Schriftsteller, die sich mit ihrer Harmlosigkeit nicht abfinden können, und wie viele werden das sein? habe ich nur bescheidene, ja geradezu dürftige Vorschläge zu machen. Vor allem schlüge uns vermutlich zum Vorteil aus, was offenbar am schwersten fällt: eine angemessene Einschätzung unserer eigenen Bedeutung. Es ist nichts damit gewonnen, wenn wir, vom Selbstzweifel angenagt und durch Sprechchöre verschüchtert, die herkömmliche Imponier- mit einer neu eingeübten Demutsgeste vertauschen. So schwer sollte es in einer Gesellschaft, in der das politische Analphabetentum Triumphe feiert, doch nicht sein, für Leute, die lesen und schreiben können, begrenzte, aber nutzbringende Beschäftigungen zu finden.»

Zur «politischen Alphabetisierung Deutschlands» empfiehlt er, Reportagen, Kolumnen, Berichte zu schreiben, und relativiert auch diesen Vorschlag. Mit keiner Silbe aber redet er dem Tod oder der Abwertung der Literatur das Wort, im Gegenteil. Er verteidigt Poesie und Prosa und offeriert den Ratlosen und Radikalen eine produktive Antwort, fast salomonisch: «Schriftsteller, die sich mit ihrer Harmlosigkeit nicht abfinden können.» Der ironische Unterton ist nicht zu überhören, aber anders waren Enzensbergers intelligente Vorschläge nie zu haben. Er jedenfalls kann weiter Gedichte schreiben und sich mit dokumentarischen Texten an der Alphabetisierung beteiligen.

Das ganze «Kursbuch 15» ist, wenn man von Boehlichs beigelegtem «Kursbogen» absieht, also ein Manifest gegen das Gerede vom Tod der Literatur. Dies Gerede ist auch nie von Autoren und nur selten von Essayisten wie Boehlich angestimmt worden. Eine Ausnahme ist Peter Schneider im folgenden «Kursbuch 16» (beim «Kursbuch 15» hatte er den Abgabetermin nicht eingehalten) mit seiner «Rede an die deutschen Leser und ihre Schriftsteller». Schneider, das darf man nicht vergessen, war damals jedoch noch kein Buchautor, sondern Agitator und Aktivist erst in Berlin, dann in Trento. Der Schlachtruf vom «Tod der Literatur» kam von Studenten, vornehmlich von Literaturstudenten. Welche vatermörderischen oder muttermörderischen Gründe diese Studenten zu solchen Attacken hatten und warum sie das «Kursbuch 15» so gründlich missverstehen wollten, kann man sich im 68er-Klima leicht ausmalen: Alles in Frage stellen, radikalisieren und mit neuen Parolen neue Gewissheiten setzen, oberflächlich, auf Reizworte hin lesen – und zuerst einmal abräumen, wovon man am meisten profitiert hat, zum Beispiel von der Literatur. Warum allerdings Hunderte von Germanisten und Journalisten die Legende vom «Tod der Literatur» im «Kursbuch» ungeprüft weiterstricken, kann ich mir nicht erklären: Sensationsgier? Wunschvorstellung? Faulheit?

Vielleicht aber, dachte ich beim Wiederlesen, habe auch ich einiges zu diesem Missverständnis beigetragen? Acht Epigramme von Arnfried Astel, ein Theateressay von Michael Buselmeier und einer von Karsunke, dazwischen vier Gedichte von Delius, und das erste geht gleich zur Sache:

Armes Schwein

Um zwei Uhr nachts stürmten wir das Haus
des namhaften Kritikers. Der saß noch bei der Arbeit,
sprang sofort erleichtert auf und
nahm die Arme hoch. Sah zu, zufrieden
spielte er Entrüstung, als wir seine Bücher

in die Wäschekörbe packten, fasste aber nicht
mit an. Wir dachten an seinen bekannten
Enthusiasmus für «La Chinoise», ließen ihm also
Majakowskij und Brecht. Schon holte er Wein
aus dem Keller. Als wir die Schallplatten
wegnahmen, sagte er bloß, er wolle von Beethoven
sowieso nichts mehr wissen, bestand aber plötzlich
auf Albert Ayler. Wir stimmten ab, ja der
sollte ihm bleiben. Wir tanzten mit seiner Frau.
Sie lud uns in die Küche, manierlich aßen wir
die Delikatessen auf. Er wollte uns dann
mit Whisky halten. Es wurde hell, wir schleppten
das Zeug endlich raus, da bot er uns das Du an.
Das, fanden wir, ging zu weit.
Da haben wir also doch wieder einen Fehler gemacht.

Das Gedicht ist von vorn bis hinten Fiktion, solche Aktionen hat es nie gegeben, und wenn, wäre sein Autor der
Letzte gewesen, der sich daran beteiligt hätte, a) aus Angst,
b) aus Prinzip. Anlass war der Satz des Kritikers Baumgart
bei einer Party in seinem Haus, er wolle von Beethoven sowieso nichts mehr wissen. Das fand ich so hochmütig wie
pseudorevolutionär und malte eine passende Szenerie dazu
aus, inspiriert von Godards Film «La Chinoise». Der Witz
des Gedichts liegt, eindeutiger geht es nicht, in der Anbiede-
rung, in der Unterwerfung, in der Zustimmung des Kritikers
mit denen, die ihm Bücher und Platten wegnehmen. Natürlich kokettiert das Gedicht, beziehungsweise sein Autor, mit
dem Vergnügen an der Gewalt eines solchen Überfalls, und
deshalb ist mir heute, wenn ich es lese, auch ein wenig unbe-
haglich. Aufgespießt wird der Opportunismus des Kritikers,

eine damals offenbar verbreitete Haltung, wie der Text von Boehlich belegt.

Diesen Witz, diese Volte hat zum Beispiel auch Alfred Andersch nicht verstanden, der sich nur an SA-Überfälle erinnert fühlte – man bedenke: 1968 liegt heute über vierzig Jahre zurück, aber 1968 lag 1945 erst dreiundzwanzig Jahre zurück. Andersch reagierte in der «Süddeutschen Zeitung» empört und ging zu Enzensberger auf Distanz.

Bei Baumgart selbst provozierte das Gedicht die wunderlichsten Missverständnisse. Aus der Phantasie des Überfalls machte er, der sich nicht ohne Grund karikiert fühlte, in seinen Memoiren «Damals» eine Hausbesetzung unter Führung von Delius. Dabei hatte, nach meiner Erinnerung, einer seiner Freunde drei junge Dichter, Johannes Schenk, Ernst Steffen und mich, vielleicht waren noch zwei, drei andere dabei, nach einer Lesung in München zu einer Party bei Baumgarts mitgenommen. Einer, der aus dem Knast entlassene Lyriker Steffen, wollte irgendwann gern Beethoven hören, worauf Baumgart diesen Satz über Beethoven sagte, der mich anstiftete, einen solchen Überfall zu erfinden und meine Kritik an der kritiklosen Anpassung des Kritikers an die Kunststürmer zu schreiben. Warum ausgerechnet ich, der nie Wortführer, geschweige denn Rädelsführer war, bei dieser «Hausbesetzung» (lange, bevor es Hausbesetzungen gab) nach Baumgarts Gedächtnis ein Anführer gewesen sein soll – leider habe ich dies Missverständnis mit ihm nicht mehr aufklären können. Gerne hätte ich mit dem noblen Mann darüber und über die bewusstseinserweiternde Kraft der Fiktion diskutiert.

«Es gibt auf der Welt allerhand Dinge, die ich mir nicht erklären kann.» Das ist kein Satz von heute, nein, das ist der erste Satz im «Kursbuch 15», aus dem «Cimarrón». Kann man sich einen stärkeren Anti-68er-Satz vorstellen? Gegen das Gewissheitsdenken, das Alles-erklären-Wollen, die revolutionäre Heilsbotschaft. Und der letzte Satz lautet, Enzensberger zitiert einen wahrscheinlich selbsterfundenen Kalenderspruch: «In Türangeln gibt es keine Holzwürmer.»

II. Wagenbach und RAF und Rotbuch

Politische Fremdsprachen

«Kommen Sie zu mir, wenn Sie fertig sind», hatte Klaus Wagenbach 1968 gesagt, damals waren wir noch beim Sie. Eine Halbtagsstelle als Lektor in seinem Verlag, das war die beste, seit langem erträumte Aussicht. Einen angenehmeren Chef konnte ich mir kaum vorstellen, ein Kumpeltyp, immer zu Witz und Spott aufgelegt, literarisch beschlagen und auf Außenseiter setzend, politisch hellwach, ein Frauenfreund, ein Mann mit vielen Kontakten und noch mehr Einfällen und vor allem: ein cleverer Verleger. Die Aussicht auf den Lektorenstuhl in der Jenaer Straße half mir, die Dissertation «Der Held und sein Wetter» rascher zu Ende zu bringen, mich nicht weiter aufzuhalten mit Nebenarbeiten und mit Überlegungen zur Relevanz des Schreibens.

Bald nach dieser Zusage rutschte ich in die übliche Promotionskrise, wollte abbrechen und gleich als Lektor anfangen, da kam der kluge Rat: «Nein, schreiben Sie das Ding fertig, Sie werden sich sonst ein Leben lang vorwerfen, ein Studienabbrecher zu sein. Ich halte Ihnen die Stelle frei.» Endlich im Juli 1970 begann die Arbeit an Manuskripten und Fahnen der Bücher, die in den turbulenten Aufbruchs-zeiten zu klaren Köpfen verhelfen sollten.

Ende der sechziger Jahre war der Verlag Klaus Wagenbach schon nicht mehr der «Ein-Mann-Verlag», der er nie war. Von Anfang an, 1964, waren zwei Frauen dabei, Helga Scheller und Katia Wagenbach, bald auch, 1966, ein Lehrling, mein Bruder Eberhard. Der Verlag hatte sich nicht nur vergrößert, er hatte sich deutlich verändert. Das literarische Programm war internationaler geworden (Césaire, Manganelli, Vian, Ritsos, Zwetajewa), und von deutschen Autoren waren solche mit starker politischer Neigung hinzugekommen (Fried, Karsunke, von Törne, Schenk, Schneider).

Die stärkste programmatische Erweiterung jedoch hat mich weniger erfreut, die 1968 begonnene Reihe der Rotbücher. Mir wäre es lieber gewesen, der Verlag wäre ein literarischer geblieben, aber an der Entscheidung war der studierende Jungautor natürlich nicht beteiligt und akzeptierte sie. Für Sachbücher gab es eigentlich genügend Verlage, und es gründeten sich ständig neue. Wagenbach wollte auf diesem Wachstumsmarkt mitmischen und sich profilieren, indem er von den Büchern selbst ein Maximum verlangte. Die Rotbücher sollten ausdrücklich mehr leisten als andere, also nicht nur informieren, aufklären, Fragen stellen, erheitern, nicht nur der Orientierung, Horizonterweiterung und schärferen Politisierung des Publikums dienen, diese Bücher sollten zur Organisierung der Linken beitragen:

«Damit Geschichte sich nicht in totale Freiheit auflöst, die mit der totalen Macht verbündet ist, kann auf die organisierende Funktion der Theorie nicht verzichtet werden. Das antiautoritäre Lager ist so weit verstreut und in seinen Teilen so weit voneinander isoliert, daß u. a. eine kommerzielle Buchreihe diese Funktion übernehmen muß. Ein Versuch in dieser Richtung sind die Rotbücher», die weniger vom Verlag bestimmt werden sollten als von der «organisatorischen

Entwicklung des antiautoritären Lagers. Gegen die Angst vor einer solchen Bestimmung: eine bürokratische Verselbständigung ist nicht die Folge des fehlenden Liberalismus, sondern des fehlenden revolutionären Bewußtseins, der Einheit von Widerspruch und Disziplin.» (Verlagsalmanach 1968)

Der Verleger hatte sich von einigen SDS-Studenten, die einen aus der Gruppe, Wolfgang Dreßen, als Lektor delegierten, überzeugen lassen, nur eine Reihe bei ihm könne diese «organisatorische Entwicklung des antiautoritären Lagers vorantreiben». Dass ein begabter Fragensteller zum Antwortgeber mutiert, dass ein Einzelgänger, ein mutiger Narziss sich neben seiner aufreibenden Arbeit als Literaturverleger und pfiffiger Anthologist («Atlas», «Tintenfisch», «Lesebuch») noch als geistiger Oberorganisator des linken «Lagers» betätigt – vor lauter Veränderungsschwung hat niemand damals diese Komik bemerkt, ich auch nicht.

Kein Zweifel, es gab auch gute Gründe für die Reihe Rotbücher, der Preis, die Themen, die Aktualität, die Nähe zur antiautoritären Bewegung. Hier sind damals einige gute Bücher erschienen (z. B. «Die Schülerschule»). Aber mit dem rigiden Konzept hat der Verlag, literarisch ein Zentrum intellektuellen Freigeistes und tapferer Selbstdenkerei, sich politisch, mit Zustimmung des Verlegers, einer organisatorischen «Disziplin» unterworfen und funktionalisieren lassen. Fataler noch war das Eindringen einer politischen Fremdsprache, eines Jargons, der, je aktionistischer und anarchistischer er wurde, alles andere als die «Organisierung der Linken» befördert und am Ende den Verlag ins Schleudern gebracht hat.

Fortan galten im Verlag zwei Sprachen, zwei Tonlagen. Die fragende, differenzierende, witzige, antiautoritäre Sprache der Literatur und die autoritäre, maximalistische, fordernde der Politik, gemischt mit den aktuellen Schlagwörtern. Eine appellative Sprache, im wolkig-voluntaristischen Jargon jener Jahre verfangen und fleißig Urteile fällend, fast Satz für Satz dekretierend: gut, böse, falsch, richtig, revolutionär, konterrevolutionär usw. Wer das Gruseln vor dieser Sprache kennenlernen oder auffrischen möchte, lese die programmatischen Sätze im Verlagsalmanach 1968 oder die frühen Rotbücher. Wie frisch und haltbar dagegen wirken die literarischen Texte aus jener Zeit!

Was die Organisierung anlangt, so fand ich diesen Wunsch abstrakt irgendwie richtig, das entsprach der Tendenz zum Wir. Aber als Gedichtschreiber und Literaturidealist, der sich nie irgendeiner Parteiung angeschlossen hat, nie organisieren lassen wollte (außer im Schriftstellerverband einige Jahre, bis zu dessen DDR-Annäherung), sah ich das mit Distanz. Wenn ich gefragt wurde, ob ich organisiert sei, sagte ich manchmal: Ja, in der Jean-Paul-Gesellschaft Bayreuth, was sogar stimmte.

Politische Fremdsprache auch deshalb, weil sie so gar nicht zu einem antiautoritären linken Querkopf wie Wagenbach passte und mit seinem politisch-essayistischen Stil nicht kompatibel war. Er akzeptierte sie als die Sprache seines «Polit-Lektors», ständig fluchend über die aufwendige Redigierarbeit, die daraus folgte. Dreßen war ein Phänomen: In jeder Debatte gewann er, charmant und wendig, nie hörte man ihn zugeben, mal nicht recht zu haben. Er wusste immer genau, wo es langgeht zum «revolutionären Bewusstsein», eloquent und stets vornweg, auf vielen Fotos von Demonstrationen ist er in der ersten oder zweiten Reihe zu sehen. Wagenbach ernannte ihn, mal mehr, mal weniger ironisch grundiert, zum «Chefideologen».

Vom Wir zum Kollektiv

Im Lauf des Jahres 1968 hatten die drei jüngsten Mitarbeiter des Verlags (Eberhard Delius, Franz Greno, Johannes Trane-lis) ebenso wie Klaus Wagenbach überlegt, ob und wie man die Praxis im Verlag mit dem Streben nach sozialistischen Zielen, konkret mit dem Abbau von Hierarchie und Entfrem-dung, verbinden könne. Die Mitarbeiter hatten über ihre Rolle reflektiert wie der Verleger über die seine: «Inwieweit sich ein ‹persönlicher› Verlag fortführen lasse unter Um-ständen, die die Unmündigkeit von Personen voraussetzen. Eben diese Voraussetzung macht der Kapitalismus: daß die Beziehungen unter Menschen autoritär, nach Kapitalmacht und unter Manipulation ihrer Bedürfnisse stattfinden. Die Überzeugung von der ‹Persönlichkeit› des Einzelnen setzt aber umgekehrt die Mündigkeit voraus, sie <u>muß</u> von der An-nahme ausgehen, daß der Einzelne sich sozial und rational verhält oder zu diesem Verhalten überzeugt werden kann.» (Verlagsalmanach 1969)

Die Hoffnung, dass Menschen sich verändern können, war nicht so naiv, wie sie heute scheinen mag. Dieser Idea-lismus hatte nichts zu tun mit einer pathetischen Sehnsucht nach dem «neuen Menschen», er setzte vielmehr bei den Erfahrungen an, die man im Arbeitsalltag gesammelt hatte, wo alles effizienter, freier, munterer wird, wenn die Ent-fremdung abnimmt. Eine Erfahrung übrigens, die damals jeder aufgeweckte Mensch machen konnte: In der Gruppe kommst du weiter als allein, in der Gruppe lernst du besser, sozialer und rationaler, phantasievoller, tatkräftiger zu werden. (Die negativen Effekte der Gruppendynamik rückten erst später ins Bewusstsein.)

Unter diesen Prämissen einer neuen politischen Rationalität hatte man sich in relativ kurzer Zeit, schon im Herbst 1968, und ohne nennenswerte Konflikte geeinigt, bestimmte Entscheidungen gemeinsam zu treffen. Die Angestellten und der Verleger hatten das gleiche Interesse: «Man kann schlecht progressive Literatur und sozialistische Theorie verlegen und beides in der Praxis widerrufen.» (Wagenbach im Almanach 1969)

Ein Jahr lang übte man, was später und andernorts Teamarbeit und flache Hierarchien genannt wurde. Jeder hatte eine Stimme, die Mitarbeiter bestimmten wirklich mit, der Chef versuchte zu lernen, hin und wieder überstimmt zu werden. Im Geist der Zeit hieß das: Kollektiv.

Für heutige Ohren ein schauderhafter Begriff, erst recht abschreckend für Leute, die dabei an die DDR denken, wo die Kollektive nicht viel mehr als Arbeitsgruppen waren, die den Planvorgaben von oben zu folgen hatten. Der Begriff, obwohl zuerst als Provokation gedacht, kam rasch in Umlauf, überall in kleineren Betrieben und Initiativgruppen suchte man nach Arbeitsformen mit möglichst wenig Hierarchie. Das Wagenbach-Kollektiv wurde zum Vorbild für viele.

Voraussetzung für das Kollektiv war, dass man es versuchte: Demokraten wollten Ernst machen mit der Demokratie und sich auch am Arbeitsplatz so demokratisch wie möglich verhalten, also Sozialisten werden und das Kapital nicht mehr als Druckmittel missbrauchen. Allerorts wurde

100

fleißig mit neuen Arbeitsformen experimentiert. Hier aber waren keine studentischen Traumtänzer am Werk: Das Wagenbach-Kollektiv und später das Rotbuch-Kollektiv, beide bestanden weder aus kuschenden sozialistischen Untertanen noch aus 68er-Rambos noch aus Wohlfühl-Linken, sondern aus berufserfahrenen, hart arbeitenden Fachkräften. Alle Forderungen waren auf die Realitäten des Verlags und die Menschen abgestimmt, die zu ihm gehörten. Das Kollektiv war kein Selbstzweck, es diente der verlegerischen Effizienz, der persönlichen und der politischen und damit, weit mehr als erwartet, auch der ökonomischen Effizienz.

Im September 1969 einigte man sich auf eine Verlagsverfassung mit den zentralen Punkten:

- Das Kapital darf dem Verlag nicht entzogen werden (also der Verlag nicht verkauft werden),
- Personalentscheidungen werden vom Kollektiv getroffen – jeder hat auch hier eine Stimme.

«Damit sind die eigentlichen Machtmittel des Kapitalisten – Pression durch Kapital und Entlassung – aufgehoben. Jeder erhält ein Gehalt, das sich nach den notwendigen Bedürfnissen richtet. Alle Vorgänge sind jedem zugänglich. Eine jährliche Autorenversammlung hat Kontrollrecht. Über eventuelle Gewinne entscheidet das Kollektiv; um zu vermeiden, daß sich das Kollektiv wie ein Kapitalist verhält, wurde festgelegt, daß Gewinne nur begrenzt zur Erhöhung von Gehältern verwendet werden dürfen.»

Diese Erklärung ist, wenn man sie mit dem Politjargon jener Zeit vergleicht, äußerst vernünftig und klar formuliert. Der Kollektivgedanke selbst wird nicht dogmatisch verstanden, nicht ideologisch überhöht. Hier sprechen keine Voluntaristen, sondern Verlagsprofis: «Entscheidungen über

Manuskripte können nach unserer gemeinsamen Meinung kaum kollektiviert werden; wie wir überhaupt meinen, das Kollektiv dürfe nicht zur Idolatrie gemacht werden. Widersprüche zwischen Theorie und Praxis können aber nicht kalkuliert, sondern nur erfahren werden. Wir glauben, daß unsere künftige Praxis Beweise dafür liefern wird, daß ein Verlag solidarisch organisiert werden kann. Wir hoffen, daß uns die Autoren dabei helfen.»

So wurde der Verlag ein Vorzeigeprojekt der Linken, eine Attraktion für die liberale Presse, ein Schreckbild für konservative Blätter und Buchhändler. Hier war etwas gelungen oder schien etwas zu gelingen, was anderswo, etwa bei Suhrkamp, nicht gelungen war. Gewiss ist der Aufstand der Suhrkamp-Lektoren (ohne die übrigen Mitarbeiter) im Jahr 68 gegen Siegfried Unseld mit der freiwilligen und friedlichen Kollektivierung des Hauses Wagenbach nicht zu vergleichen. Die Auseinandersetzungen in anderen Verlagen wie im «Spiegel» um die Eigentümerrechte sind es auch nicht. Aber die Motive dafür waren überall ähnlich: den Widerspruch zwischen linker Theorie und Arbeitspraxis zu diskutieren und produktiv zu lösen. Ob Klaus Wagenbach seinem alten Rivalen Unseld kurz nach dessen Niederschlagung des Lektorenaufstands nun mit vorauseilendem Kollektivierungseifer zeigen wollte, wie man es richtig macht, spielt keine Rolle, er war mit ganzem Enthusiasmus dabei. Es gab allerdings zwei Schönheitsfehler: seine Frau Katia, für Werbung und Umschläge zuständig, blieb skeptisch gegenüber der Kollektiveuphorie, ebenso der Politik-Lektor Dreßen, der offen sagte, dass ihn das Kollektiv nicht interessiere, beide aber stimmten am Ende für die gemeinsame Verabredung.

Wagenbach vertrat auch nach außen hin, nicht nur in Interviews, munter die Idee des Kollektivs. Später hat er oft so getan, als sei ihm das Kollektiv aufgezwungen worden. Nein, er sonnte sich wie alle andern im Ruhm dieses Fortschritts und genoss zudem noch den schönen Bonus des Altruismus: «Natürlich wurde ich auch niedergestimmt, aber die anderen behielten recht. Diese Erfahrung finden wir alle sehr spannend: Es ist eben nicht mehr so, daß einer alles macht und damit auch alle Fehler macht. Wenn jetzt hier Fehler passieren, sind jeweils Verschiedene dafür verantwortlich oder wir alle. Die Fehler verteilen sich, und das stärkt ungeheuer die Solidarität untereinander.» (Nürnberger Nachrichten, 7.11.1970)

Ein effektiver, fröhlicher Verein

Als ich Teilzeitlektor für Literatur wurde, im Juli 1970, war das Kollektiv bereits etabliert, und ich fand das Projekt großartig. Hier wurde nicht herumtheoretisiert, nicht auf dem Papier etwas hochradikalisiert, hier hatten Praktiker an ihrer Praxis etwas geändert. Der ewige Widerspruch zwischen Kapital und Arbeit, hier war er ausnahmsweise einmal gelöst. In einer sogenannten Nische, aber doch mittendrin in den Aufbrüchen und Bewegungen. Überdies in dem Verlag, den ich meinen Verlag nannte, in dem in fünf Jahren drei Bücher von mir publiziert worden waren und in dem ich nun über das literarische Programm mitbestimmte. Dazu kam die Einbildung, in hochpolitisierten Zeiten auf der richtigen Seite zu stehen.

Die Stürme der Veränderung bescherten dem Kollektiv-

Verlag ein beinah ungesund hohes Wachstum. Plus 66 %, plus 63 %, plus 44 %, plus 47 %, so stiegen die Jahresumsätze von 1968 bis 1971 gegenüber den Vorjahren. Dieser Boom war nicht allein der zunehmenden Politisierung der Leserschaft, dem Ausbau der Rotbuch-Reihe und dem Wechsel des Enzensberger'schen «Kursbuchs» von Suhrkamp zu Wagenbach zu verdanken, sondern ebenso dem Schwung und den freigesetzten Energien des Kollektivs. Jetzt merkte es jeder: Freiere, weniger entfremdet arbeitende Menschen arbeiten besser. (Rührend zu lesen, was heute immer mehr Unternehmensberater, gerade im Zuge permanenter Wirtschaftskrisen, den Firmen empfehlen: in etwa das, was wir vor vierzig Jahren praktiziert haben – extrem flache oder keine Hierarchien, auch bei Kapital- und Personalentscheidungen. Wenn heute größere und kleinere Firmen auf diese Weise arbeiten, werden sie als progressive Team-Modelle bestaunt, nur gilt statt des sozialistischen der betriebswirtschaftliche Jargon.)

Das Verlagsmodell war so attraktiv, dass, auch im Sog des «Kursbuchs», drei hochqualifizierte Suhrkamp-Mitarbeiter trotz deutlich schlechterer Bezahlung nach Berlin gelockt werden konnten (Andreas Fimmel, Ingrid Karsunke, Manfred Naber). An die Relation von hoher Mitbestimmung und niedrigem Gehalt hatten sich alle zu gewöhnen, ebenso an unbezahlte Überstunden und die regelmäßigen und unregelmäßigen kürzeren und längeren und viel zu langen Sitzungen. Die Euphorie lebendiger, initiativfreudiger, innovativer Arbeit hielt alle in Schwung.

Es dauerte eine Weile, bis Juristen diese linke Verlagsstruktur dem Bürgerlichen Gesetzbuch angepasst hatten. Am 1. Juli 1971 wurde der Verlag eine GmbH mit Wagen-

Das Wagenbach-Kollektiv 1970 (hinten: Ingrid Karsunke, Wolfgang Dreßen, Helga Scheller, Manfred Naber; mittlere Reihe: Klaus Wagenbach, F. C. Delius, Andreas Fimmel, Katia Wagenbach; vorn: Eberhard Delius, Johannes Tranelis).

bach und Naber als Gesellschafter und Geschäftsführer. Es wurde vereinbart, dass die beiden Gesellschafter in einer Übergangsphase juristisch die Inhaber waren und dass sie ihre GmbH-Anteile in absehbarer Zeit an einen Verein übertragen sollten, in dem die im Verlag Arbeitenden Mitglied waren. Im Endstadium sollte nur der Verein, also das Kollektiv, über den Verlag verfügen. Wer den Verlag verließ, hatte keinen Anspruch auf einen Anteil am Verlag. «Unsere Entscheidung beruht auf der Überzeugung, daß Kapitalbesitz und Betriebshierachie auf Dauer nicht mit Solidarität vereinbar sind.»

Gewiss nicht ohne innere Erregung, aber aus freien Stücken unterschrieb der Chef den wahrscheinlich von ihm selbst vorformulierten Satz, mit dem er seine Chefrechte abschaffte: «Gleichzeitig endet die Kapitalinhaberschaft von Klaus Wagenbach.» Das war keine Selbstenteignung, es wurde geregelt, wie das Geld, das er im Lauf der Jahre in den Verlag investiert hatte, wieder an ihn zurückfließen sollte, dazu wurden nachträgliche Gehaltszahlungen errechnet, auf die er in den Gründerjahren verzichtet hatte.

In einer Verlagsverfassung wurden die zweijährigen Erfahrungen mit der kollektiven Arbeit, wo sie bewährt waren, festgeschrieben. Mit der Zielvorstellung eines «antikapitalistischen Programms, das die gegenwärtigen Verhältnisse als veränderbar darstellt», war dem allgemeinen Konsens Genüge getan, bei der konkreten Arbeitspraxis blieb man dafür umso nüchterner. Alles war pragmatisch und betriebsökonomisch durchdacht. Das Prinzip der Zweidrittelmehrheit bei Abstimmungen zeigt, dass man auf die Überzeugungskraft vernünftiger Argumente setzte.

Über die Auswahl der Bücher entschied das Kollektiv nicht, sowohl aus Gründen der Qualifikation als auch aus arbeitsorganisatorischen Gründen. «Über die Annahme von Manuskripten entscheidet das Lektorat einstimmig», steht in der Verfassung. Für die Inhalte, für das Gesicht des Verlags waren drei beziehungsweise vier Leute verantwortlich, für die Rotbuch-Reihe Klaus Wagenbach und Dreßen, für die literarischen Titel der Quarthefte Wagenbach und ich, dazu kam für ein Jahr als Teilzeitlektor Michael Schneider. Die Einstimmigkeit sah de facto so aus, dass Dreßen sich nicht ins literarische Programm einmischte und ich mich nicht ins politische. Dass der Verlagsgründer im Lektorat den Nukleus bildete und auch im Kollektiv die zentrale Figur blieb, fand ich nur recht und billig, seine Kompetenz, seine Kontakte und seine Medienpräsenz, wie man heute sagen würde, waren unersetzlich. Vor allem: wir waren in literarischen Fragen fast immer einer oder ähnlicher Meinung, und wenn nicht, ließ sich der eine vom andern überzeugen, und das nicht einmal ungern. So begannen wir die Kooperation mit dem Theater-Verlag der Autoren (der ehemaligen Suhrkamp-Lektoren und -Autoren), druckten Dieter Forte, Hartmut Lange, Peter Rühmkorf, Wolfgang Deichsel, brachen den DDR-Bann mit Kurt-Bartsch-Gedichten, gewan-

Lektorat mit Hartmut Lange unter den kritischen Augen des Verlagsgründers, 1970.

nen Meyer-Wehlack und Klaus Stiller hinzu und hatten viel Arbeit mit den «Stammautoren» Fried und Biermann.

Der Verlag war 1970 / 71 in jeder Hinsicht auf dem Höhepunkt. Und so hätte es fröhlich ein paar Jahre weitergehen können, wenn nicht im Mai 1970 eine Gruppe politischer Draufgänger aufgetreten wäre, zu deren kleineren Verbrechen es zählt, mit ihren Schüssen und Schriften entscheidend zum Ableben des linken Musterbetriebs Wagenbach-Kollektiv beigetragen zu haben.

Der heilige Ernst und die Startschüsse der RAF

Stolz darauf, literarischer Lektor zu sein und in einem Kollektiv zu arbeiten, glaubte ich, die ideale Kombination literarischer und politischer Ansprüche gefunden zu haben. Beste Voraussetzungen, um an der Aufklärung und der Veränderung der Gesellschaft im radikaldemokratischen, antikapitalistischen, undogmatisch sozialistischen Sinn mitzuarbeiten – dass diese Formeln diffus blieben, war mir recht. Aber ich hatte die Rechnung ohne den Wirt gemacht: Klaus Wagenbach war ein anderer geworden – was ich lange Zeit nicht wahrhaben wollte.

Als ich in den Verlag kam, war die RAF acht Wochen alt und schon in allen Köpfen – könnte ich sagen, aber das träfe die Sache nicht genau genug. Denn diese herrische und furchteinflößende Dreibuchstabenfolge löst heute andere Assoziationen aus als im Sommer 1970 – damals gab es sie noch gar nicht. Die Abkürzung der koketten und nicht besonders werbetauglichen Kombination aus Royal Air Force und Roter Armee kam später auf. Die Baader-Befreiung hatte gerade erst stattgefunden, die Jahre 1972 und 1977, die das heutige RAF-Bild geprägt haben, lagen noch weit vor uns.

Das erste Opfer der RAF, schon bevor es sie gab, waren Witz und Spott. Ich bekam das bereits im April 1970 zu spüren, kurz nach der Verhaftung Andreas Baaders, der untergetaucht war, statt die Reststrafe aus dem Kaufhausbrandstifter-Prozess anzutreten. Als ich bei einem Besuch im Verlag vor Wolfgang Dreßen spöttelte, es sei ja nicht gerade genial, mit überhöhter Geschwindigkeit durch Berlin zu rasen, wenn man von der Polizei gesucht werde, wurde ich angeschaut, als hätte ich mich schwerster Ketzerei schuldig gemacht. Das sei eine Lüge der Polizei und der Presse, in Wirklichkeit sei Baader von einem Spitzel verraten worden. Sachlich hatte Dreßen recht, auch hier war Peter Urbach beteiligt, der Mann des Berliner Verfassungsschutzes, der, wie viel später bekannt wurde, bei der Anti-Springer-Demonstration nach dem Attentat auf Dutschke Brandsätze verteilt, die Bombe für den Anschlag auf das Jüdische Gemeindehaus besorgt und in den Anfängen der RAF Waffen und Explosivstoffe beigesteuert hatte. Aber es ging Dreßen nicht um diesen Spitzel, von dem ich nichts wusste. Es ging um die Aura von Baader. Ich hatte mich völlig diskreditiert, weil ich es gewagt hatte, Baader nicht als Opfer zu betrachten. Über jeden Studentenführer, jeden Politiker oder Autor durfte man witzeln, nicht aber über die Revolutionäre der Tat, die sich als Opfer der Staatsgewalt gerierten. Und das ausgerechnet im Haus eines begabten Spötters wie Wagenbach, das irritierte mich.

Das Gebot des heiligen Ernstes galt erst recht nach der Befreiung Baaders. Klaus Wagenbach hatte kurz vor dieser Aktion einen Vertrag mit Meinhof und Baader für ein Buch über «randständige Jugendliche» geschlossen. Ob hinter diesem Vertrag Absichten der Beihilfe zur Befreiung steckten, darüber habe ich damals nicht spekulieren wollen. Vorsichtshalber hegte ich die Unschuldsvermutung. Man fragte da nicht, ich hätte auch keine Antwort bekommen. Dass Wagenbach mit dem Vertrag und einem entsprechenden Brief an die Haftanstalt bewusst an dem Plan zur Befreiung Baaders beteiligt war und der damals noch namenlosen RAF buchstäblich zum Startschuss verhalf, ist mir erst sehr spät, bei der Lektüre von Austs «Baader-Meinhof-Komplex», aufgegangen. Und noch viel später hat mir ein Augenzeuge von Wagenbachs Rumpelstilzchenfreude in den Stunden vor und nach der Befreiung berichtet. «Ich war für die Befreiung, denn Baader war ungerecht behandelt worden», sagte er dem «Spiegel» 2007.

Selbst die Klügsten erwischte es, wie man sieht, und deshalb sind die vom RAF-Gift verheerten Verlagsjahre durchaus typisch für das politische Klima der Siebziger. Gerade von Schöngeistern wurde das Projekt der «Tat» oft glorifiziert, und noch mehr die Aura, der Nimbus, die Verehrung derer gepflegt, die sich zur «Tat» entschlossen hatten. Im Verlag galt von nun an das unausgesprochene Gebot der Unantastbarkeit für Meinhof und Baader und ihre Gruppe. Vor Wagenbach und Dreßen war es fast ein Sakrileg, die Befreiung Baaders, bei der ein Bibliotheksangestellter lebensgefährlich verletzt wurde, und die überstürzte Flucht Ulrike Meinhofs in die Illegalität kritisch zu kommentieren. Auch die Frage nach dem politischen Sinn war ketzerisch. Besonders schlau schien mir diese Aktion nicht: Um sich ein Jahr Knast zu ersparen, gleich schießen, also sich noch mehr Knast einhandeln? Und: Wer sich verstecken muss, wie will der politisch wirken und die Massen bewegen? Gewalt, so hörte man oft, sei bedauerlich, aber eben manchmal nicht zu vermeiden – die üblichen Floskeln. Ich entsinne mich, wie mein Einwand, Baader hätte ja nur noch ein Jahr im Gefängnis sitzen müssen, als naiv beiseitegewischt wurde. Ich dachte da, von meiner Erziehung her, eher altmodisch, preußisch – oder literarisch, kleistisch: Für eine politische Überzeugungstat, und sei es ein Kaufhausbrand, soll man auch einstehen, Nachteile ertragen und sich, wenn es denn zur Strafe kommt, nicht davor drücken.

Im Sommer 1970, als ich in den Verlag kam, war also von einer RAF noch nicht die Rede, aber sie war, im Untergrund, schon ganz gegenwärtig. Eigentlich gab es nur Ulrike Meinhof, die mutige und brillante «konkret»-Journalistin, die wir alle schätzten. Auch wenn ihre Schärfe, ihr politischer Moralismus und Rigorismus manchmal überdreht schienen, da war eine betörend sprachgewandte Wahrhaftigkeit des Engagements, die man unter schreibenden Linken sonst nicht fand. Eine «Bande», wie die «Bild»-Zeitung titelte, wollte auch ich die Gruppe nicht nennen, schon der Meinhof wegen. Genauso wenig gefiel mir die Stimmung der Andacht und Anbetung, wenn von «Ulrike» die Rede war, da war ich empfindlich, das kannte ich aus dem Pfarrhaus. Trotzdem stand ich, stand der ganze Verlag zu ihr, wenn es um ihre Texte ging – nachdem die ARD nach der Befreiungsaktion Meinhofs dokumentarisches Fernsehspiel «Bambule» aus dem Programm geworfen hatte, das übliche hysterische Zensurverhalten, veröffentlichten wir das Textbuch des Fernsehspiels.

Danach die Risse. Die Gruppe hatte durch eine französische Journalistin im «Spiegel» ihre Ansichten ausbreiten lassen, gewundene Rechtfertigungen der Befreiungsaktion, die allerdings nicht autorisiert waren. Sie hatten nicht die betörende Schlüssigkeit der Meinhof'schen Kolumnen, sie zeugten eher von Ratlosigkeit als von politischer Avantgarde. Nur eins war deutlich: Aus der vorher eher theoretischen Gewaltdebatte war nun die Rechtfertigung von Gewalt geworden für den Fall des Auftretens der Staatsgewalt, der Polizei: «Wir sagen, natürlich, die Bullen sind Schweine, wir sagen, der Typ in der Uniform ist ein Schwein, das ist kein Mensch, und so haben wir uns mit ihm auseinanderzusetzen. Das heißt, wir haben nicht mit ihm zu reden, und es ist falsch, überhaupt mit diesen Leuten zu reden, und natürlich kann geschossen werden.» Wie verräterisch für das Hochmuts- und Verachtungspotential der «großen Journalistin» ist allein dies «natürlich»! Da konnte man doch nur auf Distanz gehen.

In diesen ersten Monaten gab es wie in vielen Wohn- und Arbeitsgemeinschaften auch im Verlagskollektiv eher schwankende Solidaritätsgefühle. Die publizistischen und staatlichen Reaktionen auf die RAF waren oft von solcher Heftigkeit, dass viele, auch wenn sie nichts mit der Gruppe zu tun haben wollten, immer wieder eine Halb- oder Viertelsolidarität empfanden. In den Tätern sah man auch, ein klein wenig, Opfer. Diese Ambivalenz, heute schwer zu begreifen, prägte die Jahre bis 1972. Mit dem schwankenden Solidaritätsgefühl operierten auch Dreßen und Wagenbach und machten daraus den Solidaritätsimperativ. Wer von der Polizei gesucht, also verfolgt wurde oder, später, im Gefängnis saß, dessen Name wurde mit heiligem Ernst ausgesprochen, behielt die Aura, musste von Kritik verschont bleiben, die Gewalt gehe schließlich vom Staat aus, und so weiter.

Selbst in einem Meinungsbetrieb wie dem Verlag war es nicht erwünscht zu differenzieren: Respekt vor der Journalistin Meinhof, ihrer Vergangenheit, offene Kritik an ihrem gegenwärtigen Tun, am Abenteuer Untergrund. So lernte ich bald wie die andern im Kollektiv, das heiße Thema Meinhof–Baader nicht anzurühren. Das alles meine ich, wenn ich sage: Als ich in den Verlag kam, war die RAF schon da.

Gewaltscheu und Avantgardelust

Es gibt so etwas wie den speziellen Atem einer Zeit, und wenn ich versuche, meine relativ kurzen drei Jahre im Wagenbach-Kollektiv zu skizzieren, sehe ich mich in einer zweiten Ambivalenz verfangen: literarischer Mitarbeiter in einem Verlag gewesen zu sein, der den politischen Irrwitz des bewaffneten Kampfes publizistisch gefördert hat. Der Atem jener Zeit war die sogenannte Gewaltfrage: ob neben der gelegentlichen Gewalt gegen «Sachen» auch «Gewalt gegen Personen» erlaubt sei. Keine Debatte war lähmender als diese. Sie sorgte für Enge, Druck, Einschüchterung – weg waren Aufbruch und Freiheit der ersten studentenbewegten Jahre. Meistens begreift man erst spät, wie stark man diesen Atem mitgeatmet hat, obwohl man meint, sich dem verweigert und jede Menge anderen Sauerstoff bezogen zu haben, etwa den der Literatur. Auch in meiner halben Abwehr gegen die von vielen erwartete oder diktierte Solidarität war ich aktiver Teilnehmer dieses lästigen Diskurses.

Die erste Probe aufs Exempel RAF und Gewalt war leicht zu bestehen. Ich hatte meine Dissertation abgeliefert und wollte mit meiner damaligen Freundin endlich Urlaub machen, zwei Wochen Jugoslawien. Das hatte sich offenbar herumgesprochen, denn wenige Tage vor unserem Abflug kam eine Kurierin und wollte, dass wir unsere Wohnung Mitgliedern der Gruppe um die Meinhof zur Verfügung stellten. Über drei Wochen nach der Baader-Befreiung streunte die Gruppe immer noch durch Berlin und hatte keinen Fluchtweg gefunden. Über solchen Dilettantismus erschrak ich fast mehr als über die Frage selbst. Da wir bereits unsere Nachbarn gebeten hatten, auf die Wohnung und die Post zu achten, konnten wir rasch Nein sagen, bei uns wären die Fremden schnell bemerkt worden. Die Kurierin drängte weiter, wir blieben, sehr erleichtert, beim Nein. Ich weiß nicht, wie wir entschieden hätten, wenn wir das Argument mit den Nachbarn nicht gehabt hätten. Meinhofs Schuss-Sätze und ihr «Bullen sind Schweine» waren da noch nicht publik. Ambivalenz, eingeübte Hilfsbereitschaft, Solidaritätserwartung saßen mit am Küchentisch.

Nichts lag mir ferner als Stadtguerilla-Kämpfe. Ich hatte sogar die Stunden der Gewalt in Berlin verpasst – am 2. Juni 1967 war ich in London, bei den Anti-Springer-Demonstrationen 1968 in der hessischen Provinz, während der «Schlacht am Tegeler Weg» bei einer Lesung im Westen gewesen. Ich hatte nicht einmal Schlagstöcke, Wasserwerfer oder Tränengas zu spüren bekommen. Nicht überall durfte ich laut sagen, dass ich keinen einzigen Pflasterstein geworfen hatte, jedenfalls nicht in Berlin – einen in London im Herbst 1968 bei einer Demonstration gegen den Krieg der USA in Vietnam, organisiert von einem amerikanischen Studenten namens Clinton, der später US-Präsident wurde: einen Stein Richtung Hilton Hotel am Hyde Park, um mich

London 1968, bei der von Bill Clinton organisierten Demonstration gegen den Vietnamkrieg.

bei einer Freundin, die es auf zwei Steine brachte, nicht zu blamieren. So viel zum «Antiamerikanismus».

Ein untypischer Vertreter der kleinen radikalen Minderheit und doch in seiner Gewaltscheu typisch für die große Mehrheit der Linken. Jeder trug solche Widersprüche in sich, und je nach aktuellen Ereignissen und Erfahrungen wechselte die Neigung zur Militanz. Wer selbst einmal bei friedlichen Sit-ins gegen Fahrpreiserhöhungen brutal zusammengeschlagen oder wegen protestlanger Haare festgenommen worden war, zeigte sich für Gewaltparolen empfänglicher. Wer aber Gewalt eindeutig ablehnte, wurde schnell der Feigheit und der politischen Unreife bezichtigt. So zogen sich viele auf weniger eindeutige Haltungen zurück oder gingen solchen Debatten aus dem Weg. Denn die waren gefährlich. Unterschiedliche Meinungen zum Thema RAF und Gewalt sprengten am laufenden Band Freundschaften, Liebesbeziehungen, Gruppen und Wohngemeinschaften.

Ich dachte also, ich hätte mit meiner Stelle das große Los gezogen, und wollte viele Monate lang nicht wahrhaben, dass ich zugleich das große Pech hatte, einen Verleger und Literaturkollegen zu haben, der sich bei seinem politischen Flirt mit Ulrike Meinhof mehr auf die RAF einließ, als für den Verlag und für das Kollektiv gut war. Ich wollte nicht merken, wie selbst in unserer Verlagsnische die ideologische Polarisierung voranschritt, betrieben von meinem Politikkollegen. Dreßen machte sich, mit einigem Hochmut, zum Fürsprecher einer sogenannten Avantgarde und wollte unbedingt selbst zu dieser Avantgarde gehören, was schärfste Verachtung der anderen, traditionelleren Strategien der Linken nach sich zog, die nicht auf den bewaffneten Kampf setzten. Während er bei jeder leisen Kritik, wenn sie denn einmal gewagt wurde, in stalinistischer Manier vor dem «Distanzierungszwang der Linken» warnte, spürte man bei Klaus Wagenbach immerhin eine emotionale Motivation, eine starke Empathie für Ulrike Meinhof. Der mit der harten Linie und der mit der weichen Linie waren einig darin, die Gruppe in den internationalen Zusammenhang der Stadtguerilla zu stellen, aufzuwerten und ihr die Bühne des Verlags zu öffnen, in den Rotbüchern. Das war nicht mein Ressort, meines waren die Quarthefte. Ich glaubte mich geschützt im Freiraum Literatur.

Eine Anmerkung: Klaus Wagenbach hat mehrfach versichert, Ulrike Meinhof vor der Befreiungsaktion und dann im Untergrund mit dem Argument «so viele gute Federn gibt es nicht» von der Idee des bewaffneten Kampfes abzubringen versucht zu haben. Das bezweifle ich nicht, kenne jedoch die Kehrseite: Verlagsintern galt Kritik an ihrem «Konzept» als unerwünscht. Er hat sich im Übrigen, klug und kritisch, mit RAF-Thesen auseinandergesetzt, allerdings nachträglich, etwa im «Jahrbuch Politik 1978». Dort fehlt jeder Hinweis, in welchem Verlag diese Thesen zuvor eifrig und unkritisch verbreitet wurden. Und in der Verlagsgeschichte und in den Jubiläumsschriften hat man den Namen des sogenannten Chefideologen Dreßen, der immerhin acht turbulente Jahre lang das politische Gesicht des Verlags geprägt hat, fast überall wegretuschiert.

Der bewaffnete Kampf in Westeuropa
und in der Jenaer Straße

Die RAF schoss – und schrieb. Da ihre Aktionen in der zweiten Jahreshälfte 1970 und 1971 kaum mehr waren als Beschaffungskriminalität zum Unterhalt der Gruppe, stieg der Rechtfertigungsdruck. Zuerst tauchte ein «Konzept Stadtguerilla» auf, verfasst, wie man heute weiß, von Ulrike Meinhof. Die Schrift, beginnend mit drei Motti von Mao, sollte Sympathisanten bei der Stange halten und der Anwerbung dienen, sie wurde rasch verboten, war aber unter den Ladentischen relativ einfach zu kriegen. Dreßen und Wagenbach nahmen den Text als Anhang in ein Buch über die Stadtguerilla auf, in Uruguay und in der Bundesrepublik. Das Kollektiv erfuhr erst im letzten Moment davon.

Wenige Wochen später lag ein zweiter, deutlich umfangreicherer Text vor, «Über den bewaffneten Kampf in Westeuropa», verfasst, wie heute bekannt, von Horst Mahler. Auch dieser Text wurde im linken Buchhandel als Flugschrift vertrieben, mit dem Titel «Straßenverkehrsordnung», hatte also bereits eine gewisse Öffentlichkeit und sollte als Wagenbach-Buch aufgewertet werden. Die Brisanz des «Selbstermutigungspamphlets» (Dieter E. Zimmer) war den beiden Verantwortlichen bewusst, es sollte unter Tarnung der Autorenschaft angekündigt und produziert werden und erst bei Erscheinen im Herbst das Kürzel RAF verraten, deshalb wurde das Kollektiv informiert und zum Schweigen verpflichtet.

Solche Abende bleiben ins Gedächtnis gebrannt: Alle

hatten den Text gelesen oder angelesen, vier, fünf Stunden wurde heftig darüber diskutiert, ohne Protokoll. Das Kollektiv hatte bei Lektoratsentscheidungen, auch bei solchen, nicht mitzubestimmen, es ging nur darum, die Mehrheit, die mehr oder weniger gegen das Projekt war, auf Stillhalten, Solidarität genannt, einzuschwören. Jeder wusste, dass das Thema RAF und Gewalt sehr schnell zum ganz großen Streit führen konnte. Jeder wollte verhindern, dass ein Krach das erst wenige Wochen zuvor juristisch fixierte Wagenbach-Kollektiv gefährdete.

Wagenbach und Dreßen beriefen sich auf die Informationspflicht: Die von der bürgerlichen Presse denunzierten und vom Staat verfolgten Genossen dürften wir nicht zensieren, man solle sie doch bitte erst dann kritisieren und verurteilen, wenn man gelesen habe, was sie denken und wollen. Wenn ihnen niemand Meinungsfreiheit einräume, dann wenigstens wir. Es lag immer etwas Scheinheiliges in diesen edelmütig liberalen Verleger-Argumenten, da schimmerte auch Sympathie für das «Ausprobieren» der Gewalt und für die Kämpfer der «Tat» durch, zumindest für «Ulrike».

Beide störten sich nicht einmal an den Handlungsanweisungen am Schluss des Textes: «Umfassende Propaganda für den bewaffneten Kampf», «Anleitungen für die Herstellung von Waffen», «Kommandogruppen bilden» usw. Man pumpte die Entscheidung moralisch auf und machte Druck damit, dass die verfolgten «Genossen» das so und nicht anders wollten. Kein Gedanke daran, wie verheerend die Texte für den Diskussionsstil und den Umgang mit differenzierteren Auffassungen innerhalb der Linken waren. Kein Gedanke, dass man die RAF salonfähig machte gerade bei der heimlichen Sympathisantenszene, die an ihren

Stammtischen nach ein paar Bieren und Maiskolben jeden als Polizeispitzel entlarvte, der die «Genossen im Untergrund» nicht ernst nehmen wollte.

Michael Schneider kritisierte die Kurzsichtigkeit dieses Konzepts am schärfsten, Dreßen, der bessere Rhetoriker, kritisierte Schneiders Leninismus, beide beriefen sich auf Marx und verhedderten sich in hochfliegenden Debatten. Unter den Kollektivmitgliedern gab es beim einen oder andern die beschriebenen Täter / Opfer-Ambivalenzen. Die eher Vorsichtigen wie ich blieben bei ihrem Bauchgefühl, das Nein sagte, und dem Argument: Das Konzept der RAF, ihre Verherrlichung der «Bewaffnung», ist, milde gesagt, ein falscher Weg; das zu verbreiten sei verantwortungslos. Solche schlichten politischen Einwände, natürlich in anspruchsvollerer Terminologie oder in Frageform vorgebracht, trugen einem nur die Verachtung des gewieften Politik-Lektors ein. Man wurde der Angst bezichtigt und konnte sich schlecht dagegen wehren, weil ja auch Angst im Spiel war – und doch viel mehr als Angst: Rationalität, Menschenverstand und nicht zuletzt die Erfahrungsgewinne der Literatur. Schillers «Räuber» und die «Dämonen» von Dostojewski, genügten die nicht, um zu ahnen, wie schnell solche Radikalität zum Wahnsinn wird?

Ich resignierte. Fühlte ich mich getroffen als einer der, wie es in Mahlers Text hieß, «Schwätzer, Angeber und Zauderer, die, um ihre eigene ängstliche und unentschlossene Haltung zu verschleiern und zu rechtfertigen, immer neue Theorien gegen den bewaffneten Kampf und seine konkrete Vorbereitung erfinden»? Zwar reagierte ich allergisch auf die besonders arrogante politische Fremdsprache, die entsetzliche Befehlssprache, mit der nun unter dem Verlagssignet «umfassende Propaganda für den bewaffneten Kampf» gefordert wurde. Zwar sträubte sich vieles in mir gegen das Kampf- und Notstandspathos, das jeden bedrohte und verhöhnte, der sich diesem Stil und diesen Thesen nicht unterwarf – aber ich war damals, mit achtundzwanzig Jahren, nicht selbstbewusst genug, aus diesen Allergien politische Argumente zu machen. Heute, da man weiß, wie die RAF-Ideologie auf die Formel «Schwein oder Mensch. Dazwischen gibt es nichts» zulief, ist es ziemlich leicht, die Abgründe dieser Sprache zu erahnen.

Vorschläge, den Text zu kommentieren oder mit einem Nachwort zu versehen, wurden mit aller Entschiedenheit zurückgewiesen. «Klaus und ich», schrieb Dreßen 1973 in der Zeitschrift «Bambule», «hielten das nicht für richtig, nicht aus einer politischen Identifikation mit der RAF. Es ging aber bei dieser Veröffentlichung darum, eben den Distanzierungszwang der verschiedenen Teile der Linken gegeneinander zu bekämpfen, der von der Ausgrenzungsstrategie des Staates vorangetrieben und durch die Fraktionierung der Linken selbst ermöglicht wurde.» Außerdem sei es die Bedingung der «Genossen von der RAF», dass die Schrift ohne jeden Kommentar, ohne Vor- oder Nachwort erscheint. Das hieß, nicht das Lektorat, sondern die RAF-Leute bestimmten, was der Verlag über sie zu publizieren hatte und was nicht. In dem für seine Freiheit und Unabhängigkeit berühmten Verlag durfte alles in der Welt, jeder Politiker, jeder Staat, jede Gruppe rauf und runter kritisiert und aufgespießt werden, nur eine Sekte nicht, die um Ulrike Meinhof. Das hat mich, wie ich bald darauf an Michael Schneider schrieb, «ziemlich fertig und ratlos gemacht», starke Worte für einen, der sich in Gefühlsdingen eher bedeckt hielt.

Das Ergebnis war: Meinungsfreiheit für die RAF, Meinungsverbot für ihre Kritiker, Solidaritätszwang fürs Kollektiv. Damit war der Schaden da, der Spaltpilz, Anlass für wachsendes Misstrauen untereinander. Fortan galt für Wagenbach und Dreßen «das Kollektiv» als unpolitisch, es folge nicht der «politischen Linie» des Verlags, es sei nicht geschult oder, noch schlimmer, sozialdemokratisch.

Die Einschüchterung war so mächtig, dass ich erst heute auf die Idee komme zu fragen: Warum hast du als Lektor nicht Nein gesagt? Die Verfassung verlangte Einstimmigkeit im Lektorat. Schneider und ich hätten einfach ablehnen können. Gewiss, ein Veto vom Literaten im Politikprogramm hatte es nie gegeben, aber das entschuldigt nichts.

Der Grund war: Ich hatte gerade mal ein Jahr gearbeitet an dem Platz, den der Literaturidealist für seinen idealen Arbeitsplatz hielt. Nie ist mir der Gedanke gekommen, da wegzugehen, nur weil zwei Leute auf gefährlichen Abwegen waren und uns auch dahin locken wollten. Wir stritten im Sommer 1971, da war nichts vom «Deutschen Herbst» 1977 zu ahnen, man hoffte ja immer, dass der Spuk bald vorbei sei, Auflösung, Ausland, Haft. Der Literaturenthusiast und «Tintenfisch»-Herausgeber, wünschte ich, werde letztlich stärker sein als der Verteidiger der entsetzlichen RAF-Sprache und Verehrer der Meinhof. Der Verlag und das Kollektiv waren für mich ein großartiges Projekt, das nicht durch politischen Grundsatzstreit gefährdet werden durfte. Da kündigte man nicht. Was war ein bizarres Pamphlet über absurde bewaffnete Kämpfe gegen den ganzen Verlag? Ähnlich werden die anderen Kollektivmitglieder gedacht haben, denen der Verlag hundertmal wichtiger war als die politische Linie eines Buches oder einiger Bücher, über die man ohnehin nicht mitbestimmen durfte. Ich aber hätte meine Stimme als Machtmittel gebrauchen können. Doch ich war zu naiv, um überhaupt in Machtkategorien zu denken.

Ein Nein hätte zum Krach, vielleicht sogar zur Spaltung geführt, die zumindest zwei Vorteile gehabt hätte: Wir hätten uns zwei überwiegend qualvolle Jahre verdeckter und offener Auseinandersetzungen erspart. Und: Jeder Außenstehende hätte die Fronten und die Gründe sofort verstanden. Was man von dem ganz großen Krach, der anderthalb Jahre später ausbrach, nicht sagen kann.

Neuer Faschismus und alte Bequemlichkeit

Die Propagandaschrift für den bewaffneten Kampf, die bald als «Rotbuch 29» erschien, wurde vom Verlag als «eine der wichtigsten Schriften zur heutigen sozialistischen Strategie» angepriesen, «eine Erinnerung an Praxis in der BRD, geschrieben von Genossen der RAF». An prominenter Stelle fand sich ein Zitat von André Glucksmann: «Die Unfähigkeit zur Gewaltanwendung schlägt um in Ohnmacht gegenüber dem Faschismus.» Frei übersetzt: Wer keine Gewalt übt, lässt Faschismus zu. Oder: Wer nicht für die RAF ist, ist für Faschismus. Die aus Frankreich kommenden Theorien vom «neuen Faschismus» wurden unter dem Titel «Neuer Faschismus, Neue Demokratie» (Rotbuch 43) in unserem Verlag verbreitet: Foucault, Glucksmann, Geismar erläuterten den aktuellen französischen «Staatsfaschismus». Im Verlagstext heißt es, mitten in der Brandt-Ära: «Das Buch zeigt am Beispiel Frankreichs den neuen Faschismus, der sich von vornherein auf den ‹demokratischen Rechtsstaat› stützt ... Angesichts der jüngsten Verhaftungswellen, angesichts des ‹neuen Faschismus› auch bei uns, angesichts der Methoden einer sozialdemokratischen Regierung, angesichts der ratlosen Gewaltdiskussion innerhalb der Linken drängen sich die Lehren für die BRD und Westberlin geradezu auf.» Das Schlagwort vom «neuen Faschismus» war vorher auch in der Publizistik aufgetaucht, bei Enzensberger und Haffner zum Beispiel, aber hier wurde es theoretisch fundiert und politisch praktikabel gemacht. Es war die bequemste politische Theorie, die in den siebziger Jahren zu haben war, so schön monokausal. Wer an den «neuen Faschismus» glauben wollte, hatte es nicht mehr weit bis zur Rechtfertigung des bewaffneten Kampfes: denn ein zweiter Faschismus in Deutschland, das war klar, müsse mit allen Mitteln verhindert werden. Man kann sich heute nicht mehr vorstellen, warum einer, der noch wenige Jahre zuvor für Willy Brandt und Helmut Schmidt geworben hatte, solch ein Buch drucken und verbreiten ließ – ein Beispiel, wie dieser edelmaoistische Schwachsinn selbst kluge, erfahrene Leute verführt und infiziert hat.

Ich entsinne mich, wie ich nach der missglückten Debatte über das RAF-Buch gedacht habe: Vielleicht liegt es doch an dir, du bist wirklich ungebildet, vielleicht hat Dreßen recht, du siehst die Welt zu rosig, du verdrängst den Staatsterror, du musst dich schulen, damit du besser mitdiskutieren kannst. Also nahm ich unser Buch zum «neuen Faschismus» zur Hand. Wenn die marxistischen Denkgebäude mir nicht in den Kopf wollten, vielleicht war wenigstens die zentrale These des Politik-Lektors und damit die Favorisierung der RAF zu begreifen, Dreßen war schließlich kein Dummkopf. Ich las den Text genau, las Foucault und Glucksmann, versuchte, mich den Argumenten zu öffnen – aber auch diese Theorie schlug nicht an. Alles sträubte sich dagegen.

«Rotbuch 29» wurde wie geplant klandestin produziert, als Überraschungsei an den Buchhandel ausgeliefert und nach drei, vier Wochen, keineswegs überraschend, beschlagnahmt. Auch Außenstehende merkten, dass dies kalkuliert und die Empörung über Staatsanwälte und Richter als PR-Mittel nicht unwillkommen war. Man hatte wieder Beweise für den «neuen Faschismus». Kurz danach wurde der «Rote Kalender 1972» wegen dreißig Zeilen beschlagnahmt – beide Male standen mehr Polizisten vor der Tür, als in den Verlag passten. Es war die bis dahin heißeste Phase der RAF-Morde und der RAF-Hysterie. Selbstverständlich wehrte sich das gesamte Kollektiv, trotz des Missfallens am Inhalt, mit Informationen, Aktionen, Kampagnen. Gegen die «Zensur», gegen die Springer-Presse und die von ihr zur Tat gerufenen Staatsanwälte, gegen die Bedrohung des Verlags und gegen die Sympathisantenhatz stand man fest zusammen.

Ein Briefwechsel über zwei Machthaber

Ich bekam das nur aus der Ferne mit, saß inzwischen in Rom. Kurz vor Beginn der Lektorentätigkeit war mir das Stipendium Villa Massimo in Rom zugesprochen worden. Ich hatte mich darum nicht beworben, ich wollte ja endlich Lektor sein. Erst Wagenbach, dann das Kollektiv hatten mich aus dem Interessenkonflikt erlöst, ich wurde für zehn Monate beurlaubt, blieb aber an den literarischen Entscheidungen beteiligt.

Am 16. Dezember 1971 schrieb mir mein Lektoratskollege Michael Schneider einen achtseitigen Brief. Da in jener Zeit Meinungen zur RAF nur selten schriftlich fixiert wurden, zitiere ich hier einige längere Passagen:

«In der Tat haben sich in den letzten Wochen im Verlagskollektiv regelrechte Fraktionskämpfe entwickelt, nur leider wurden sie kaum offen ausgetragen, sondern spielten sich sozusagen hintenherum ab, hatten – von Klaus' Seite her – einen eher intriganten als offen politischen Charakter. Auslöser dieser Widersprüche war freilich die Beschlagnahme der beiden Bücher, von Rotbuch 29 und dem ‹Roten Kalender›. Klaus sah in diesem Repressionsakt der Staatsgewalt einen Beweis darin, daß man diese mit besagten Publikationen ‹an der empfindlichsten Stelle› getroffen habe, also einen Beweis der ‹Richtigkeit› der in ihnen entwickelten politischen Linie, und stellte sich – anläßlich der Bedrohung durch den Staatsanwalt – auf den ‹Wir-sind-alle-in-einem-Boot›-Standpunkt, wodurch jede Form der Kritik und Selbstkritik zunächst unterbunden werden sollte. Ich hingegen stellte mich auf den Standpunkt, daß die beste Form der Solidarität dem Verlag gegenüber darin bestand, daß man an der totalen Identifikation Klaus' und Wolfgangs mit der RAF-Linie und dem ‹Roten Kalender› (auch den darin enthaltenen eindeutigen anarchistischen Passagen, etwa mit dem anarchistischen Aktionen-Katalog) gerade jetzt zu rütteln versuchte.»

Schneider beobachtet: «Während der Repressionen durch den Staatsapparat – Hausdurchsuchungen, Presse-Konferenzen, Fernsehauftritt usw. – ist Klaus richtig aufgeblüht, so als sei der Grad seiner ‹Verfolgung› ein Beweis seiner Wichtigkeit und Bedeutung … Darum ist mir auch der Radikalismus und Moralismus von Klaus und Wolfgang zutiefst verdächtig. Natürlich kann man die Ulrike großartig finden, sie ist ja so konsequent (bis in den Tod!), natürlich kann man den Klaus Wagenbach besonders mutig und aufrichtig finden, denn er steht sogar öffentlich zu einer Gruppe, der sich kein Linker mehr anvertrauen möchte.»

Schneider sieht seine Kritik von «ernstzunehmenden Genossen» bestätigt und folgert, «daß die RAF eine differenzierte politische Theorie zur Legitimierung und Rationalisierung einer verzweifelten politischen Praxis benutzte und daß es eindeutig ein Fehler von uns gewesen war, dieser verzweifelten politischen Praxis, die zunehmend Opfer kostet, die in keinem rationalen Verhältnis mehr zu ihrem politischen Erfolg stehen, durch unkommentierte Veröffentlichung des RAF-Buches noch Vorschub zu leisten. Es ist eine typisch bürgerliche, weil sentimentale Form von Solidarität, einer Gruppe, die durch eine falsche Anwendung der Theorie und schließlich durch die brutale Verfolgung durch den Staatsapparat in die Verzweiflung getrieben und aufgerieben wird, politisch-theoretische Schützenhilfe zu geben. Man soll denen, die vom Staatsapparat verfolgt werden, so gut es geht helfen, aber ohne ihre verzweifelte politische Praxis noch theoretisch absichern und abstützen zu helfen. Das ist einfach unverantwortlich! Und da, meine ich, muß die Kritik an Klaus und Wolfgang, die immer noch voll auf der RAF-Linie drauf sind, auch persönlich werden.»

Noch mehr als die Schärfe von Schneiders Blick verblüfft mich, wie präzise er die Psychostruktur im Verlag erfasst hat, insbesondere das Abwürgen jeder Kritik und Selbstkritik in Bezug auf das fatale RAF-Propaganda-Buch. Aber auch die «windelweiche» Haltung der Kollektivmehrheit wird beklagt, die Fixierung auf die Effizienz des Verlags und die falsche Rücksichtnahme auf den Gründer. Am Ende fragt Schneider sich, «was ich in einem Verlag zu suchen habe, in dem in Wirklichkeit zwei Leute mit noch unausgegorenen politischen und ästhetischen Vorstellungen die Macht haben, jawohl, die Macht haben trotz Kollektiv!»

Diesen Brief hatte ich jahrzehntelang ebenso verdrängt wie meine Antwort: «Viel von Deiner Einschätzung hab ich ja auch irgendwo im Hinterkopf, aber wenn ich das so geballt und großenteils richtig analysiert lese, ergreift mich doch ein gewisses Entsetzen über die Zukunft des Verlages ... Deshalb möcht ich Dich dringend bitten, Deine Resignation und Deine Austrittsabsichten noch etwas zu verschieben. Denn Du bist der einzige, der es mit Wolfgang theoretisch aufnehmen kann und der die Reserven großer Teile des Kollektivs gegen solche saloppe Abenteuerlichkeit formulieren und es vielleicht zur Aktivität, Emanzipation provozieren kann. – Ich sag das nicht nur, weil ich ein etwas sentimentales Identifikationsverhältnis zum Verlag habe, sondern auch, weil der Verlag nicht nur objektiv für die linke Bewegung und die linke Literatur unentbehrlich ist, sondern auch subjektiv viel für unsere doch sehr zahlreichen Sympathisanten bedeutet: sei es durch die beispielhafte Kollektiv-Verfassung oder durch die Tatsache, daß sich da 10 Leute in einer immer kapitalistischeren Umgebung produktiv halten, ohne Kompromisse ans Kapital zu machen. – Ich weiß, so ein Appell an den sozialistischen Altruismus ist tückisch und von mir auch etwas zynisch (weil ich hier gut reden hab und mich aus den politischen Widersprüchen, die mich schon im Sommer ziemlich fertig und ratlos gemacht haben, hierher verdrückt hab), aber ich möchte Dir diese allgemeineren Dimensionen der Sache doch noch mal zu bedenken geben.»

Höchst besorgt, doch beschwichtigend, naiv auf Dialog und Vermittlung setzend, das scheint meine Haltung gewesen zu sein. Im Grunde aber wollte ich nicht wahrhaben, was Schneider so deutlich angesprochen hatte. Ich saß in Rom und mochte mit dem ewigen RAF-Kram nicht belästigt werden. Im Haus Wagenbach brannte es, ich erkundete die Interna des Hauses Siemens. Und vergaß darüber sehr schnell und dann jahrzehntelang diesen im Archiv versenkten Briefwechsel.

Vom guten zum bösen Kollektiv

Vergessen habe ich jene Briefe, nie vergessen aber ein Gespräch mit Wagenbach im Sommer 1972. Er kam in die Villa Massimo, wo ich an der «Siemens-Welt» schrieb. Das Buch war fast fertig, er lektorierte einiges mit mir durch, dann hatten wir ein, zwei Stunden zum Reden. Niemals vorher und niemals danach haben wir so offen miteinander gesprochen, zu zweit, ohne vom Telefon gestört zu sein oder vom Verdacht, abgehört zu werden.

Selten habe ich ihn so depressiv erlebt wie damals, unter Zypressen und Akazien sitzend. Der Tod seines Freundes, des italienischen Verlegers Feltrinelli, der sich einer Terrorgruppe angeschlossen hatte und auf mysteriöse Weise umgekommen war, lag vier Monate zurück und beschäftigte uns alle: Unfall, Mord, Selbstmord? Die führenden RAF-Leute waren gerade erst verhaftet worden, und ich war überrascht über das Ausmaß seines Mitleids mit Ulrike Meinhof und den anderen, die nun gefangen waren und lebenslange Strafen vor sich hatten. Natürlich wünschte man niemandem den Knast, aber mein Mitleid hielt sich in Grenzen. Den Weg dorthin hatten sie schließlich selbst gewählt. Ich war erleichtert, dass dieser Wahnwitz, der uns alle gelähmt und beschädigt hatte, endlich vorbei war, wie ich meinte, doch von solcher Erleichterung über das Ende des «Konzepts Stadtguerilla» spürte ich bei ihm nichts. Ulrike Meinhof hatte immer noch die Aura der Heiligen, über sie und ihre Genossen beklagte er sich nicht, die ihm noch mehr Nachtarbeit als gewohnt und dem Verlag mehrere Ermittlungs- und Gerichtsverfahren eingebrockt hatten. Dafür klagte er umso mehr über das Kollektiv.

Das Wort «Kollektiv» hatte mittlerweile eine andere Bedeutung bekommen. Das waren jetzt nicht mehr alle, die im Verlag arbeiteten, sondern immer «die anderen». Die «Mehrheit», die sich, zufällig oder nicht, mehr oder weniger deckte mit der Mehrheit, die bei der Solidarität mit den RAF-Pamphleten und der RAF-Politik zögerlich oder ablehnend gewesen war. Das Feindbild stand fest. Er hätte zum Beispiel auch stolz sein können auf die interne Solidarität bei der Beschlagnahmung eines Buches, das die meisten nicht schätzten.

Da ich seine Stimmungen kannte, in denen er gern an allem und allen herumnörgelte, und seine Neigung, Probleme zu personalisieren und sich als Opfer der Inkompetenz oder der Faulheit anderer darzustellen, nahm ich das nicht besonders ernst. Du teilst selbst gern spitze Bemerkungen aus, meinte ich, also sei nicht so empfindlich, wenn du auch mal kritisiert wirst.

Es blieb der Eindruck einer resignativen, wachsenden Distanz zum Kollektiv, als dessen Teil er sich offenbar nicht mehr sah. Das Wir schien verschwunden. In kürzester Zeit war aus dem guten ein böses Kollektiv geworden, aus dem werbekräftigen Begriff ein negativer. Monate vorher hatte er noch muntere Briefe nach Rom geschrieben, auch über seine Differenzen mit «dem» Kollektiv und manchen Autoren. Nun war alles verfinstert. Das Bild der fröhlichen Produktivgemeinschaft, das seit dem Solidaritätsdruck nach der Baader-Befreiung nur noch in seltenen Stunden aufblitzte, schien gänzlich verlöscht.

Im Nachhinein habe ich mehr verstanden: Klaus war in keiner einfachen Lage. Von Ermittlungsverfahren, Beschlagnahmungen, Pressekampagnen ermüdet, vom Kollektiv, wie er meinte, im Stich gelassen, von der RAF, für deren Recht auf Gehör er gekämpft hatte, gehemmt, von Autoren, nicht nur von Günter Grass, wegen seiner RAF-Publikationen kritisiert oder verlassen, fühlte er sich offenbar ausgebrannt und überfordert. Selbst der treue Erich Fried hatte ihm, wie man heute nachlesen kann, schon 1970 vorgehalten: «Ich glaube, Du bist vergiftet von der auf die Dauer unerträglichen Atmosphäre Berlins, die Ulrike dazu verführt hat, den Unsinn von Roter Armee zu verzapfen und Deinen lyrischen Geschmack lächerlich eng macht, so daß kein Denken und Empfinden geduldet wird ... »

Man muss ihm zugutehalten, dass er und seine Frau Katia wahrscheinlich als Erste merkten, dass er derjenige war, der am wenigsten in ein Kollektiv passte. Er war des Experiments überdrüssig, mochte das aber noch nicht eingestehen, jedenfalls nicht mir, und versuchte umso eifriger, Vorwände für den Ausstieg zu sammeln – und an diesem Nachmittag mich auf seine Seite zu ziehen, was ich Trottel nicht gemerkt habe. Erst Monate später entdeckte ich, dass hinter jedem Lamento auch eine Strategie steckte. Ganz ähnlich versuchte er zum gleichen Zeitpunkt die gerade zugewählte Anne Duden zu beeinflussen, die ständig zu hören bekam, wie unqualifiziert, unliterarisch und politisch unzuverlässig «das Kollektiv» sei. Kurz, er wollte das Kollektiv nicht mehr, aber fand keine Lösung. Denn der Ausstieg war juristisch blockiert: die Hälfte des Verlags gehörte bereits dem Kollektiv, vertreten durch Gesellschafter Naber, und der wäre nur mit Mehrheitsentscheidung zu entlassen gewesen.

In einem Club der Reifen und Vernünftigen hätte jetzt der Älteste gesagt: «Leute, hört mal, ich schaff das einfach nicht mit dem Kollektiv, bin doch nicht der Typ dafür, ich kann nicht so delegieren und abgeben, wie ich dachte. Ich bin überfordert, wir alle sind überfordert. Kollektiv mag ja toll sein, aber wir sind nicht die richtigen Leute dafür, ich jedenfalls nicht. Wir sind zu verschieden, wir zerreiben und verhärten uns an politischen Kontroversen. Ich übernehme ein klein wenig Mitverantwortung dafür, dass Ulrike Meinhof mit ihrem terroristischen ‹Konzept› die ganze Bundesrepublik erschüttert, in die Sicherheitsparanoia getrieben und die Linke zersplittert hat, uns eingeschlossen. Ich will einen neuen Anfang machen. Also müssen wir zusammen überlegen, wie wir auf faire Weise aus unseren Verträgen wieder rauskommen und uns trennen. Auch wenn wir keine rasche Einigung finden, lasst uns auf der Basis von Ehrlichkeit nach Lösungen suchen.» Nicht nur die Älteren waren nicht imstande, in diese Richtung zu reden, ich, in meinem Part als Vermittler, war es auch nicht.

Ein Manuskript wird zum Schlachtfeld

Stattdessen die offene Konfrontation, die sich ironischerweise nicht in einer politischen Kontroverse, sondern an einem literarischen Objekt entzündete. Herbst 1972, ich saß wieder am Berliner Lektorentisch, Michael Schneider hatte wegen der politischen Linie gekündigt. Yaak Karsunke reichte zwei Hörspiel-Collagen ein, die gut ins Verlagsprogramm passten, die eine handelte von Josef Bachmann, dem Dutschke-Attentäter, die andere von Sonny Liston, dem Boxer. Ich sah, vor allem im Bachmann-Text, noch Möglichkeiten der Verbesserung und Erweiterung und befürwortete die Annahme. Wagenbach, der ein, zwei Jahre zuvor diese Texte noch akzeptiert hätte und der mir bis in den Sommer hinein versichert hatte, wie sehr wir uns bei literarischen Bewertungen einig seien, sprach ein ungewöhnlich striktes Nein.

Das richtete sich mehr gegen den Autor als die Texte. Er hatte mit Karsunke politischen Streit gehabt, auch über die RAF, und er mochte vor allem die Redakteurin des «Kursbuchs», Ingrid Karsunke, nicht mehr, die er, weil meinungsfreudiger als andere, unberechtigterweise für die «Anführerin des Kollektivs» hielt. Dass die Ehefrau des Autors im Kollektiv arbeitete, machte die Sache nicht einfacher. Dass Wagenbachs Ehefrau, die ebenfalls im Kollektiv arbeitete, den Autor nicht mochte, auch nicht. Ich wiederum zählte Karsunke zum Kreis der Freunde, mit denen ich, oft kontrovers, literarisch gern debattierte. Kaum einer hatte sich seit dem Prager Frühling 1968 so mutig und deutlich gegen

DDR- und DKP-Positionen geäußert und ebenso gegen die Maoisten aller Schattierungen. Einen solchen scharfzüngigen, wenn auch schwierigen Autor wollte ich nicht verlieren, zumal bereits Hartmut Lange wegen Wagenbachs politischer Schlagseite den Verlag verlassen hatte.

Ich sah nur eine Lösung in diesem Beziehungsgeflecht: die Überzeugungskraft literarischer Kriterien. Es war die Zeit, in der nicht nur unser literarisches Lektorat, sondern ein Großteil der Verlagsszene stark politisiert war. Viel zu oft und viel zu grob wurde nach dem Gebrauchswert literarischer Texte gefragt, auch ich habe da manche mir heute peinliche Bewertung abgegeben. Trotzdem galt für mich im Zweifel auch damals der Primat des Literarischen, des Formalen, der ästhetischen Kühnheit – und nicht die politische Elle. Dass außerliterarische Kriterien, persönliche Abneigungen, das Programm bestimmen sollten, ging gegen die Ehre des literarischen Lektors.

Nach und nach konnte ich Wagenbach sogar konkrete Einwände entlocken, in Verbesserungsvorschläge verwandeln und mit meinen Änderungswünschen dem Autor erläutern. Eine erweiterte Fassung stand in Aussicht, viel mehr als ein Kompromiss.

Es war kein ruhiger Herbst, anno 72. Zu den oben angedeuteten Spannungen, zu den Ermittlungen und Verfahren gegen die RAF-Bücher und den «Roten Kalender» wurde uns noch der Siemens-Prozess aufgehalst. In den ersten Wochen, im Oktober und November, musste ich ständig nach Stuttgart zum Anwalt, zum Gericht, in Berlin Material nachrecherchieren, die Presse bedienen usw.

Zu alldem kam noch ein interner Konflikt. Wochenlang kritisierte Wagenbach an Manfred Naber herum, Hersteller und zweiter Geschäftsführer, ein Mann von höchster fachlicher Kompetenz und Redlichkeit. Unter dem Vorwand, für eine Druckverspätung verantwortlich zu sein, beantragte er eines Tages Nabers Entlassung aus dem Kollektiv. Schon Franz Greno und Michael Schneider waren zu Sündenböcken gemacht und aus dem Verlag geekelt worden; jetzt aber ging es um die Existenz des Kollektivs, so wehrte sich die Mehrheit zum ersten Mal geschlossen. Dem Antrag stimmten nur beide Wagenbachs und Dreßen zu. Die Intrige war allzu offensichtlich. Mit der Entlassung eines der Gesellschafter wäre es leichter gewesen, die GmbH und damit das Kollektiv aufzulösen.

Ich weiß nicht mehr, ob es vor oder nach diesem Bruch war, dass Wagenbach erneut das Karsunke-Projekt ablehnte. Es spielt auch keine Rolle, täglich wuchsen auf allen Seiten Misstrauen, Ressentiment, Streitlust – während alle an der Vorbereitung des Frühjahrsprogramms arbeiteten. Es wäre ein Treppenwitz der Geschichte, dachte ich, mit dem neuen Nein konfrontiert, wenn ausgerechnet ein Text über den Dutschke-Attentäter Josef Bachmann, der mit seinen Schüssen die Revolutionsphantasien – auch die der RAF – angefeuert und dem Verlag seinen politischen Dreh verpasst hatte, in diesem Verlag nur persönlicher Antipathien wegen nicht erscheinen dürfte. Sollte dieser Bachmann dazu beitragen, auch noch den Wagenbach Verlag ins Koma zu befördern? Ich stemmte mich gegen solche böse Ironie – und hoffte auf die Verlagsverfassung: «Jedes Manuskript soll, möglichst vor Annahme, von einem nicht dem Lektorat angehörenden Kollektivmitglied gelesen werden, das eine erneute Diskussion verlangen kann.»

Als die Entscheidung für das Frühjahr fallen musste und

Wagenbach bei der Debatte in die Defensive geriet, ließ er die Sitzung vertagen und holte zum nächsten Treffen Wolfgang Dreßen heran, der sich bis dahin nie in Literatur-Entscheidungen eingeschaltet hatte. Nach Funktionärsmanier verdammte er den Text wegen eines falschen Faschismusbegriffs. Ausnahmsweise kann man ihn einmal im O-Ton zitieren. In der Anarcho-Zeitschrift «Bambule» (15. 5.1973) hat er ganz offen verkündet, unsere kritische Haltung zur RAF sei der zentrale Spaltungsgrund gewesen. «Die Fraktion», so nennt er uns, die Mehrheit, wird in neun Punkten der Abweichung von der RAF-freundlichen Linie des Verlags überführt. Dazu gehört auch das Eintreten für Karsunke:

«Das Faschismusbild, das K. vermittelt, ist zusammengesetzt aus Landserheften, Hilfsschülern, vaterloser Kindheit, Freddy Quinn, Vorstrafen, krimineller Vereinigung, Waffenjournalen … Der bloße Antinazismus, der immer wieder das Bild des lumpenproletarischen Täters malt, verstellt den Blick auf den Faschismus, der von oben kommt. Auf die möglichen Anhänger brauner Horden starrend, dreht er dem Staatsapparat den Rücken. Ohne eine Krise wie die der 20er Jahre, nach dem offensichtlichen Zusammenbruch des Nazismus, bleibt einem neuen Faschismus nur übrig, seine Anhänger im Staatsapparat zu rekrutieren. Inzwischen werden Genossen nicht mehr von Bachmännern, sondern von Polizisten in staatlichem Auftrag, ohne Emotionen erschossen. – Die Fraktion, die dieses Manuskript verteidigt, kämpfte in den oben beschriebenen Konflikten gegen die Aufklärung über diesen neuen Faschismus, gegen die Solidarität mit dessen Opfern. – Gegen Strauß wettern, um desto ungestörter die Erschießungskommandos und Agenten gegen die Linke auszuschicken: diese politische Mitte ist bekannt. – Die

Fraktion entgegnete: darum ginge es ja gar nicht, auch über den Bundesgrenzschutz sei ein Stück denkbar, Bachmann habe es nun mal gegeben und über ihn handelte das Manuskript. So zu argumentieren, heißt aber an der bloßen Oberfläche des Vorhandenen zu kleben, diese Oberfläche dokumentarisch widerzuspiegeln, um die wesentlichen Tendenzen nicht mehr zu erkennen, heißt Strauß an die Wand malen, um von Genscher abzulenken, über Bachmann fünf Jahre nach dem Mordversuch zu schreiben, um über Rodewald (Anm. FCD: Der Lehrer, der Ulrike Meinhof an die Polizei verraten hatte) jetzt nichts sagen zu müssen.»

Was für ein Irrwitz! In Stuttgart musste ich mir Anwälte anhören, die mich als literarischen RAF-Terroristen hinstellten, wenige Tage später in Berlin mir von einer Art Revolutionswächter sagen lassen, jenes Hörspiel sei Ausdruck einer falschen, also nicht RAF-kompatiblen Faschismustheorie. Und Wagenbach nickte dazu, allerdings traurig. Es stand 1 : 2. Langsam begriff ich, dass hier ein Machtkampf geführt wurde.

Das Frühjahrsprogramm wurde verabschiedet, ohne das Karsunke-Buch. Der Autor zog seinen Text zurück. In einem sachlichen Brief begründete er, warum man als Autor nur mit einem Lektor arbeiten könne und nicht mit zweien oder dreien, die immer wieder mit neuen Einwänden intervenierten. Er verabschiedete sich aus dem Verlag und schloss mit der Bitte an das Kollektiv, «anhand dieses Falles Verlagsverfassung und Verlagspraxis kritisch zu überprüfen».

Nun forderte der gewitzte Wagenbach eine Diskussion über die Lektoratsverfassung – und wir, noch erregt von den Ablehnungsmanövern und in der Hoffnung auf einen letzten Kompromiss, liefen in die Falle und stellten einen Änderungsvorschlag zur Diskussion. Hier muss ich noch einmal, weil überall falsche Versionen kursieren, ins Detail gehen: Künftige Lektoratskonflikte sollten dadurch gelöst werden, dass in den Ausnahmefällen, in denen keine Einstimmigkeit herrscht, dem Kollektiv, nach Lektüre des Manuskripts, ein Mitentscheidungsrecht eingeräumt werde, ähnlich wie bislang das Mitleserecht. Nicht als Regel, sondern bei verfahrenen Situationen und Blockaden. Nebenbei, jeder Einzelne im Kollektiv hatte mehr literarische Kompetenz als der Politik-Lektor mit dem Vetorecht für Literatur. Darum der Vorschlag, im Fall der Uneinigkeit des Lektorats die Fähigkeiten des Kollektivs zu nutzen und Konsens herzustellen, nicht mehr, nicht weniger. Ein naiver Versuch, auf Rationalität zu setzen, literarische Argumente hochzuhalten gegen außerliterarische. Niemand war so bescheuert, Wagenbach stürzen oder auf seinen Enthusiasmus verzichten zu wollen.

Ob er nun auf einen solchen Vorstoß gewartet hatte oder nicht, das war der willkommene casus belli, und er hat daraus nach Kräften Propagandaschaum geschlagen: Was gegen die Macht Dreßens gerichtet, was als Ergänzung der Lektoratsautonomie gedacht war, wurde von Wagenbach als Angriff auf die Lektoratsautonomie verkauft, als Putsch der bösen, unqualifizierten Mehrheit gegen das Programm, gegen Kompetenz, Qualität, gegen ihn.

So entstand die Legende vom Sturm aufs Lektorat, nachgeschrieben von vielen Journalisten, Germanisten und Verlagschronisten. Sie passt auch bestens ins 68er-Klischee: wilde Revoluzzer, die dem Verleger die Lektoratshoheit und den Verlag rauben wollten ... Ach, wie gut, dass niemand weiß, wie nützlich gewisse Faschismustheorien einst gewesen sind!

Die größte Dummheit meines Lebens

Erst nach der Kaperung des literarischen Lektorats durch den «Chefideologen» hatte ich mich definitiv der Mehrheit angeschlossen. Loyalität und Dankbarkeit waren genug strapaziert, die Kräfte zur Vermittlung erschöpft. Die Wagenbachs versuchten dann, in Einzelgesprächen ihre «alten» Mitarbeiter Helga Scheller, Eberhard Delius und mich wieder auf ihre Seite zu ziehen und als Angestellte weiterarbeiten zu lassen. Jeder entschied für sich: Nein, ich will das Experiment mit dem Kollektiv nicht aufgeben, ich sehe es nicht als gescheitert an, es beginnt sich vielleicht gerade erst zu entwickeln, die Schritte dahin aber sind ungewiss. Wir hatten diesen Chef zu oft als intrigant und nachtragend erlebt.

Die Wagenbachs und Dreßen betrieben den Ausstieg, wir anderen sieben pochten, täppisch und hilflos, auf die Verfassung. Unsere einzige Idee, wie man aus der Blockade herauskommen könnte, war illusorisch: den Verleger zu drängen, die Verträge einzuhalten und die seit langem vereinbarte und fällige Übertragung weiterer Anteile auf die GmbH nicht weiter zu verzögern. Er hatte genau das Gegenteil im Sinn. Wie wir durch das Versehen einer Anwaltskanzlei erfuhren, trafen sich an einem Sonntag im März 1973 Anwälte und Steuerberater mit Wagenbachs, um den Ausstieg aus der GmbH, dem Verein, dem Kollektiv, vorzubereiten.

Das war, in unseren Augen, der Putsch. Retten, dachten wir, können den Verlag jetzt nur noch die Autoren. In der Verfassung waren sie so etwas wie ein Aufsichtsrat, «eine

Die skeptischen Brüder. Mit Eberhard Delius 1970.

jährliche Autorenversammlung hat Kontrollrecht». Eine solche Versammlung hatte freilich nie stattgefunden. Nun informierten wir die Autoren in einem aufgeregten Brief über die verfahrene Lage. Wir luden sie und alle Beteiligten zu einer Versammlung und wünschten von ihnen, dass sie den Verlag inklusive seiner Verfassung verteidigten. Wir waren so empört über das, was wir als Putsch empfanden, wir fühlten uns so im Recht, dass wir ernsthaft hofften, die Autoren würden sich gegen die Verfassungsfeinde Wagenbach und Dreßen auf die Seite der Verlagsverfassung und damit des Kollektivs stellen oder zumindest Kompromisse vorschlagen. Ein blamabler Irrtum von uns allen, den ich besonders mir, der es hätte wissen müssen, ankreide und seit langem als die größte Dummheit meines Lebens verbucht habe.

Einige sehe ich noch vor mir: André Glucksmann, damals der Papst des «neuen Faschismus», mit Mao-Sprüchen. Stephan Hermlin, aus Ostberlin angereist, um uns mit Pfeife und Lenin-Zitaten zu exorzieren. Der Gebrauchswert-Philosoph Horst Kurnitzky und andere SDS-Fürsten oder, uns eher zugeneigt, Volker Ludwig vom «Grips»-Theater und Peter Möbius von Hoffmanns ComicTeater / Ton Steine Scherben, Karlheinz Braun vom Verlag der Autoren, Karl Markus Michel vom «Kursbuch», Johannes Schenk, Peter Schneider – bei Fried und Brückner bin ich nicht sicher, ob sie dabei waren, die Mischung aus Autoren und Übersetzern war auch so bunt genug, dazu Wagenbachs Anwalt und mein Fußballkumpel Schily, der Anwalt Eschen, den wir zu Rate gezogen hatten, und das zerstrittene Kollektiv, fünfzig oder siebzig Leute in den Verlagsräumen.

Für das Kollektivprojekt, Verlagsverfassung und «Kontrollrecht» interessierten sich die Autoren kaum. Dafür bekamen sie und wir ein meisterliches Lamento zu hören. Wagenbach hielt eine mit Viertel- und Achtelwahrheiten gespickte Rede, in der Nebenbemerkungen oder winzige, oft freundliche Lästerlichkeiten über Autoren, wie sie in jedem Verlag zwischen Tür und Angel mal fallen, zu Ablehnungen «des» Kollektivs aufgebauscht und aufgelistet, Fakten und Abläufe so verdreht wurden, dass sie nur den einen Schluss zuließen: In diesem Kollektiv werde grundsätzlich jeder Autor bekämpft und das Lektorat sowieso, diese sieben Leute seien weder literarisch noch politisch in irgendeiner Weise kompetent, im Gegenteil, sie seien literarisch borniert und politisch verdächtig, hätten nur Eigeninteressen und hinderten überdies den erfolgreichen und von der Staatsgewalt verfolgten Verleger an der Arbeit.

Ein konkretes Beispiel für solche Verdrehung: Im Herbst hatte ich vorgeschlagen, dass wir den Programmzweig der sogenannten Dokumentarliteratur, auf dem wir relativ stark waren und den Feuilletons auffielen, auch mit Autoren anderer Verlage diskutieren sollten und so vielleicht aus den bekannten Sackgassen herausentwickeln könnten. Nicht gegen, sondern neben Manganelli, G. B. Fuchs usw. Mein Hintergedanke war: neue Kontakte knüpfen, hier oder da eine Abwerbung vorbereiten – denn mehr und mehr gute Autoren hielten sich vom Verlag wegen seiner bekannten politischen Schlagseite fern, die «unpolitischen» sowieso. Damit war Wagenbach einverstanden gewesen, aber als ich, wegen des Siemens-Prozesses erst ein, zwei Monate später, einen solchen Brief an einige Autoren schickte, tobte er, gerade in der Trotzphase wegen Karsunke, er sei nicht informiert worden. Vor der Autorenschaft behauptete er nun, Delius wolle nur «seine» Literatur durchpauken. Und verschwieg, dass ich auch mit völlig anderen Texten zugange war und dass er mich drei, vier Wochen vor dieser Versammlung in seiner neuen Firma als Lektor haben wollte.

Hilflos versuchten wir, hier und da Details zu widerlegen. Steckten im Desaster der Defensive, wo Fakten und Argumente nicht mehr zählten. Wir hatten nicht nur keine Strategie, wir hatten auch keine Wortführer. Ich war auch damals kein Versammlungsredner. Wir alle gaben ein schwaches Bild ab, ich ein sehr schwaches. Nicht nur, weil ich mit meinem Literaturidealismus auf die Nase gefallen war.

Einige Tage zuvor hatte ich einen Brief von Erich Fried erhalten, mit dem ich mich seit dem Aufenthalt in London auf gutem Fuße wähnte. Er hatte lange Telefongespräche mit Wagenbach geführt, aber es nicht für nötig befunden, nach unserer Sicht des Konflikts zu fragen. Umso eifriger analysierte er meine Psychostruktur, diagnostizierte «seelische Verkrüppelung» und beschuldigte mich, diese gegen den Verlag zu richten. Sein Fazit: «Deine persönliche Mischung von Verhemmtheit, Schüchternheit und kompensatorischer Härte eignet sich nicht für einen guten Linken. Die SS-Männer mit den Jungensgesichtern waren eine für diese neurotische Konstellation gemäßere Form des Abreagierens durch die Tat.» Den Vorwurf, kein «guter Linker» zu sein, musste ich einstecken, das hatte ich schon lange geahnt oder befürchtet. Aber der Zweck des Briefes war erreicht: Von einem jüdischen Emigranten mit SS-Männern verglichen zu werden, das machte mich nicht gerade fit für die entscheidende Versammlung.

Selbst als Dreßen den Robespierre gab und uns als «bürgerliche Kumpanei» und «die sieben Röhls» abfertigte, weil wir die politische Linie des Verlags systematisch und aus Bequemlichkeit bekämpft hätten, wussten wir schlecht zu kontern. Wir waren wirklich keine «guten Linken». Wir scheuten das Minenfeld RAF. In der Zeit, als Ulrike Meinhof in Köln-Ossendorf mit Isolationshaft gequält wurde, wagte erst recht niemand, an das Tabu zu rühren: Gebt doch zu, ihr drei Meinhofs, dass die verdammte RAF-Solidarität uns zerrüttet hat! Eure Meinhof-Hörigkeit!

Fünf Autoren hielten zu uns, wenige (wie Biermann, per Brief) blieben neutral, die große Mehrheit bestärkte Wagenbach darin, das Kollektivprojekt fallenzulassen und wieder der Chef zu werden, der er einmal war. Die gleiche Erfahrung wie vier Jahre zuvor bei Suhrkamp: Autoren gehen mit dem Chef, sofern sie ihm vertrauen oder mit ihm gearbeitet haben, ganz egal, was sonst im Verlag passiert, wenn er nur funktioniert. Das ist begreiflich, wahrscheinlich hätte ich mich, als schlecht informierter Außenstehender, auch so verhalten. Die Versammlung empfahl die Trennung, solidarisch, selbstverständlich.

Flüchten oder Anfangen?

Geschlagen zogen wir nach Haus. Alles gescheitert? Aufgeben? Neue Arbeit suchen? Oder noch einmal von vorn anfangen? Die Erfahrungen, auch die guten, die wir mit dem Kollektiv-Experiment gemacht hatten, sollen nicht umsonst gewesen sein, sagten wir uns. Es müsste doch manches einfacher werden ohne einen unersetzlichen oder als unersetzlich geltenden Verlagsgründer in der Mitte, der nur selten fähig ist, die Leistungen anderer anzuerkennen, die Chefrolle abzulegen und Kritik zu ertragen. Und ohne einen Ideologen, der ständig das «politische Bewusstsein» kontrolliert.

Da juristisch gesehen ein Patt herrschte, weil auf jeder Seite ein Gesellschafter stand, mussten Anwälte tätig werden, die zwei Jahre zuvor mühsam erstellte Konstruktion aus GmbH und Verein wieder zu entflechten. Der neue, von uns zu gründende Verlag übernahm die gegebene Konstruktion. «Wagenbach ließ sich von seiner alten Firma scheiden», wie die «Zeit» schrieb. Sein Verlag wollte die ältere Tradition fortsetzen, wir die neuere.

Zur Solidarität nur so viel: Im Anarchistenblatt «Bambule» bekamen wir es schriftlich, dass wir, weil «bürgerlich», die politische Linie des Verlags bekämpft hätten, und wurden in mehreren Punkten der mangelnden Solidarität mit den «Randgruppen» und den RAF-Schriften beschul-

digt – vom Kollegen Dreßen. Vor eher sozialdemokratischen Freunden und dem konservativen Buchhandel, bei
Grossisten und Verbänden wurden wir des wildesten Maoismus bezichtigt – vom Kollegen Wagenbach. Wir dagegen
warfen ihm vor, er wolle nichts als endlich wieder Unternehmer sein – als könnten wir mit einer Kapitalisten-Karikatur
unsern Konflikt erklären.

Wagenbach erhielt zunächst die Gelder zurück, die er in
den Verlag bis zum 1. Juli 1971 eingebracht hatte – die standen ihm sowieso zu. Das übrige Vermögen, das gemeinsam
von zehn Mitarbeitern erarbeitet worden war, wurde geteilt,
eine Hälfte für die drei, die andere Hälfte für die sieben.
Der Kleinkrieg um das Erbe war schmerzhaft und trauma-
tisch für alle. Wagenbach sieht sich bis heute als Opfer des
Kollektivs – und nicht des BGB, das die Regeln für solche
Trennungen vorgibt. Immerhin war genug Vermögen da, um
beiden Seiten, unter schweren Bedingungen, einen neuen
Anfang zu ermöglichen. So ist nach dem Schlamassel wieder
ein stattlicher Wagenbach Verlag und ein für fast zwei Jahrzehnte höchst erfolgreicher Rotbuch Verlag entstanden.

Zu den wenigen Autoren, die sich nicht blenden oder in
Panik versetzen ließen, gehörte Hans Magnus Enzensberger.
Er vertraute das «Kursbuch» weiterhin den Leuten an, die
es bis dahin technisch und redaktionell betreut und gema-
nagt hatten. Im Gegensatz zu den meisten Autoren kannte
er die sieben Kollektivisten. Er traute uns zu, einen Verlag
fortzuführen oder auf die Beine zu stellen, er publizierte sogar ein Buch bei uns unter Pseudonym. Seine Entscheidung
bedeutete moralische Rückenstärkung, ökonomische Absi-
cherung und öffentlichen Respekt. Ein anderer Schutzengel
war Karlheinz Braun vom Verlag der Autoren, der im Streit

mit Siegfried Unseld ähnliche Erfahrungen gemacht hatte wie wir in Berlin.

Eine der stärksten Ermutigungen aber kam von der Literatur, von Peter Schneiders «Lenz». Am gleichen Nachmittag im März, an dem Wagenbach mit seinen Juristen beriet, wie er wieder Herr im Hause werden könne, saß das übrige und später übrig gebliebene Kollektiv zusammen, um über Literatur zu sprechen. Die Erzählung «Lenz», die ursprünglich in jenem Frühjahr erscheinen sollte, war trotz allen Drängens nicht fertig und auf den Herbst verschoben worden. Schneider, immer noch an der Arbeit, wollte nun auch die Eindrücke verständiger Leser hören, nicht nur die seines Lektors. Alle hatten das Manuskript gelesen, alle hatten etwas dazu zu sagen. Der Autor war höchst angetan von der literarischen Kompetenz der Verlagsleute, die Sympathien wuchsen auf beiden Seiten. Jeder spürte: das wird ein außergewöhnliches, provokantes Buch. Heute wird leicht vergessen, dass «Lenz» gegen eine Reihe damaliger Tabus verstieß, schon wegen des Insistierens auf Emotionen, auf das Subjektive. Nach dem Rausch des Wir musste wieder gelernt werden, Ich zu sagen. Und dies literarisch vorzuführen, war Schneiders große Leistung. Im Hinterkopf dachte ich: Soll sich Wagenbach mit Juristen treffen, wir treffen uns mit Autoren. Das war ein Vorgefühl des Trennungsglücks noch vor der eigentlichen Trennung. Die Gespräche gaben mir die Sicherheit: mit dieser Gruppe kannst du auch literarisch arbeiten. Ein Gefühl, das ein halbes Jahr später belohnt wurde, als «Lenz» zum Bestseller wurde und alle Unkenrufe, das Kollektiv könne nichts, weder ökonomisch noch literarisch noch politisch, aufs Schönste Lügen strafte.

Das produktive Wir

Die sieben Freunde der Kollektivverfassung (Eberhard Delius, Anne Duden, Andreas Fimmel, Ingrid Karsunke, Manfred Naber, Helga Scheller und ich) machten also ab dem 1. Juli 1973 als Rotbuch Verlag da weiter, wo sie aufgehört hatten. Und doch war alles anders – ohne drei Kollektivgegner im Kollektiv, ohne Hierarchie. Wir arbeiteten wie vordem auf der Basis von Verein und GmbH, hatten die gleichen Kriterien und Prinzipien (möglichst hohe Honorarstaffeln für die Autoren, möglichst niedrige Ladenpreise) wie vorher bei Wagenbach. Sieben leitende Angestellte ohne Chef, könnte man denen sagen, die beim Wort Kollektiv zusammenzucken. Besitzer des Verlags waren die im Verlag Arbeitenden, die jedoch nur als Gruppe (Verein) darüber verfügten, nicht als einzelne Anteilseigner, etwa von einem Siebtel. So konnte niemand Privat- oder Profitinteressen mit dem Verlag verbinden. Es ist kein Zufall, dass der Kollektiv-Verlag zwanzig Jahre später zusammenbrach, nachdem genau diese Teilprivatisierung geschehen war.

Das neue Wir-Gefühl, der Aufbruch in die Freiheit der Verlegerei war äußerst produktiv – freilich auch dank des Faktors Selbstausbeutung: maximale Arbeitszeit, minimale Bezahlung. Rasch stellten sich Erfolge ein, vor allem im literarischen Programm. Unterschiede in der Gruppe, bei Temperament oder beruflicher Herkunft, wirkten sich nicht als Schwäche, sondern als Stärke aus. Das produktive Wir wurde begünstigt dadurch, dass nun die Mehrheiten immer wieder wechselten, keine Rechthaber und keine Fraktionen auftraten. Reibereien und kleinere Konflikte gab es natürlich auch, aber die ließen sich, einfacher als gedacht, in Gesprächen lösen. Dass die Mehrheit nicht klüger sein muss als die Minderheit, lernte man schnell. Ängste und Zweifel lassen sich in einer Gruppe leicht verstecken, auch deswegen müssen die Sitzungen meistens länger dauern als geplant. Der Widerspruch zwischen Effizienzgebot und Persönlichkeitsentwicklung war latent immer vorhanden, auch in jedem Einzelnen, kein Wunder in einer Gruppe sensibler Leute, die Umsatz machen muss. Auch im neuen Verlag ging es an die Grenzen der Kräfte.

Wir wollten viel, und das mit höchsten Ansprüchen. Erstens gute, ja möglichst nur sehr gute Literatur und nützliche politische Texte verlegen. Zweitens beweisen, dass die Arbeitsform Kollektiv funktionieren kann und Zukunft hat. Drittens auch der feinen Feuilletonwelt demonstrieren, dass uns die Liebe zu ungewöhnlichen und guten Büchern über alles ging. Viertens der immer mehr auseinanderdriftenden Linken zeigen, dass unsere Praxis, Bücher zu verlegen, politischen Nutzen für viele hat. Dazu kam das Kunststück, links zu sein und gegen jeden Dogmatismus. Für eine gerechtere Welt und

Rotbuch-Kollektiv 1976 (Manfred Naber, Ingrid Karsunke, Eberhard Delius, Niels Kadritzke, Anne Duden, Helga Scheller, Angela Tieger, F. C. Delius).

gegen Moskau-DDR-DKP-Anhänger genauso wie gegen das maoistische Funktionärstum und gegen die Meinhof'sche Gefolgschaft. Dem Mainstream und den drei dummerweise als links geltenden Strömungen Moskau–Mao–Meinhof zu widerstehen, war in einem Meinungsbetrieb wie dem unseren ungeschriebenes Gesetz.

Ständige Überarbeitung, ständige Überforderung, viele Sitzungen, schlechte Bezahlung, das hält man freilich nicht endlos lange durch. Von den Gründern blieb einer dreieinhalb Jahre, ein anderer dreizehn, die meisten fünf, sechs Jahre im Verlag, dann wurden andere, weniger anstrengende oder selbständige Tätigkeiten gesucht. So kamen Nachfolger mit anderen Horizonten und frischen Ideen, die das Erbe des Kollektivprojekts angenommen und weitergegeben haben. Ich hatte mir von Anfang an ein Limit gesetzt. Zwei Jahre, das war versprochen, mache ich den literarischen Lektor, fulltime. Es wurden dann fünf.

Das Einzige, was mich, vom Gründungstag an, nicht recht glücklich stimmte, war der Verlagsname. In aller Hast hatte darüber entschieden werden müssen, aus Trotz und Ängstlichkeit hatten wir uns auf den bereits beim Buchhandel eingeführten Namen gestützt. Mitten im Zusammen- und Aufbruch im Frühsommer 1973, von Wagenbach bei Auslieferungsfirmen und im Handel als Rowdys und Bankrotteure diffamiert, meinten wir, es sei am besten, mit der bekannten, wenn auch nicht sehr originellen Marke Rotbuch zu starten. Etwas krampfhaft wollten wir damit auch demonstrieren, dass wir nicht so unpolitisch waren wie wir dargestellt wurden. Wir waren zu kaputt, zu wenig selbstbewusst, um schon die Phantasie spielen zu lassen. Wochen später sagte ein Autor: Warum nennt ihr euren Verlag nicht September Verlag?

Und das berühmte Lektorat, die autonome Majestät? Ganz einfach: Die Wagenbach'sche Zentralkomitee-Struktur wurde aufgelöst, Politik, wo es vorerst nur externe Berater gab, und Literatur getrennt. Das Kollektiv wählte für jeden Bereich einen Lektoratsausschuss aus drei Leuten, der vor Entscheidungen konsultiert wurde, las und mitbestimmte, aber nicht gegen die Lektoren Bücher durchsetzen konnte. Die Prozedur, zum Konsens zu kommen, war nur ausnahmsweise anstrengend und immer noch leichter, als mit einem oft launischen und unentschiedenen Verleger zu rangeln. In meinen fünf Jahren hat es keine ernstlichen Konflikte zwischen Kollektiv und Lektorat gegeben, kein wichtiges Buch wurde abgelehnt. Auch, soviel ich weiß, bei meinen Nachfolgerinnen Marlies Janz und Gabriele Dietze nicht.

Die Geschichte des Rotbuch Verlags, seiner Erfolge und Schwierigkeiten, werden andere schreiben. Ich möchte hier nur festhalten, dass die von Klaus Wagenbach bis heute verteufelte Mitbestimmung des Kollektivs bei Lektoratsentscheidungen äußerst produktiv gewesen ist. Sie hat, schon zu meiner Zeit, etliche Autoren, die bei Suhrkamp, Luchterhand, Bertelsmann, Rowohlt oder sogar bei ihm waren, nicht abgeschreckt, zum Rotbuch Verlag zu wechseln. Trotz oder wegen der Lektoratsverfassung ist hier einer der wichtigen Verlage für osteuropäische Dissidenten (etwa Carmen Francesca Banciu, György Dalos, Miklós Haraszti, Adam Michnik, Christian Skrzyposzek, Richard Wagner) entstanden und der erste Verlag, der die Literatur der Migranten wie Aras Ören, Emine Özdamar und Feridun Zaimoglu ernst genommen hat. Unter den Lektoren Niels Kadritzke, Marie Luise Knott, Otto Kallscheuer und Martin Bauer wurde er mit dem politischen, dem Sachbuchprogramm einer der führenden Umschlagplätze für kritische Meinungen, von Götz Aly und Hannah Arendt – ich lasse einige Dutzend bester Namen aus – bis Michael Walzer und Wolf Wagner. Dank Eberhard Delius blühte der politische Comic auf, nicht allein mit Gerhard Seyfried, dank Gabriele Dietze die Krimireihe. Große internationale Schriftsteller wie Didier Daeninckx, Dario Fo (lange vor dem Nobelpreis), Tahar Ben Jelloun, Agota Kristof, Dacia Maraini, Hernan Valdés, Jean Vautrin wurden hier zuerst auf Deutsch verlegt.

Für mich zählt am meisten die schöne Pointe, dass der Verlag genau dort am stärksten wurde, wo mir 1973 von Wagenbach totale Unfähigkeit bescheinigt worden war, bei der deutschsprachigen Gegenwartsliteratur. Trotz oder wegen der Lektoratsverfassung wurden im Rotbuch Verlag der siebziger und achtziger Jahre mehr Autoren entdeckt, durchgesetzt und oft auf die Bestenlisten gebracht als in anderen Verlagen vergleichbarer Größe: Kurt Bartsch, Alfred Behrens, Pieke Biermann, Rolf Bossert, Thomas Brasch, Thea Dorn, Anne Duden, Adolf Endler, Christian Geißler, Karl Mickel, Libuše Moníková, Bodo Morshäuser, Heiner Müller, Herta Müller, Helga M. Novak, Aras Ören, Emine Özdamar, Karin Reschke, Ronald M. Schernikau, Peter Schneider, Stefan Schütz, Jürgen Theobaldy, Birgit Vanderbeke, Michael Wildenhain, Peter-Paul Zahl, Dieter E. Zimmer, Feridun Zaimoglu – um nur einige zu nennen. Diese Liste nicht nur der Erinnerung wegen, sondern um zu zeigen: das bis zum heutigen Tag gepflegte Horror-szenario eines mit dem Kollektiv kooperierenden Lektorats – ein Windei, ein Ablenkmanöver, eine Ausrede, Lärm um nichts.

Mit Peter Schneider im Rotbuch Verlag 1976.

Als die Bücher noch geholfen haben – am Ende waren die RAF-Bücher vielleicht doch zu etwas gut. Ohne sie hätte es den fälligen Krach, schätze ich, erst zwei, drei Jahre später gegeben. Dank dieser Bücher konnte Wagenbach seinen Kollektiv-Irrtum schneller abschütteln, konnten wir früher aus dem Irrtum lernen, dass man ein Verlagskollektiv, wenn schon, dann nicht mit Leuten machen darf, die es nicht wollen. Die RAF-Bücher haben die Entstehung von drei respektablen Verlagen beschleunigt. Klaus Wagenbach konnte, nach ein paar blassen Jahren und einem zweiten Krach mit der kompletten nächsten Mitarbeitergeneration inklusive Dreßen, zu seinen eigentlichen Stärken zurückfinden und ein bedeutendes Verlagshaus ausbauen. Katia Wagenbach hat, nach der Trennung von Klaus Wagenbach, die Friedenauer Presse neu etabliert. Und Rotbuch hat immerhin fast zwanzig Jahre bewiesen, dass auch mit kooperativen Arbeitsformen verlegerische Erfolge möglich sind, sogar die Entdeckung einer Unbekannten aus einem fernen, unbekannten Land, die fünfundzwanzig Jahre später den Nobelpreis erhält.

Die Farce zum Schluss: Nicht einmal das unwürdige Ende des Verlags im Dezember 1993 kann man «dem Kollektiv» anlasten, sondern, wie die Ironien so spielen, der erfolgten Teilprivatisierung: Einer unserer Nachnachfolger hatte zuerst eine hohe Summe in den Verlag gesteckt und wollte sie dann wiederhaben. Das war das Ende des 68er-Experiments und führte zur mehrfachen Verhökerung des Labels Rotbuch.

Und ich? Wahrscheinlich hätte ich ohne die Erfahrung der verlagsinternen RAF-Repression nicht genügend Zorn, Gelassenheit und Energie gehabt, gleich nach meiner Verlagszeit die Romane «Ein Held der inneren Sicherheit» (1981), «Mogadischu Fensterplatz» (1987) und «Himmelfahrt eines Staatsfeindes» (1992) zu schreiben.

III. Literatur vor Gericht

> *«Ein Siemens-Konzern, der vor Gericht*
> *gehen muss, bestätigt die Wirksamkeit von Literatur.»*
> (Walter Jens)

Der Siemens-Prozess gegen die Siemens-Festschrift

Ein «Übeltäter am Worte»

Im Oktober 1971 fuhr ich, achtundzwanzigjährig, im D-Zug mit zwei Koffern und einer Schreibmaschine von Berlin nach Rom. Ein Koffer war mit Kleidung, ein anderer mit Büchern, Zeitschriften und Notizen zum Thema Siemens gefüllt. Zehn Monate unbezahlter Urlaub vom Verlag, weil Heinrich Böll und Fritz J. Raddatz, wie ich viel später erfuhr, in der Jury des Villa-Massimo-Stipendiums entschieden hatten, Hermann Peter Piwitt und mich an den Traumort deutscher Künstler nach Rom zu schicken. Ich hatte mir viel vorgenommen.

Alle Welt redete vom Kapitalismus, viele hantierten mit diesem Wort und waren sicher, ihn bald abschaffen zu können, am liebsten übermorgen. Ich aber wollte mich einige Monate mit der Frage aufhalten: Wie funktioniert dieser Kapitalismus konkret, am Beispiel einer Firma? Gleichzeitig hatte ich einen ehrgeizigen literarischen Anspruch im Kopf: Gibt es außer Roman und Theaterstück, wo man personalisieren muss, noch andere literarische Formen, mit denen eine so extrem spröde Materie wie «die Wirtschaft» sprachlich angemessen, vielleicht sogar vergnüglich zu fassen wäre? Die Formidee der Festschrift schien eine Lösung für beide Probleme zu versprechen, ich musste mich nur in einen von Siemens beauftragten Festschriftsteller verwandeln, der die Geschichte und Aktivitäten des Konzerns fast besinnungslos rühmt und in seinem Eifer auch vieles ausplaudert, was in Festschriften normalerweise verschwiegen wird.

Eine Festschrift entsteht. Rom, Villa Massimo 1972.

So saß ich bald in der Villa Massimo, näherte mich der italienischen, der römischen Kultur, der ungewohnten Sprache, den ungewohnten politischen Temperamenten und dem – Anfang der siebziger Jahre – noch ungewohnten Essen, aber schrieb fast nichts darüber. Draußen blauer Himmel, und im riesigen Atelier wühlte ich mich durch Firmenschriften, Bilanzen, historische Werke, berechnete aufregende Zahlen (ohne Taschenrechner) und übersetzte das gefundene Ziffern- und Faktenmaterial in satirische Sätze. Die Arbeitszeit war nicht nur durch den unbezahlten Urlaub begrenzt. Im Oktober 1972 stand das hundertfünfundzwanzigjährige Firmenjubiläum der Siemens AG bevor, dann sollte das Buch erscheinen, also spätestens zum 1. Juli fertig sein, acht Monate Akkord.

Die Firma Siemens war übrigens nur zufällig Gegenstand der Festschrift. Zuerst gab es die Überlegung, nach «Wir Unternehmer» (1966) einen dokumentarischen Text über irgendeinen großen deutschen Konzern zu schreiben. Es sollte allerdings nicht einer mit einem ohnehin negativen Image sein wie Flick oder Krupp, das wäre zu billig gewesen. Nachdem in einem Gespräch mit Yaak Karsunke die Idee der Festschrift auftauchte, suchte ich ein Unternehmen mit bevorstehendem Jubiläum. Ich hatte keine besondere Hassliebe oder Vorliebe für Siemens, ich hätte, wenn für 1972 oder 1973 ein Jubiläum von Daimler, Mannesmann oder AEG zu erwarten gewesen wäre, auch einen dieser Konzerne wählen können. Die Entdeckung, dass die Firma Siemens & Halske am 1. Oktober 1847 gegründet wurde, also bald ihren hundertfünfundzwanzigsten Geburtstag zu feiern hatte, gab schließlich den Ausschlag. Erst daraufhin hatte ich mich bei der Siemens AG, bei Günter Wallraff, bei Betriebsgruppen und in Bibliotheken um Material und Informationen bemüht, mich des Näheren mit der Firma vertraut gemacht und eine Siemens-Aktie im Nennwert von DM 50,– gekauft.

In Rom wühlte ich mich also durch fremde, spröde, unbiegsame Wörter, schliff sie, drehte sie, zerschnitt sie, kitzelte sie. Ich versuchte, Herr über diese scheußlichen, extrem unpoetischen, unliterarischen Wörter zu werden, bis einige Funken und etwas Witz aus ihnen schlugen. Kein Wirtschaftsfachmann, musste ich mehr als allem andern meiner Sensibilität gegenüber den Wörtern trauen. Aber ich war besessen, ein ehrgeiziges Projekt zu realisieren: Ist es möglich, die Vergangenheit und die aktuellen Tätigkeiten des größten deutschen Wirtschaftsunternehmens mit damals dreihunderttausend Mitarbeitern und einer unendlichen Produktpalette mit dem schlichten Mittel der Wörter zu erfassen, noch dazu kritisch? Es gab wahrlich schönere Tätigkeiten unter dem Himmel von Rom, und doch soll niemand sagen, das sei keine literarische Tätigkeit gewesen.

Ein Lyriker versucht die Ökonomie zu verstehen. Villa Massimo 1972.

«Ein Dichter», sagt Elias Canetti, «wäre also einer, der von Worten besonders viel hält, sich unter ihnen so gern, ja vielleicht lieber umtut als unter Menschen, sich *beiden* ausliefert, aber doch mit mehr Vertrauen den Worten, diese von ihren Sitzen wohl auch herunterzerrt, um sie mit umso größerem Aplomb wieder einzusetzen, sie befragt und betastet, streichelt, zerkratzt, hobelt, bemalt, ja, dazu imstande ist, nach all seinen intimen Frechheiten sich in Ehrfurcht vor ihnen wieder zu verkriechen. Selbst wenn er, wie oft, als Übeltäter am Worte erscheint, so ist er auch dann ein Übeltäter aus Liebe.»

Wir, unser, uns

«Unsere Siemens-Welt» ist im unternehmerischen Wir-Stil verfasst, das längste Kapitel heißt «Unsere Geschichte» mit diesen Unterkapiteln: «Offiziersrock, Erfindergeist und Unternehmertat – Herrschergunst und Führungskunst – Marketing und Kriegsgeschäfte – Frieden und Unfrieden in der Gründerzeit – Der Kampf um die Führung – Streiks und neuer Siemens-Geist – 1. Weltkrieg: Sieg der Wirtschaft – Die Rettung des Unternehmertums – Die Expansion der zwanziger Jahre – Taktvolles Engagement für die nationale Bewegung – Große Aufrüstung und innerer Widerstand – 2. Weltkrieg: Stolze Leistung in schwerer Zeit – Zusammenbruch und neue Zukunft.» Auf die Geschichte folgen die Kapitel «Unsere Technik, unsere Produkte, unsere Größe», «Unsere Auslandserfolge», «Unsere Öffentlichkeitsarbeit», «Unsere Führungskräfte», «Unsere Mitarbeiter» sowie ein «Blick in die Zukunft».

Das Geleitwort beginnt mit den Sätzen: «Das vorliegende Buch ist weder von der Siemens AG autorisiert noch in ihrer Verantwortung geschrieben. Es handelt sich vielmehr um einen freiwilligen Festbeitrag eines freien Siemens-Forschers zum 125jährigen Bestehen dieses Unternehmens ...» Es folgen zwei satte satirische Absätze, dann der Hinweis: «Der Verfasser ist sich des Mangels bewußt, daß ihm weder das Siemens-Archiv noch Akten oder sonstige unveröffentlichte Dokumente zur Verfügung standen und er sich lediglich auf öffentlich zugängliche Informationen und eigene Recherchen stützen konnte. Selbstverständlich hat er keine Zahl, kein Faktum, keinen Vorgang erfunden – aber solange ihm die Akten und Archive der Firma nicht offen stehen, kann er begreiflicherweise keine Gewähr für die *absolute* Richtigkeit und Vollständigkeit der Angaben übernehmen. Im Bestreben, diese Schrift möglichst breiten Kreisen zugänglich zu machen, mußte leider auf eine angemessene repräsentative Ausstattung verzichtet werden. Möge der reiche innere Gehalt des Buches für seine äußere Bescheidenheit entschädigen!» Deutlicher geht es nicht, dachte ich.

David gegen Goliath?

Kurz nach der Auslieferung der ersten Auflage begann im November 1972 der Feldzug der Siemens AG gegen die von ihr nicht bestellte Festschrift «Unsere Siemens-Welt». Zunächst mit dem Antrag auf Erlass einer einstweiligen Verfügung, dann mit einer Klage beim Landgericht Stuttgart, weiter ging es mit einer Berufung beim dortigen Oberlandesgericht, und am Ende, nach drei Jahren, wurde ein

Vergleich geschlossen. Es gab keinen Sieger nach Punkten. Neun von neunzehn umstrittenen Formulierungen mussten «unterlassen», also geschwärzt werden, zehn konnten unversehrt stehenbleiben. In dem Vergleich verzichtete Siemens auf Schadensersatz, wir – der Rotbuch Verlag und ich – auf die Fortsetzung des Prozesses beim BGH. Wir galten als die moralischen Sieger und hätten wohl in Karlsruhe die besseren Chancen gehabt. Für den Konzern war es eine Niederlage, dass die Festschrift trotz aller Anti-Festschrift-Kampagnen fast ungeschoren blieb und durch den Prozess nur aufgewertet und allgemein bekannt wurde. Für uns lag die Niederlage in der hohen Kostenlast (knapp 37 000 DM) und dem kostenbedingten Prozessabbruch.

In diesem spektakulären und von der Presse viel kommentierten Verfahren, das bis 1976 dauerte, bündelten sich mehrere Fragen und Streitfragen: Die Freiheit der Kunst ebenso wie die historische Forschung über die Zusammenarbeit großer Firmen mit den Nationalsozialisten, und das vor dem Hintergrund der hysterischen Jahre der RAF-Prozesse in Stammheim und der Politisierung der Literatur. Die Feinheiten der Satire wurden ebenso behandelt wie die Deutungshoheit der Konzerne über ihre eigene Geschichte. Die Grenzen der Justiz bei der Beurteilung von Literatur wurden ausgelotet, Details der Arbeitsbedingungen bei Siemens, die Sorgfaltspflicht von Publizisten, die Rolle der Rüstungsindustrie. Von Zwangsarbeitern und elektrotechnischen Anlagen in Auschwitz über die Lehrlingsausbildung bis hin zu Bierpreisen in der Kantine und Thomas Manns «Lotte in Weimar» reichte das Spektrum der Erörterungen.

Der Druck, von der Siemens AG beziehungsweise den

damals im großdeutschen Machtbereich Beschäftigten mit den heute im Inland Beschäftigten vergleicht, bis heute nicht wieder ereicht ist (1971: 234 000). Freilich gehörten der großen Siemens-Familie nicht nur freie deutsche Lohnarbeiter, sondern auch Juden und Ausländer an, die die Zeitumstände zu Sklaven gemacht hatten. Da nicht wenige von diesen in die Konzentrationslager eingewiesen wurden, herrschte eine für die kontinuierliche Produktion nicht sehr förderliche Fluktuation. So fügte es sich z. B., ██

████████████████ und so verstummten auch die Zeugen für die Beteiligung des Hauses an diesen unerfreulichen Zeiterscheinungen.

Wie andere große Konzerne hatte auch Siemens mehrere Firmen-Lager, die oft mit KZs verwechselt wurden. So beherbergte das Lager Berlin-Haselhorst etwa 2 500 Menschen, darunter Kinder von 10-14 Jahren, meist Ausländer, ████████████████████████████ ██ Den Häftlingen ging es nicht wesentlich schlechter als bei andern Firmen, sie verrichteten schwerste Arbeiten und konnten oft nur mit verfaulten Nahrungsmitteln durchgebracht werden. Jeden Monat wurden die jeweils 100 Schwächsten zwecks anderweitiger Verwendung ins KZ Sachsenhausen überführt. Die bis Anfang 1943 bestehenden Siemensschen Judenabteilungen waren bei den Juden durchaus nicht unbeliebt – bis auch hier der Staat sein bitteres Machtwort sprach.

Trotz aller dieser verzweifelten Maßnahmen war der Krieg nicht zu gewinnen. Das Verhängnis nahm seinen Lauf. Der Hitlerismus wurde immer problematischer – das sollte sich besonders nach dem 20. Juli 1944 zeigen, als der blanke Terror des Regimes auch die Siemens-Vorstände zu beunruhigen begann. Während die feindlichen Bomber das Reich und seine Produktion zerstörten, während die fremden Truppen immer näher rückten, einzelne Betriebe ausgelagert wurden und die bange Erwartung der Niederlage die Skeptiker quälte, bemühte sich Siemens noch um die mit komplizierten elektrischen Einrichtungen ausgestattete Raketen-Wunderwaffe, die die große Wendung bringen sollte. Aber für eine gründliche Erprobung war die Zeit zu kurz, die Katastrophe war nicht aufzuhalten, und in Trümmern, Blut und Tränen gingen so manche Ideale und Illusionen unter.

Zusammenbruch und neue Zukunft

Deutschland lag am Boden und mit ihm die deutsche Industrie. Einige der Siemensschen Wehrwirtschaftsführer machten durch Selbstmord ihrer Verzweiflung ein Ende. Andere schmachteten in Lagern der Sieger. Durch Zerstörungen und Auslandsverluste, durch entwürdigende Demontagen und Beschlagnahmungen war das Gesamtvermögen des Hauses auf ein Viertel seines letzten Wertes geschrumpft – das Aufbauwerk eines Jahrhunderts schien vernichtet. Doch in dieser Not sollte der Geist des Hauses seine schönste Bewährungsprobe bestehen. Denn die überwiegende Mehrzahl der Siemensianer blieb dem Hause auch in seinem tiefsten Unglück treu. Die Mitarbeiter, die noch in den letzten Kriegs-

29

Seite 29 der «Siemens-Welt» nach dem Urteil des OLG Stuttgart.

Gerichten in die Knie gezwungen zu werden, spornte den Verlag – zuerst Wagenbach, ab 1. Juli 1973 Rotbuch – und mich zu einem Widerstand an, der neben den juristischen Äckern vor allem auf den literarischen und historischen Feldern geführt werden musste. Ich wollte um mein Buch und nicht um sogenannte Fakten streiten – und musste dann doch um sogenannte Fakten streiten. Die Berichterstattung über den Prozess und damit über die Nazi-Vergangenheit des Konzerns schlug sich positiv für unsere Auflage, negativ für Siemens nieder.

Ich habe versucht, offensiv vom literarischen Standpunkt her zu argumentieren, denn ich fühlte mich moralisch im Recht, weil ich ohnehin nur mit bereits veröffentlichtem Material gearbeitet, nichts Neues behauptet und nichts erfunden hatte, weil ich bei allem Spaß an der Frechheit die uralten Regeln der Satire befolgt hatte, weil ich glaubte, dass mein Mittel, die satirische Sprache, letztlich stärker sei als die Macht des Geldes und der Juristen. Im Kampf David gegen Goliath ist David so unglücklich nicht. Das Recht auf kritische Literatur, auf Satire war zu vertreten und zu verteidigen, für mich, für die Schriftstellerzunft und für die Öffentlichkeit.

Guter Ton damals, guter Ton heute

Heute gehört es zum guten Ton, dass Konzerne (wie Quandt, Boss, Krupp) oder wichtige Institutionen (wie das Auswärtige Amt, die Max-Planck-Gesellschaft, sogar der BND) Historiker beauftragen, die Aktivitäten ihrer Vorgänger in der Nazizeit zu erforschen und öffentlich zu machen.

Das war in den frühen siebziger Jahren völlig undenkbar. Viele der ehemaligen Wirtschaftsnazis saßen in Aufsichtsräten und hatten oft noch starken Einfluss. Aber auch bei den Jüngeren galt der Glaube: Die Wirtschaft ist sauber geblieben. Über die Verbrechen gegen die Juden wusste man einigermaßen Bescheid, aber dass die Verbrechen der Nazis und der Krieg für alle Großfirmen höchst profitabel gewesen waren, dass es Zwangsarbeiter gegeben hatte und den KZs angeschlossene Betriebe, wurde nicht thematisiert. Man begnügte sich mit der Ausrede, dass einige wenige Leute «verstrickt» waren, natürlich gegen ihren Willen. Dies Sakrileg zu verletzen, galt 1972 als kommunistisch. Hätten Mitglieder der Quandt-Familie damals öffentlich so gesprochen wie heute die Enkel über ihren Großvater, sie wären ebenfalls als Kommunisten abgetan worden. Noch fünfundzwanzig Jahre hat das Zwangsarbeiter-Tabu gegolten, bis sich «die deutsche Wirtschaft» zu einem äußerst bescheidenen Entschädigungsfonds durchringen konnte für die wenigen, die Ende der neunziger Jahre noch am Leben waren.

Um 1970 gab es nur vereinzelt kritische oder halbkritische Darstellungen von Firmen während der Nazizeit, verfasst von Sachbuchautoren, Bernt Engelmann hat hier Verdienste. Bundesdeutsche Archive waren verschlossen oder gesäubert, Wirtschaftshistoriker nur ausnahmsweise mutig. Oder es waren nicht immer solide arbeitende DDR-Historiker am Werk wie Eberhard Czichon, der die Karriere des bekanntesten Bankiers der sechziger und siebziger Jahre, Hermann Josef Abs, unter und mit den Nazis dokumentiert und beschrieben hatte. (Ein materialreiches Buch, jedoch mit einigen unzulässigen Übertreibungen, Fehlschlüssen oder Fälschungen, die dann vor Gericht zurückgewiesen wurden und damit andere skandalöse Fakten über Abs in den Hintergrund treten ließen.)

Wenn ich mich heute dagegen wehre, für einen der Vorreiter auf dem Sektor der kritischen Firmengeschichten gehalten zu werden, dann nicht aus Koketterie. Denn das war keine Absicht, es war nur ein Nebeneffekt, aus jugendlicher Unbekümmertheit. Ich wollte eine Satire schreiben und «den Kapitalismus» (am Beispiel einer zufällig gewählten Firma) mit ein paar Fragen belästigen, Fragen nach den Ursachen von Erfolgen, nach dem Zusammenhang von großartigen Erfindungen und Gewinnen, die zu einem nicht geringen Teil auf Kartelle, Korruption und Kriege zurückzuführen waren. Dafür musste ich Material suchen und habe es in Büchern oder Zeitschriften gefunden. Es war sehr unvollständig, aber vorhanden, es hatte nur noch niemand aufgelesen, zusammengestellt, geschweige denn auf die Fallhöhe einer Satire gehoben.

Warum ging Siemens vor Gericht?

Was hatte «Unsere Siemens-Welt» bewirkt, dass der Vorstand Anwälte bestellte? Wie kam es, dass ein Weltkonzern, der mit an den wichtigsten Schalthebeln der bundesdeutschen Industrie saß, auf vielen Gebieten der Technologie zur Spitze gehörte und schon damals mehr Auslandsvertretungen hatte als die UNO Mitgliedsstaaten, wie kam es, dass ein solcher Weltkonzern auf ein solches Büchlein wie eine Mimose reagierte?

Der Anstoß, zum Gericht zu laufen, schien weniger vom Vorstand oder Aufsichtsrat als von der Familie Siemens ausgegangen zu sein. Die Familie hatte hier noch etwas zu sagen. Ihre Vorzugsaktien hatten das sechsfache Stimmrecht (damit hatte sie weit mehr als die nötige Sperrminorität), Peter von Siemens war gleichzeitig Familien- und Aufsichtsratschef. Kurz nach Erscheinen des Buches versammelte sich die Familie zur Beratung. Man beschloss, sich die Respektlosigkeit vor dem heiligen Namen Siemens nicht gefallen zu lassen und den Vorstand zu beauftragen, mit allen Mitteln gegen Autor und Verlag vorzugehen. Ein Münchner Bekannter, der mit einem eher «schwarzen Schaf» der Familie Siemens befreundet war, informierte mich: «Man hat da deinen Tod beschlossen.» Einen «Tod» sicher nicht per Gift, Röntgenstrahlen oder siemensgeleitetem Starkstrom, sondern durch wohlkalkulierten Einsatz der herkömmlichen Machtmittel eines Großkonzerns.

Der Entschluss, vor Gericht zu ziehen, dürfte aus vier Gründen gefallen sein: 1. Man hatte das Buch und vor allem die Passagen über die Nazizeit als persönliche Beleidigung verstanden. 2. Man befürchtete die Verbreitung siemenskritischer Gedanken bei Firmenangehörigen und damit Schädigungen der «Haus»-Ideologie (der Personalchef hatte sich veranlasst gesehen, «für den oberen Führungskreis des Hauses Siemens» ein vierseitiges Informationsblatt herauszugeben, wie man sich bei Diskussionen über das Buch zu verhalten und wie zu argumentieren habe). 3. Man fürchtete Imageverluste in der Öffentlichkeit. 4. Man wollte ein Exempel statuieren.

Es muss viel Emotion im Spiel gewesen sein, um die Bedenken beiseitezuschieben, dass ein Prozess vor allem Aufsehen und Werbung für das Buch bedeutet.

Ein Konzern zieht eine solche Kampagne, wenn er sie schon führt, nicht dilettantisch durch. Das strategische Ziel – das Buch muss allgemein als lügenhaftes, gemeines, kommunistisches, ja terroristisches Machwerk angesehen werden und möglichst rasch vom Markt verschwinden – versuchte man auf zwei Wegen zu erreichen, dem der Justiz und dem der ökonomischen Macht.

Der renommierte Presserechtler Dr. Löffler stellte am 14. November 1972 einen Antrag auf Einstweilige Verfügung ohne mündliche Verhandlung wegen vier Stellen des Buches. Die 17. Zivilkammer des Landgerichts Stuttgart setzte trotzdem eine mündliche Verhandlung an. In diesem Verfahren wurden die Positionen der beiden Seiten bereits abgesteckt, die sich im Laufe des langen Prozesses grundsätzlich nur wenig geändert haben.

Die Siemens-Seite argumentierte, die Festschrift, ein schwarzes Quartheft (Nummer 59) des Verlags Klaus Wagenbach Berlin, trage das Gewand einer aus dem Haus Siemens stammenden Festschrift. «In Wirklichkeit handelt es sich bei dieser angeblichen Festschrift um eine ‹antikapitalistische› Tendenzschrift, in der in grob wahrheitswidriger Weise der Versuch unternommen wird, das Haus Siemens als Prototyp ‹des westdeutschen Kapitalismus› zu verteufeln.»

Der Vorbehalt im Geleitwort, der Verfasser könne keine Gewähr für die *absolute* Richtigkeit der Angaben übernehmen, berühre die rechtliche Haftung nicht. Die unwahren und diffamierenden Behauptungen würden als absolut feststehende Fakten vorgetragen. Auch die Form der Satire be-

171

freie nicht von dieser Haftung, da sie nur «Deckmantel» für handfest verleumderische Tatsachenbehauptungen sei. Die Festschrift sei «nur ein einzelnes Glied in einer Kette von politisch gesteuerten Versuchen, durch moralische Diffamierung des zweitgrößten Unternehmens der Bundesrepublik deren ‹bürgerlich, kapitalistische› Gesellschaftsordnung zu ‹verunsichern›». Das Buch enthalte viele Behauptungen, die «für den in Geschichte, Wirtschaft und Recht einigermaßen bewanderten Leser schon auf den ersten Blick den Stempel der Lüge auf der Stirn» trügen. Trotzdem beschränkten die Antragsteller ihren Unterlassungsanspruch auf wenige Punkte, um eine Verschleppung des Verfahrens und einen Missbrauch zu politischer Propaganda zu vermeiden. Es folgten Beweise für die Unwahrheit von vier Punkten. (Zwei davon bezogen sich auf den Aufsichtsrat Hermann Josef Abs, der kurz zuvor mehrere Behauptungen des Historikers Czichon über ihn mit dem gleichen Anwalt beim gleichen Gericht widerlegt hatte. Zwei davon tauchten in meinem Buch auf, ich hatte in Rom nichts von dem Urteil mitbekommen, deshalb haben wir die beiden Abs-Stellen sofort korrigiert.)

Unsere Position wurde von Anwalt Albert Gerhardt so vorgetragen: Die Politisierung des Verfahrens durch die Antragsteller und ihr Suggerieren einer Parallelität zum Czichon-Prozess diene nur der Ablenkung vom massiven Angriff auf die Freiheit der Kunst. Die Festschrift entspräche der herkömmlichen Definition von Satire und sei ein Kunstwerk im Sinne des Art. 5 Abs. 3 GG. Nach den Grundsätzen des Bundesverfassungsgerichts («Mephisto-Urteil») könne die Freiheit der Kunst nur dann eingeschränkt werden, wenn die in Art. 1 GG (Menschenwürde) und Art. 2

GG (allgemeines Persönlichkeitsrecht) garantierten Rechte verletzt seien. Auf die Siemens AG seien diese Rechte nicht anwendbar, da sie keine natürliche Person sei.

«In der Festschrift geht es nicht nur um die allgemeine literarische Verfremdung, hinzu kommt die satirische Verfremdung, von der buchstäblich jede Zeile trieft. Schon die Titelgebung ... läßt den Leser keinen Moment zweifeln, daß es sich hier nicht um eine reale Festschrift des Hauses Siemens, sondern um eine Satire auf Festschriften und die Selbstdarstellung von Konzernen ganz allgemein handelt. Durch diese satirisch-literarische Verfremdung ist aber von vornherein jede Aussage im Buch auf eine andere Wirklichkeitsebene gestellt ...» Auch nach Meinung des Verfassungsgerichts sei es unzulässig, einzelne Sätze aus Kunstwerken herauszunehmen und sie wie Meinungsäußerungen zu behandeln und auf ihren Wahrheitsgehalt zu untersuchen. Im Übrigen träten wir für die zwei «Behauptungen» hilfsweise den Wahrheitsbeweis an, die Abs-Sätze würden sofort geändert.

Drucken, Binden und Vertreiben

Gleichzeitig bekamen wir die Mittel des ökonomischen Drucks, der Politisierung und der Einschüchterung zu spüren.

Ökonomischer Druck: Hohe, allerdings übliche Streitwerte (hunderttausend Mark und zweihunderttausend Mark) und unzählige Zeugennennungen sollten unsere Kostenbelastung untragbar machen. Die Höhe der Streitwerte habe ich mir damals am minimalen Umfang der angegriffenen – neunzehn – Stellen vergegenwärtigt und danach spaßeshalber den Streitwert des *ganzen* Buches errechnet: fünfzig Millionen Mark!

Politisierung: Durch die Taktik der Verunglimpfung versuchte der Anwalt, Vorurteile der Richter zu wecken und zu suggerieren, links und lügenhaft seien das Gleiche. Das ging bis zu der indirekten Unterstellung, Verlag und Autor seien ja nur ein Instrument der DDR-Propaganda – andererseits sollten wir auch noch für die Aktionen der Baader-Meinhof-Gruppe und der «Bewegung 2. Juni» verantwortlich sein. Zwei Kostproben: «Das Ziel der von der Beklagten zu 2) (Wagenbach Verlag) verlegten Literatur ist, die in der Bundesrepublik bestehende Gesellschaft umzustürzen, mit Gewalt zu liquidieren, mit Gewalt einschließlich Raub und Mord. Diesem Ziel werden alle anderen Werte untergeordnet. Die Schrift des Beklagten zu 1) (Delius) ist ein Mosaikstein im Rahmen dieses Gesamtprogramms. So und nur so läßt sich der wirkliche Gehalt der ‹Festschrift› erfassen.» – «Die wirkliche Alternative besteht einzig und allein in der Frage, ob es hinnehmbar ist, daß jemandem, der vielleicht einigen Einfallsreichtum hat und der eine ganz flotte Feder schreibt, das Recht zuerkannt wird, die Allgemeinheit durch Unwahrheiten irrezuführen, Parolen auszugeben, die auf nicht existenten Fakten aufbauen, und so jedenfalls im praktischen Ergebnis zu der Verwirrung beizutragen, die zu Verbrechen wie etwa denen der Baader-Meinhof-Leute geführt haben.»

So ging das fast drei Jahre lang.

Einschüchterung: Als die zweite Auflage des Buches in Vorbereitung war, schickte der Siemens-Anwalt Briefe an die Druckerei, die Binderei und die Auslieferungsfirma des Verlages, denen er, juristisch haltlos, mit «voller zivilrechtlicher Haftung» drohte, wenn sie nicht ihre Arbeit einstellten. Die Siemens-Seite war genau über den Stand der Produktion informiert. Ihre Intervention war so abgestimmt, dass sie uns mit maximalen Kosten treffen sollte. Bevor noch die Richter gesprochen hatten, waren Produktion und Vertrieb verhindert oder erheblich erschwert worden – eine neue Binderei musste gefunden werden, Mitarbeiter des Verlags mussten selbst ausrücken und die Bücher in der Republik verteilen.

Unterlassen oder standhalten

Im Hauptverfahren klagte die Siemens AG, wie im Urteil des Oberlandesgerichts Stuttgart nachzulesen, gegen folgende «Behauptungen»:

1. «Die Klägerin könne in ihren Kernforschungszentren in relativ kurzer Zeit eine Atombombe herstellen und sei bei Bedarf dazu bereit.» (Am Ende konnte das stehen bleiben.)

2. «Die Klägerin arbeite mit der nordamerikanischen Firma Westinghouse seit vielen Jahren auf dem Gebiet elektrotechnischer Ausrüstungen für Waffen und Atomwaffen zusammen.» (Musste geschwärzt werden.)

3. «Die Klägerin habe 2000 Häftlinge und Fremdarbeiter zur Installierung des großen Vergasungskrematoriums im KZ Auschwitz eingesetzt.» (Musste geschwärzt werden.)

4. «Die Klägerin habe in ihrem Lager Berlin-Haselhorst Häftlinge beherbergt, die unter Aufsicht der Klägerin gestanden und oft nur mit verfaulten Nahrungsmitteln

hätten durchgebracht werden können, wobei jeden Monat die jeweils 100 Schwächsten zwecks anderweitiger Verwendung ins KZ Sachsenhausen überführt worden seien.» (Musste geschwärzt werden.)

5. «Die Deutsche Bank habe kurz vor dem ersten Weltkrieg im Einvernehmen mit der Klägerin der ökonomisch gesunden Bergmann Elektrizitätswerke AG die Kredite entzogen, um diese in die Hände der Klägerin zu bringen.» (Konnte stehen bleiben.)

6. «Die Klägerin habe während des ersten Weltkriegs über das neutrale Ausland auch die damaligen Feindstaaten beliefert. So habe die Klägerin wertvolle Siemens'sche Dynamobleche und Elektrokohle an dänische und norwegische Firmen zum Weiterverkauf an die englische Kriegsflotte geliefert.» (Konnte stehen bleiben.)

7. «Während der Zeit der Weimarer Republik habe die Klägerin Notverordnungen angeregt, welche die Ängste der breiten Masse vergrößert und diese für das Ideengut der NSDAP empfänglicher gemacht hätten.» (Konnte stehen bleiben.)

8. «Nach dem Stimmenrückgang der NSDAP bei den Wahlen vom November 1932 hätten führende Unternehmer, darunter der damalige Leiter des klägerischen Unternehmens, Carl F. von Siemens, den Reichspräsidenten Hindenburg in einem Brief aufgefordert, das Parlament aufzulösen und die Leitung der Regierung an Hitler zu übertragen. Dadurch seien die Weichen für Hitlers Machtergreifung gestellt worden.» (Konnte stehen bleiben.)

9. «Der Leiter des klägerischen Unternehmens, Carl F. von Siemens, sei spätestens seit November 1936 in die

Kriegspläne Hitlers mehr oder weniger eingeweiht gewesen.» (Konnte stehen bleiben.)

10. «Während des zweiten Weltkriegs seien die rentabelsten Elektrobetriebe der eroberten Länder dem klägerischen Unternehmen angegliedert worden.» (Musste geschwärzt werden.)

11. «Die Forschung und Entwicklung der Klägerin widme sich besonders intensiv den zukünftigen Rüstungsprojekten.» (Konnte stehen bleiben.)

12. «Die Vorstandsmitglieder und stellvertretenden Vorstandsmitglieder der Klägerin bezögen neben ihrem festen Gehalt einen zusätzlichen Bonus von 8 %, der nicht im Geschäftsbericht ausgewiesen sei.» (Musste geschwärzt werden.)

13. «Durch die relativ hohe Marktsättigung bei Konsumgütern sei die Klägerin gezwungen, ständig neue Produkte auf den Markt zu werfen und die Gebrauchszeit der alten Geräte zu kürzen.» (Konnte stehen bleiben.)

14. «Mehr als 80 % aller Arbeiterinnen der Klägerin würden vor dem Rentenalter berufsunfähig werden.» (Musste geschwärzt werden.)

15. «Die Gleichheit aller Beschäftigten, die die Klägerin anstrebe, bedeute für die Angestellten u. a. eine Angleichung an die Arbeitsbedingungen der Arbeiter. In naher Zukunft dürften auch die Angestellten der Klägerin mit der Stempeluhr und der Vorgabezeit, zumindest bei Büroarbeiten, konfrontiert werden.» (Konnte stehen bleiben.)

16. «Der Klägerin stünden bei der Lehrlingsausbildung nicht genügend Erziehungskräfte gegenüber. Außerdem setze die Klägerin ihre Lehrlinge betrieblich so stark ein,

daß nicht selten ein Drittel der Prüflinge die Abschluß-
prüfung nicht bestehe.» (Musste geschwärzt werden.)

17. «Die Klägerin lasse ihren Lehrlingen eine siemensspezi-
fische Stufenausbildung angedeihen, wodurch die Lehrlinge dank der sehr betriebsbezogenen Ausbildung an
das klägerische Unternehmen gebunden würden. Auch
würde die Klägerin durch ihre differenzierte Stufenausbildung bei ihren Lehrlingen frühzeitig Überlegenheits-
bzw. Unterlegenheitsgefühle entwickeln.» (Konnte stehen bleiben.)

18. «Noch in der Probezeit stehende Mitarbeiter würden
bei Krankheit meist sofort entlassen.» (Musste geschwärzt werden.)

19. «Die Klägerin kaufe, wenn eine Bierpreiserhöhung angekündigt sei, Zehntausende von Bierkästen zum alten
Preis auf und verkaufe sie dann zum höheren Preis an
ihre Mitarbeiter, um damit die Kassen des Hauses zu
stärken.» (Musste geschwärzt werden.)

Neunzehn Streitpunkte, und doch nur die Nebensache.
Also: Nachrecherchieren und trotzdem bei der Hauptsache
bleiben.

Was heißt Dokumentarsatire?

Der Konzern wollte unbedingt Gegenstand einer Tendenz-
oder Hetzschrift, nicht aber Gegenstand einer Satire oder
gar der Kunst sein. Das wird verständlich, wenn man sich die
herkömmliche Definition der Satire ansieht, wie sie Gero
von Wilpert in seinem «Sachwörterbuch der Literatur»
gegeben hat: «Literarische Verspottung von Mißständen,

Unsitten, Anschauungen, Ereignissen, Personen, Literatur-werken usw. je nach den Zeitumständen, allg. mißbilligende Darstellung und Entlarvung des Kleinlichen, Schlechten, Ungesunden im Menschenleben und dessen Preisgabe an Verachtung, Entrüstung und Lächerlichkeit, in allen lit. Gattungen ... meist mit didaktischem Einschlag, und in allen Schärfegraden und Tonlagen je nach der Haltung des Verfassers: bissig, zornig, ernst, pathetisch, ironisch, komisch, heiter, liebenswürdig. Stets ruft die S. durch Anprangerung der Laster die Leser zu Richtern auf, mißt nach einem bewußten Maßstab das menschliche Treiben und hofft, durch Aufdeckung der Schäden eine Besserung zu bewirken. Schiller, der in seiner Abhandlung ‹Über naive und sentimentalische Dichtung› die S. der Elegie gegenüberstellt, leitet sie aus dem Erlebnis der Diskrepanz zwischen Wesen und Erscheinung, Ideal und Wirklichkeit ab ...»

Noch weniger mochte man Objekt einer Dokumentarsatire sein, die – nach Ansicht unseres Gutachters Prof. Hans Mayer – seit Jahrhunderten mit den listigsten Mitteln vorgeht: «Stets erinnert er (der klassische Satiriker) ein bißchen an den Parteigänger einer fragwürdigen Sache, der so sehr voll Übereifer und übertriebenem guten Willen für die Sache eintritt, daß sie dadurch nur Schaden nehmen kann. Vor allem plaudert er, durch solchen Übereifer, die geheimen Motive und Pläne aus, die ausdrücklich verschwiegen bleiben sollen ... *Alle diese Elemente einer klassischen Satire liegen, wie mir scheint, bei diesem Text gleichfalls vor.* Jede Satire, wenn man so will, ist von jeher eine Dokumentarsatire. Aristophanes wählt die Dokumentarform als klassischen Komödiendialog, Swift verfaßt scheinbar ein hilfreiches Gutachten, Courier schreibt eine Bittschrift erbuntertäniger

Bauern. Schwejk wiederholt – begeistert – wörtlich die dummsten Propagandalosungen, die er eben dadurch zerstört.»

Die Kunst oder an ungeeigneter Stelle einen Tanz vorführen

Bei Siemens wusste man: Wird die Festschrift als Kunst anerkannt, dann fällt die ganze Klage in sich zusammen. Nachdem das Landgericht in seinem Urteil über die Einstweilige Verfügung der Festschrift «nicht von vornherein jeden Kunstwert absprechen» konnte und keinen Anhaltspunkt sah, uns «einen Missbrauch der Kunstform vorzuwerfen», ging die Siemens-Taktik der Politisierung des Prozesses ins Leere. So hatte man plötzlich vor der Kunst fast mehr Angst als vor unseren Wahrheitsbeweisen.

Also bestritten die Siemens-Anwälte erst mal aufs heftigste, dass die «Schmähschrift» ein Kunstwerk sei. «Es kommt maßgeblich auf den künstlerischen Gehalt des Kunstwerks an, der auf der freien schöpferischen Phantasie des Künstlers beruht. Gerade dieser schöpferische Gehalt fehlt aber bei einer Dokumentation (‹Dokumentarsatire›) … Die Wiedergabe der wesentlichen Fakten der Firmengeschichte der Klägerin in Dokumentarform ist keine schöpferische Gestaltung eigener Erlebnisse des Künstlers und demzufolge auch kein ‹Kunstwerk›.» Dass die Satire auch hier nur als «Deckmantel» für falsche Behauptungen diene, wurde mit einem Urteil von 1936 begründet.

Die Freiheit der Kunst gehört zu den ranghöchsten Grundrechten der Verfassung (Artikel 5, Absatz 3 des

Grundgesetzes). Doch die Definitionen der Justiz, was Kunst sei, sind wenig brauchbar, sogar für Juristen. Nicht nur wegen der unterschiedlichen Terminologie, nicht nur wegen der mangelhaften Kenntnis der Juristen von Kunstpraxis, sondern vor allem wegen der ausnahmslos idealistischen und individualistischen Betrachtungsweise von Kunst. So lautet 1971 die höchstrichterliche Kunstdefinition:

«Das Wesentliche der künstlerischen Betätigung ist die freie schöpferische Gestaltung, in der Eindrücke, Erfahrungen, Erlebnisse des Künstlers durch das Medium einer bestimmten Formensprache zu unmittelbarer Anschauung gebracht werden. Alle künstlerische Tätigkeit ist ein Ineinander von bewußten und unbewußten Vorgängen, die rational nicht aufzulösen sind. Beim künstlerischen Schaffen wirken Intuition, Phantasie und Kunstverstand zusammen; es ist primär nicht Mitteilung, sondern Ausdruck, und zwar unmittelbarster Ausdruck der individuellen Persönlichkeit des Künstlers.»

Diese Sätze stammen vom Bundesverfassungsgericht aus der «Mephisto»-Entscheidung. Der Persönlichkeitsausdruck ist gewiss *ein* zentrales Element der Kunstproduktion, mit dieser Verabsolutierung jedoch werden andere Kunstauffassungen eliminiert und die Weichen für weitere Missverständnisse gestellt. Die Vermittlungsfunktion von Kunst, die Darstellung sozialer, geistiger, politischer, ökonomischer Bewegungen und Zusammenhänge einer historischen Epoche, der Realitätsbezug von Kunst unabhängig vom Künstler – all das kommt hier nicht in den Blick.

Da die Siemens-Seite offensichtlich keine Germanisten, Literaturwissenschaftler oder Schriftsteller fand, die den Kunstcharakter der «Siemens-Welt» leugnen wollten, musste sie mit einem Soziologen (Spezialgebiet: Neid) vorliebnehmen und auf einen Ordinarius für Öffentliches Recht zurückgreifen, der auf hundertvierundzwanzig Seiten erklärte, warum die Freiheit der Kunst nur gegenüber dem Staat gelte, nicht aber gegenüber der Firma Siemens, in deren Gewerbebetrieb die Satire eingegriffen habe.

So wurde der Satire-Prozess selber zur Satire. Eins der besonders schönen Stücke lieferte der Siemens-Anwalt und große Presserechtler Löffler persönlich: «Selbst wenn», so die ständige Floskel, «die Schmähschrift» ein Kunstwerk sei, müsse es möglich sein, das Buch oder Teile daraus zu verbieten – und zwar nicht nur über die Grundrechte, sondern auch mit Hilfe des Zivilrechts:

«Ebenso wie eine Fronleichnamsprozession verboten werden kann, wenn sie in einem Seuchengebiet stattfinden soll, muß auch eine künstlerische Darbietung unterbunden werden können, wenn sie elementare Belange der Allgemeinheit nachhaltig stört ... Ergebnismäßig muß es deswegen auf der Ebene des Zivilrechts möglich sein und bleiben, einen Künstler daran zu hindern, z. B. fremdes Eigentum zu bemalen, ungebeten an ungeeigneter Stelle einen Tanz vorzuführen, durch Ausübung seiner Kunst die nächtliche Ruhe zu stören, Urheberrechte, Warenzeichen oder die Vorschriften des UWG zu verletzen oder – wie hier – den wirtschaftlichen Ruf und die persönliche Ehre eines anderen zu beeinträchtigen. An irgendeiner Stelle muß jedes grundsätzlich garantierte Freiheitsrecht vor den Rechten anderer haltmachen.»

Das Dilemma der Richter

Die Probleme eines Gerichts, den Kunstwert und die Kunstfreiheit eines solchen Buches juristisch in den Griff zu bekommen, hat Dieter E. Zimmer so benannt: «Nicht eingerichtet ist der Grundgesetz-Artikel 5 auf eine Kunst, die Tatsachen behauptet und Namen nennt: auf die erst später aufgekommene Dokumentar-Literatur. Formal fällt sie unter den auch Delius vom Gericht nicht vorenthaltenen Begriff Kunst, inhaltlich aber unter den Begriff Berichterstattung, die einen minderen Schutz genießt. Leidet schon der Begriff Kunst nach dem Grundgesetzkommentar von Ingo von Münch ‹unter der Schwierigkeit oder Unmöglichkeit seiner Definition›, so macht das Zusammenfallen von Künstlerischem und Faktischem die Sache noch komplizierter … »

Wie lösten die Stuttgarter Richter dieses Dilemma? Zunächst einmal verließen sie sich ganz auf sich selbst. Unsere mehrfachen Anträge, einen literarischen Fachmann als gerichtlichen Gutachter zu bestellen, der die spezifische Kunstform Dokumentarsatire genau untersucht, wurden nicht berücksichtigt. Leider verschaffte der allgemeine Eindruck, dass die Festschrift Kunst sei, noch keine Kenntnis über die Kriterien dieser Kunst. Das hatte zur Folge, dass man das Buch, seine Absätze, seine Sätze, seine Formulierungen zweiteilte: Da sollte es Kunst, da sollte es Tatsachenbehauptung sein.

Einer der lautesten Kritiker dieser Art Rechtsfindung war der angesehene ehemalige Präsident des Oberlandesgerichts Stuttgart, Richard Schmid. Ein großer Liberaler, der in Fachzeitschriften und Tageszeitungen, u. a. in der «Frankfurter

Rundschau», den Siemens-Prozess kommentiert hat. Seine Kritik an seinen Kollegen vom Landgericht beim Kunstaspekt hat Schmid so zusammengefasst:

«Das Gericht begeht jedoch ein paar grobe Denkfehler, als deren Folge die eben nominell bewilligte Kunstfreiheit sofort wieder so radikal beseitigt wird, daß nicht einmal die Freiheit der Meinung und Berichterstattung übrigbleibt. Es sagt ganz einfach, daß Unwahres nicht behauptet werden dürfe; und es beeinträchtige das Entfaltungsrecht des Künstlers nicht, wenn von ihm die Richtigstellung unrichtiger Behauptungen verlangt werde. Das Gericht schaltet plötzlich auf die Entfaltungsfreiheit des Künstlers um, obwohl zuerst die Frage zu stellen gewesen wäre, ob die Entfaltungsfreiheit der Firma Siemens beeinträchtigt ist. Auch wäre hier schon die Unterscheidung nötig geworden, ob es sich um Irrtümer oder um erfundene oder erlogene Behauptungen handelt; die letzteren verdienen sicher nicht denselben Schutz. Die Verweigerung der Kunstfreiheit besteht darin, daß vom Künstler das verlangt wird, wovon ihn das Grundgesetz eben freistellen wollte: nämlich sich wegen des Inhalts oder der Form seines Werks rechtlich verantworten zu müssen und vor Gericht gezerrt zu werden, zu Widerlegungen, zu Wahrheitsbeweisen und zu derlei Rechtfertigungen des Kunstwerks genötigt zu sein.»

Die Tendenz des Landgerichts, die Satire in fiktionale und nichtfiktionale Bestandteile zu zerlegen und getrennt zu bewerten, wurde beim Oberlandesgericht, bei den Nachfolgern des Richard Schmid, noch weiter schematisiert:

«Die Beklagten haben bewußt Tatsachenbehauptungen, die nach Art. 5 Abs. 2 GG nur begrenzt zulässig sind, mit nach Art. 5 Abs. 3 GG nicht beschränkbarer Kunst gekop-

pelt. Im Unterschied zu einem Roman ist es bei der Dokumentarsatire der Beklagten geboten, die einzelnen Aussagen
danach zu prüfen, ob sie Tatsachenbehauptungen auf der
Ebene der sogenannten realen Wirklichkeit sind …

Der Autor eines Textes kann daher den Schutz des Art. 5
Abs. 3 GG für die inhaltliche Aussage seines Textes nur beanspruchen, wenn der Text auch seinem Inhalt nach künstlerische Aussage, nicht wenn er bloße Meinungsäußerung
ist.»

Diese Scheinlogik führte dazu, dass die einzelnen von
Siemens angegriffenen Punkte zunächst daraufhin geprüft
wurden, ob sie Tatsachenbehauptungen oder satirisch seien.
Wenn ironische oder satirische Wendungen und vor allem
keine Zahlen vorlagen, galt die Behauptung als Satire, damit
als Kunst. Wenn «lediglich» Fakten oder präzise Angaben
vermittelt wurden, galt das als Tatsachenbehauptung. Solche Aufspaltung eines Kunstwerks ist juristisch (laut Bundesverfassungsgericht – auch Ferdinand Sieger hatte das in
seiner Kritik am Urteil des Oberlandesgerichts in der FAZ
und im ‹Börsenblatt des deutschen Buchhandels› deutlich
gesagt) fragwürdig, literarisch ohnehin. Man kann nicht
einzelne Sätze aus ihrem Zusammenhang, der hier immer
ein satirischer ist, herauslösen und als einfache Tatsachenbehauptungen unter die Lupe nehmen. Und selbst wenn
man nur in der Dimension der Formulierungen bliebe, ist
die Unterscheidung zwischen satirischen oder ironischen
Wendungen und informativen Mitteilungen nur bei wenigen Sätzen dieser Festschrift eindeutig zu klären. Die Elemente Kunst und Dokumentation verhalten sich zueinander
nicht wie Schwarz und Weiß oder wie die Elemente Feuer
und Wasser.

«Satiren müssen richtig sein», aber was heißt richtig?

Die gerichtliche und außergerichtliche Kampagne gegen das Buch wurde von Siemens und von siemensnahen Publizisten immer so begründet: Es gehe gar nicht darum, einen Autor mundtot zu machen, sondern nur um einige falsche Behauptungen, die richtiggestellt werden müssten, es gehe allein um die Wahrheit, Satiren müssten «richtig» sein. «Satiren müssen richtig sein», schrieb der «Zeit»-Verleger Gerd Bucerius in einem langen Artikel gegen seine deutlich liberaleren Feuilletonredakteure, die sich vorher siemenskritisch geäußert hatten. Siemens (und Bucerius) spekulierten auf eine gutgläubige Öffentlichkeit, die versteht, dass jeder sich wehren darf, der sich von einer Lüge betroffen sieht. Dafür musste die «Unwahrheit» durch ständige Wiederholung und Drastik ausgemalt werden:

Das Buch enthalte Unwahrheiten, falsche Behauptungen, «Behauptungen abenteuerlichster Art», «gänzlich freie Erfindungen», «üble Nachrede», «ideologisch motivierte Verleumdungsversuche», «Lügen», «Diffamierungen», «grob wahrheitswidrige Verteufelungen», «Verzerrungen», «Verfälschungen», «diffamierendes Licht», «erfundene Zitate», «eine Fülle unwahrer Behauptungen», «unrichtig wiedergegebene Sachverhalte», «schwerwiegende Unterstellungen», das Buch sei «ein Vehikel für falsche Informationen», «stellenweise ein Meisterstück an Gemeinheit» und dergleichen, so die Siemens-Anwälte.

Man versuchte den Eindruck zu erwecken, das ganze Buch bestehe mehr oder weniger aus Unwahrheiten, die Lüge gehöre unbedingt ins Stilgemisch der Dokumentarsatire. Dazu kam die Unterstellung, ich hätte bewusst und vorsätzlich Unwahrheiten eingestreut, um Siemens zu schaden, zu verteufeln usw.

Da Satiren natürlich «richtig» sein müssen, lohnt sich zu fragen, was an diesen Vorwürfen berechtigt war. (Dabei sei vorläufig die Frage eingeklammert, ob es in einer Satire, in einem Kunstwerk überhaupt Wahrheiten im Sinn von Tatsachenbehauptungen geben kann.)

Wie steht es also mit der Unwahrheit? Ein Team von Experten im Haus Siemens hatte wochenlang die Festschrift durchforstet und unter den vielleicht tausend, vielleicht zweitausend Zahlen, Fakten- und Datendetails des ganzen Buches immerhin neunzehn angeblich falsche Sätze, Halbsätze, Wörter oder Prozentzahlen gefunden. Ein winziger Bruchteil, der brauchbar war als Gegenstand einer Klage und als Vorwand für die Kampagne gegen das Buch. Hätte man mehr angebliche Unwahrheiten entdeckt, wären auch diese mit Sicherheit vorgebracht worden.

Was hat sich in den drei Prozessjahren wirklich als unwahr erwiesen? Von diesen neunzehn sind in der ersten Instanz fünf, in der zweiten noch einmal fünf abgewiesen worden (siehe oben: Punkt 1, 5, 6, 7, 8, 9, 11, 13, 15, 17). Diese Behauptungen hatten sich nach Ansicht der Richter als wahr herausgestellt oder wurden als erkennbar satirisch eingestuft oder galten als nicht kreditschädigend.

Da waren's nur noch neun. Aber auch diese «Behauptungen» sind nach Meinung der Richter nicht per se unwahr:
- Drei Punkte (10, 16, 18) stellten sich als übertrieben heraus: nicht repräsentative Einzelfälle seien verallgemeinert worden.
- Im Fall der Zwangsarbeiter (4) seien die Fakten wahr,

durch ihre Zusammensetzung entstehe aber ein falscher «Eindruck».

– Im Punkt Bonus (12) stimmen die Fakten, nur der Begriff Bonus ist aktienrechtlich falsch.

Fünf weitere Punkte also, die nicht unwahr sind und die ohne weiteres hätten durchgehen können, wenn die Richter zu Hause einmal ihren Brockhaus aufgeschlagen und zur Kenntnis genommen hätten, dass die Übertreibung zum wesentlichen Charakteristikum der Satire gehört.

Und die übrigen vier Punkte? Zwei davon gewichtig (2 – Waffen mit Westinghouse, 3 – Installierungen in Auschwitz), einer (14 – Berufsunfähigkeit) eine Frage der Statistik, einer (19 – Bierpreise) banal.

Vier «unwahre» Punkte und fünf Übertreibungen, das war das ganze Ergebnis eines dreijährigen Manövers gegen Autor und Verlag, gegen Grundrechte und Presserechte, gegen liberale Juristen und Redakteure, gegen lesende Betriebsangehörige und – gegen das Image von der heilen Siemens-Welt.

Trotzdem: vier Punkte sind unwahr, fünf übertrieben. Damit war die Frage nach Wahrheit oder Unwahrheit noch lange nicht beantwortet – da fing sie erst richtig an. Denn nur in einem Fall musste der Autor sich selbst einen Vorwurf machen: die Benutzung des Begriffes Bonus in Unkenntnis aktienrechtlicher Details. Ein einziger und, wie man mir zugestehen könnte, doch lächerlich winziger Fehler!

Denn alle übrigen Behauptungen, die das Oberlandesgericht zu unterlassen aufgab und die wir im Buch geschwärzt haben, sind zuerst von anderen Autoren, Zeitungen oder Zeitschriften publiziert worden, ohne dass die Siemens AG dagegen etwas unternommen hätte. Vier dieser Punkte waren in Büchern veröffentlicht, die auch nach dem Prozess noch lange unbeanstandet verkauft wurden.

Fehler anderer Recherchen hatte ich von Anfang an nicht ausschließen können. Und deshalb im «Geleit» gesagt, der Festschriftsteller könne «keine Gewähr für die *absolute* Richtigkeit und Vollständigkeit der Angaben übernehmen». Dass Satiren richtig sein sollten, dass falsche «Behauptungen» von Übel sind, auch in Satiren – das war für mich kein Streitpunkt.

Die eigentlichen Fragen sind in dem Prozess nicht geklärt worden: Wer bestimmt die Kriterien für «Wahrheit» oder «Unwahrheit» in einer Satire? Gibt es Unterschiede zwischen Irrtümern, übernommenen oder erfundenen oder erlogenen «Behauptungen»? Wer ist für «Unwahrheiten» verantwortlich, die sich erst nach ihrer Zitierung als solche herausstellen? Wie intensiv hat ein Satiriker öffentlich zugängliche Quellen auf ihren Wahrheitsgehalt hin zu durchleuchten, ehe er sie benutzt? Wie intensiv ein Publizist? Wie intensiv ein Wissenschaftler? Können auch «falsche Behauptungen», wie Richard Schmid meinte, durch «Wahrnehmung berechtigter Interessen» gedeckt sein? («Die kritische Analyse multinationaler Konzerne ist heute zweifellos ein solches berechtigtes Interesse», so Schmid 1974!)

Und noch ein Schmid-Zitat: «Die amerikanische Presse hätte nie daran denken können, den Watergate-Skandal aufzuklären, wenn die dortigen Journalisten in dieser Weise für jeden Irrtum haftbar gemacht und zum Schweigen gebracht worden wären.»

Siemens und Auschwitz

Einer der Streitpunkte war, ob Siemens Häftlinge zur Installierung elektrotechnischer Anlagen in den Krematorien in Auschwitz eingesetzt hat. Wie kam es zu der Festschrift-passage über Auschwitz? Was ist belegbar? Wie urteilten die Gerichte?

Unter den Quellen der Festschrift, die ich von Günter Wallraff bekommen hatte, befand sich ein Flugblatt der SDAJ (Jugendgruppe der DKP) München vom Dezember 1970, das dem Konzern u. a. die Beteiligung an der Installierung der Vergasungsanlagen in Auschwitz vorwarf und eine Veranstaltung zum gleichen Thema ankündigte. Meine Rückfrage bei der SDAJ ergab, dass die Siemens AG weder gegen die vor den Werktoren verteilten Flugblätter noch gegen die Veranstaltung vorgegangen war – trotz anderer prozessualer Drohungen der Firma gegen die SDAJ. Als Quelle für ihre Behauptungen nannte man das Buch von Gerhard Kegel, «Ein Vierteljahrhundert danach – Das Potsdamer Abkommen und was aus ihm geworden ist» (Staatsverlag der DDR 1970), und schickte Fotokopien der entsprechenden Seiten. Da dies Buch während der Fertigstellung der Festschrift auch noch in der Bundesrepublik, im Verlag Marxistische Blätter, erschien, sah ich keinen Anlass, diese – bis dato unwidersprochene – Behauptung nicht vom Festschriftsteller erwähnen zu lassen.

Die Siemens-Anwälte bestritten zuerst, dass der Konzern mit Auschwitz je etwas zu tun gehabt habe. Erst nach und nach mussten sie zugeben, dass Siemens in Auschwitz – wie in fast allen großen KZs – sein «Außenkommando» Bobrek, eine Fabrik mit KZ-Häftlingen als Arbeitskräften, unterhalten und Installations-Kleinmaterial geliefert hatte.

Im Buch des ehemaligen Auschwitz-Häftlings Bruno Baum «Widerstand in Auschwitz» fanden sich weitere Vorwürfe: Die Exhaustoren zum Absaugen des Gases aus Gaskammern seien ebenso von Siemens geliefert worden wie Armaturen, Schalttafeln, Transformatoren usw. (Siemens-Argumente dagegen: Dies Material könne man im Fachhandel kaufen, für den Ort des Einsatzes sei man nicht verantwortlich.)

Außerdem gab es einen Zeugen, der im Zentralarchiv der DDR in Potsdam Fotokopien von Rechnungen der Siemens-Schuckert-Werke für «Installationsarbeiten I / II» in Auschwitz flüchtig gesehen hatte, ohne den Wortlaut dieser Dokumente behalten zu haben, da er nach anderen geforscht hat («I / II» könnten die in Frage kommenden Krematorien sein). Meine Fragen nach diesem Dokument in Potsdam blieben ergebnislos – ich hatte auch nicht den Eindruck, dass die DDR-Stellen mir helfen wollten. Es gelang mir ebenfalls nicht, den Autor Kegel zu sprechen. Für den Einsatz von zweitausend Häftlingen bei der Installierung fand sich also kein Anhaltspunkt. Die Siemens-Zeugen, sämtlich Siemens-Pensionäre, die im Krieg im besetzten Polen in der Region Krakau als Angestellte und Manager tätig gewesen waren, hielten die Möglichkeit von Lieferungen und Installationen elektrotechnischer Anlagen für die Krematorien für ausgeschlossen.

Bei den Nachforschungen stellte sich heraus, dass Siemens seit 1945 gegen diese Vorwürfe kämpfte. Im August 1945 berichtete die «Deutsche Volkszeitung» über den Bau der Krematorien in Auschwitz durch Siemens. Siemens dementierte, die «Deutsche Volkszeitung» antwortete und wiederholte ihren Vorwurf. Die Auseinandersetzungen über die Siemens-Beteiligung in Auschwitz und anderswo liefen ein Jahr, bis Siemens auf Beschluss der Betriebsräteversammlung im Dezember 1946 einen Untersuchungsausschuss einsetzte, der feststellen sollte, ob und wie die Siemens-Firmen an den Verbrechen des Nationalsozialismus beteiligt waren. Dieser Ausschuss, dem u. a. die Aussagen und Dokumente Bruno Baums vorlagen, stellte nach über einjähriger Arbeit im Jahr 1948 seine Tätigkeit stillschweigend ein. Ein Ergebnis wurde meines Wissens nicht veröffentlicht, was man sicher getan hätte, wenn das Material die Unschuld der Firmen bewiesen hätte.

Diese Tatsachen besagen nicht, dass die Behauptungen Kegels wahr sind. Sie belegen die Schwierigkeiten, Licht in eine Affäre zu bringen, die schon dreißig Jahre zuvor Gegenstand heftiger Auseinandersetzungen war.

Nur Siemens wusste schon 1972 mehr: Im Archiv, berichtete mir ein Zeuge, befanden sich Akten dieses Untersuchungsausschusses, in denen verschiedentlich Teile aus Dokumenten herausgeschnitten gewesen seien. Das beweist natürlich nichts. Wir beantragten, dies Material dem Gericht zur Kenntnis zu bringen. Aber auch ein Konzern kann nicht gezwungen werden, sich selbst zu belasten.

Alles in allem war die Suche nach Dokumenten erfolgreich – auch wenn die entscheidenden Auschwitz-Dokumente nicht gefunden wurden. Denn erst durch den Prozess kamen von verschiedenen Seiten neue Materialien ans Licht über die intensive Zusammenarbeit der Siemens-Firmen mit dem Nazi-Staat und der Siemens-Größen mit den Nazi-Größen, über die Durchsetzung der faschistischen Ideologie im Hause. Mein Buch gab davon nur ein Minimum wieder.

Dem Beispiel Quandt, Boss usw. ist Siemens bis heute nicht gefolgt.

Wie gingen nun die Gerichte bei der Urteilsfindung vor? Ich übernehme die Darstellung der Germanisten Riethus und Voigt:

«In der ersten Instanz ließ das Gericht in der Art seiner Beweiserhebung folgende Tendenz erkennen: In dem Maße, in dem Zusammenhänge zwischen kapitalistischer Wirtschaftsordnung und faschistischem Staat nicht mehr einfach vom Tisch gefegt werden konnten, sondern als ‹peinliche Tatsachen› anerkannt werden mußten, verlagerte sich die Auseinandersetzung auf Detailfragen, hinter der die peinlichen Tatsachen dann verschwinden konnten. Das Gericht bezweifelte nicht, daß die Siemens AG auch mit dem KZ Auschwitz in Geschäftsbeziehungen gestanden habe. Nur bildete dieser mögliche Tatbestand nicht den Gegenstand der Beweiserhebung, sondern ausschließlich die Behauptung von Delius, der sich dabei auf eine Darstellung aus der DDR stützte, daß der Siemens-Konzern das große Vergasungskrematorium des KZ Auschwitz installiert und dabei 2000 Häftlinge und Fremdarbeiter eingesetzt habe. Die Aussagen der von Delius benannten Zeugen und Dokumente erkannte das Gericht nicht an, da es sich bei ihnen um Zeugen vom Hören und Sagen handele. Sie können sich nämlich nur auf die Aussagen von Gewährsleuten berufen, die entweder in Auschwitz ermordet oder in der Zwischenzeit verstorben sind. Demgegenüber konnte die Siemens AG die Aussagen der mit der Geschäftsabwicklung auch der Angelegenheiten des Lagers Auschwitz betrauten – und noch lebenden – Zeugen vorlegen, denen eine die Firma Siemens belastende Geschäftskorrespondenz nicht erinnerlich ist.

Diese Aussagen erkannte das Gericht an. Zugleich gestand es der Siemens AG als Eigentümerin zu, der Öffentlichkeit den Zugang zu ihrem Firmenarchiv zu verweigern.

Während sich die erste Instanz noch genötigt sah, von einer Zusammenarbeit der Siemens AG mit dem faschistischen Staat zu sprechen, galt dies der *zweiten Instanz* schon als ungeheuerlicher Vorwurf, der etwas von vornherein Unwahrscheinliches beinhalte, das nur dann als möglicherweise wahr gewürdigt werden könne, wenn der Autor Anhaltspunkte beibrächte. Das Gericht verdeutlichte auch, was es als ‹Anhaltspunkte› anzuerkennen gewillt war. Es unterschied nämlich zwischen einer aktiven, bewußt betriebenen Handlung und dem, was es – der Sprache der Mythologie folgend – eine ‹Verstrickung› nannte. Die Darstellung von Delius enthalte die Unterstellung einer aktiven Beteiligung an KZ-Massenmorden. Von einer solchen – unentschuldbaren – Beteiligung setzte das Gericht die – entschuldbare – allgemeine Verstrickung in das totalitäre System ab, in die sozusagen jeder ehrliche Kaufmann hätte unversehens hineinschliddern können. So erkannte das Gericht z. B. als Tatsache an, daß Siemens KZ-Häftlinge beschäftigt hat und ‹damit in den widerrechtlichen Freiheitsentzug des betroffenen Personenkreises verstrickt war›. An anderer Stelle heißt es von diesen Häftlingen, die im Falle ihrer Arbeitsunfähigkeit an die SS gemeldet wurden (eine Maßnahme übrigens, die das Gericht ‹schon im Interesse der Produktion› für vertretbar hielt): ‹Alles das bedeutete für die Häftlinge bittere Folgen. Nicht als ob das der Firma Siemens zum Vorwurf gereichte, aber es war eben so.› Den Unterschied zwischen der aktiven Beteiligung und dem Verstrickt-Sein sieht das Gericht u. a. in den verschiedenen materiellen Folgen, die diese Tatbestände in der Gegenwart haben. Der Vorwurf der aktiven Beteiligung wirke sich ‹negativ auf Kredit und Fortkommen ... auch heute noch› aus, während der Vorwurf des Verstrickt-Seins – so ist wohl zu ergänzen – als eine dem Schicksal geschuldete Tatsache heute keine Gewinnbeeinträchtigung mehr befürchten läßt.

Bevor diese Unterscheidung in der Beweiserhebung zur Anwendung kam, gab das Gericht eine Erklärung dafür, weshalb die Siemens AG nicht schon gegen das Buch des DDR-Autors Kegel, auf das sich Delius u. a. berief, habe zu klagen brauchen: Der Konzern habe sich darauf verlassen können, ‹daß die Behauptung von Kegel in der Öffentlichkeit für eine kommunistische Propagandabehauptung gehalten wird (...)›. In der nun folgenden Würdigung der von Delius bzw. den von ihm benannten Zeugen vorgebrachten Indizien unternahm das Gericht seinerseits den Versuch zu beweisen, daß die Siemens AG ethisch vertretbare Dinge nach Auschwitz bzw. an die SS geliefert oder dort installiert habe. So hieß es anläßlich der Würdigung eines Beleges über die Lieferung eines Ofens nach Buchenwald: ‹Nähere Angaben, ob es ein zur Verwertung von Tierleichen bestimmter, aber auch für Menschenleichen geeigneter Ofen, also eine vertretbare Sache war, oder ob er speziell für den verbrecherischen Zweck konstruiert wurde, fehlen.› Am Ende einer Reihe derartiger Unterscheidungen kam das Gericht zu dem Ergebnis: ‹Der Senat ist voll davon überzeugt, daß die Behauptung der Beklagten unwahr ist.›» (H. O. Riethus / G. Voigt, Was darf die Dokumentarsatire?, in: Basis 6, Jahrbuch für deutsche Gegenwartsliteratur. Frankfurt 1976)

Umsatz und Absatz an Robbenfellen und Waschmaschinen

Am Ende mussten wir einen Vergleich schließen, um mögliche Schadensersatzforderungen abzuwenden. Das Damoklesschwert in den Händen des Siemens-Vorstandes, dies Risiko, muss ich zugeben, wollten wir nicht eingehen, nicht den Rotbuch Verlag pleite und mich bis zum Lebensende als Objekt von Gerichtsvollziehern sehen. An diesem Punkt waren die Richter gnadenlos gewesen, das Oberlandesgericht noch deutlicher als das Landgericht, das dafür vom ehemaligen OLG-Präsidenten Richard Schmid heftig gerügt wurde:

«Es ist geradezu grotesk zu behaupten, daß der Weltkonzern in seiner Entfaltung, die ausschließlich oder doch vorwiegend geschäftlicher oder technischer Art ist, durch die Satire der Deliusschen Schrift auch nur im geringsten beeinträchtigt ist (...) Durchweg scheint das Gericht davon auszugehen, dass alles, was unter irgendeinem Gesichtspunkt der Firma Siemens nachteilig sein könnte und nicht zu ihrem Werbe-Image paßt, ihr Entfaltungsrecht in einem Maße beeinträchtige, daß dagegen das Grundrecht der Kunstfreiheit nicht aufkomme. Das ist ein besonders krasser Rückfall der Rechtsprechung in die nur scheinbar überwundene Überbewertung des gewerblichen, kommerziellen Privatinteresses im Verhältnis zur Kunstfreiheit und zum allgemeinen Interesse an der Kritik und freien Erörterung öffentlich wichtiger Sachverhalte. Diese Überbewertung entspricht nicht der Rangordnung des Grundgesetzes; der Umsatz und der Absatz, sei es an Robbenfellen, Kartoffelsalat oder Waschmaschinen, sind nicht der Güter höchste.»

Das Ende der dokumentarischen Literatur?

Autoren, die sich an die Stuttgarter Urteile halten, sagte ich damals, können einpacken, aber man muss sich ja nicht daran halten. Nach diesen Urteilen wäre es unmöglich, ein Buch wie «Unsere Siemens-Welt» zu schreiben und gleichzeitig Prozessrisiken auszuschalten. Eine mit wissenschaftlicher Sorgfalt unternommene Überprüfung des gesamten Quellenmaterials der Festschrift wäre von einem einzelnen Autor nicht zu leisten, schon gar nicht von einem belletristischen Autor, der nicht die entsprechenden beruflichen und materiellen Voraussetzungen mitbringt. Vielleicht könnte er in zehn Jahren fertig werden. Einige Jahrzehnte kämen hinzu, wenn auch das Siemens-offizielle oder -offiziöse Material, das laut Urteil ja auch nicht immer zutrifft, einer Überprüfung unterzogen werden müsste. Und selbst wenn es einen Narren gäbe, der für hundert Seiten einer Dokumentarsatire über Siemens einige Jahrzehnte Vorarbeiten leisten wollte, könnte der nicht «gegen» Siemens schreiben. Er käme nicht um die Benutzung des Siemens-Archivs herum und müsste sich wie jeder Benutzer verpflichten, seine Arbeit vor der Veröffentlichung dem Archivleiter zur Freigabe vorzulegen und sich Eingriffe gefallen zu lassen. Zusätzliche Informationen würden also mit Zensur bezahlt.

Wie praxisfremd die Stuttgarter Urteile sind, haben auch neutrale Prozessbeobachter erkannt: «Jeder belletristische Autor sowie sein Verleger haben bei fiktiven, jedoch mit Dokumentationen durchsetzten Werken nach diesem Urteil zu befürchten, dass sie trotz wahrheitsgemäßer Angaben von Quellen wegen irgendeines Zitats bestraft werden. Ob diese Quellen neu oder alt, leicht oder schwer zugänglich sind, ändert nichts an der Gefahr ... Die Folge: Schriftsteller, die aus künstlerischen Gründen Erfundenes (Fiktion) mit Dokumentation verbinden, müssen zu wissenschaftlichen Quellenforschern werden. Zeitaufwand: je Buch ein halbes Leben. Schon deshalb ist die Forderung unerfüllbar.» (Helmut M. Braem)

«Für den deutschen Satiriker bedeutet das Urteil: ... Daß du nur verwendest, was anderswo stand, nützt dir nichts. Du mußt jede Einzelheit beweisen können. Gelingt dir der Beweis nicht, bist du dran. Widme dich lieber Gänseblümchen.» (Dieter E. Zimmer)

«Ein Damoklesschwert über jeder künftigen dokumentarischen, satirischen und journalistischen Arbeit ... Sollten solche absolut wirklichkeitsfremden Anforderungen an Dokumentationen-Recherchen, an wissenschaftliche oder journalistische Arbeiten von Gerichts wegen künftig gestellt werden, dann können wir getrost unsere Archive in Flammen aufgehen lassen, unsere Bibliotheken dem Erdboden gleichmachen, weil wir ja dann doch immer bei jedem Fall mit den Recherchen vollkommen von vorne beginnen müßten.» (Wolfram Schütte)

Verweise auf die skandalösen Implikationen der Urteile, Attacken auf die ruinösen Streitwerte und die Einschränkung der Kunstfreiheit sollten jedoch nicht zu falschem Pessimismus verleiten, sagte ich trotzig. Die Kunst lässt sich keine Vorschriften machen, schon gar nicht von einem OLG-Urteil, das nicht höchstrichterlich vom BGH oder Verfassungsgericht bestätigt ist. Und überdies, so meine Rede, die Möglichkeiten der List im Literarischen sind noch lange nicht erschöpft.

List und Selbstbewusstsein

List brauchten wir erst einmal selbst, um unbeschadet aus den Prozessen zu kommen. Da waren die Kosten, immerhin 36 835 DM. Aber da ich all die Jahre moralische und publizistische Unterstützung von vielen Kollegen hatte, vom PEN, vom Schriftstellerverband, von Wissenschaftlern, die mir Material ins Haus schickten, kam uns ein passender Einfall. Von der erweiterten Neuausgabe mit Anhang zum Prozess von 1976 wurde eine Solidaritätsausgabe – mit Sonderstempel, nummeriert und signiert – hergestellt. Wir nannten sie Gratifikationsausgabe und boten sie in Briefen an Autoren, Journalisten, Verlagsleute für hundert Mark pro Stück an. So wurde die Sache bekannt, die Presse brachte Hinweise, Bestellungen gingen ein. Böll zum Beispiel orderte gleich sieben Stück, die ganze literarische Prominenz beteiligte sich. Im Lauf des Jahres 1976 wurden gut zweihundertfünfzig Exemplare verkauft, damit waren fünfundzwanzigtausend Mark beisammen. Den Rest konnten die Bilanzen des aufstrebenden Rotbuch Verlags verdauen.

Kein finanzieller Verlust also, aber ein deutlicher Gewinn an Selbstbewusstsein. Erst spät habe ich begriffen, was da im römischen Idyll mit primitiven Mitteln geschehen war: Ich hatte die semantische Einheit Siemens neu geordnet, also zerstört. Der Effekt war verblüffend, mit der Macht über die Konzern-Wörter hatte ich ein Stück Macht über diesen Weltkonzern gewonnen. Siemens hatte ein Team von Experten und Staranwälten aufbieten müssen, die alles daransetzten, mir diese Macht wieder zu nehmen und die zerstörte semantische Einheit Siemens von zwei Instanzen wieder reparieren zu lassen. Es ist ihnen nicht so richtig gelungen.

F.C. Delius
**Unsere
Siemens-Welt**
Eine Festschrift
zum 125jährigen
Bestehen
des Hauses S.
Rotbuch Verlag
Berlin
Erweiterte
Neuausgabe
mit einem Anhang
über den Prozeß,
über die Kunst
der Satire, die
Menschenwürde
des Konzerns,
Bierpreise und den
verlorenen Kredit
des Hauses S.

Cover der Ausgabe 1976.

Die Siemens-Leute klärten nicht nur die Öffentlichkeit über ihre Schwächen und Empfindlichkeiten auf. Sie förderten auch mein Selbstbewusstsein als Autor. Sie bewiesen mir, dass ich über einen Weltkonzern *sprachlich* verfügte. Die Wörter, obwohl nur aufgelesen und zusammengesammelt, bewirkten mehr, als ich beabsichtigt hatte.

Ich musste nur vermeiden, der Siemens-Delius zu werden, als den viele mich sehen wollten. Auch aus diesem Grund habe ich nie erwogen, eine von den Zahlen und Fakten her aktualisierte Fassung der «Siemens-Welt» vorzulegen. Die Form der Festschrift hatte sich bewährt, sie noch einmal aufzuwärmen, wäre eine Wiederholung gewesen, eine Flucht ins Sichere, Risikolose, also weg von der Kunst.

Außerdem musste ich vermeiden, als Siemens-Opfer stilisiert zu werden, ich kaufte aus Spaß und Trotz sogar weiter Siemens-Geräte. Als jammerndes Objekt von «Zensur» wollte ich mich als Beklagter in einem Zivilprozess nicht sehen. Ich war ganz schön frech gewesen gegen diesen Goliath, hatte nicht mit dessen Dummheit gerechnet und musste mich dafür dem Paragraphenkampf im Stuttgarter Talkessel stellen und dafür den Kopf hinhalten.

Und ihn benutzen, auch für die List des Zitierens. Dem Urteil des Oberlandesgerichts war zu folgen, wir ließen die neun Stellen schwärzen. Am Ende des Buches druckten wir das im Namen des Volkes gesprochene Urteil, in dem die neun «Behauptungen» aufgelistet worden waren, deren Verbreitung von nun an verboten war. Urteile dürfen zitiert werden. Und wer lesen kann, kann lesen.

Der Horten-Prozess gegen die Horten-Moritat

«... die Angst vor Konkurrenz, vor seinesgleichen, vorm Schuft ...» und *«... schwitzen die von ihm bezahlten Politiker über Gesetzen, / die ihm genehm sind und seine Gegner zerfetzen ... «, wegen dieser drei Zeilen der 1972 erstmals in Wagenbachs Jahrbuch «Tintenfisch» publizierten «Moritat auf Helmut Hortens Angst und Ende» ging der ehemalige «Kaufhauskönig» Helmut Horten 1979 vor Gericht. Die Moritat ist in dem Auswahlband «Selbstporträt mit Luftbrücke» zu finden. Das Landgericht Hamburg wies die Klage auf Unterlassung ab. Horten legte daraufhin Berufung beim Hanseatischen Oberlandesgericht Hamburg ein. Ich antwortete ihm mit einem offenen Brief:*

Offener Brief nach Madonna del Piano / Schweiz
Oktober 1979

Sehr geehrter Herr Horten,

mit großer Genugtuung habe ich erfahren, dass Sie Berufung gegen das Urteil des Landgerichts Hamburg, gegen die Abweisung Ihrer Klage gegen eines meiner Gedichte eingelegt haben. Ich freue mich über die Fortsetzung Ihrer mutigen Initiative, da ich bislang fast nur Vorteile davon hatte.

Dank Ihrer Klage hat meine Moritat auf dem Weg über Fernsehen, Rundfunk und Zeitungen in den letzten paar

Monaten ein weit größeres Publikum erreicht als in den sieben Jahren zuvor.

Mit jeder Klage, mit jeder weiteren Instanz wachsen mein Ansehen, meine Popularität als Autor, mein Marktwert. Auch meinen Verlag fördern Sie in großzügiger Weise.

Dank Ihres Prozesses erfreue ich mich der Rückendeckung und Sympathie von Schriftstellerkollegen, Buchhändlern, Kritikern, Lektoren, Verlegern, Verbänden und einer Vielzahl von Lesern.

Sie und ich demonstrieren dem deutschen Lesepublikum Möglichkeiten öffentlicher Wirkung von Literatur, noch dazu eine ermutigende und erheiternde Wirkung.

Je länger Sie vor Gericht gehen, desto besser wird mein Informationsstand über die Welt und die Wirtschaft, da immer mehr Leute auf mich zukommen, die über Ihre Vergangenheit, Ihre Parteispenden usw. etwas mitzuteilen haben.

All diese Vorteile verdanke ich Ihnen, Herr Horten. Gefasst nehme ich es hin, dass die breite Resonanz auf ein Gedicht nur außerliterarische Gründe hat. Das ist heute so üblich. Diese Resonanz ist nur auf Parties unangenehm, bei meiner literarischen Arbeit jedoch, das gebe ich gern zu, bestätigt und beflügelt sie mich ein wenig.

All diese Vorteile und nun Ihr konsequenter Schritt in die zweite Instanz haben meine Vermutung zur Gewissheit werden lassen, dass Sie mein Förderer und Mäzen zu sein wünschen, ja, es schon sind. Zuerst hatte ich nicht verstanden, warum Sie diesen Prozess führen, da alle rationalen, alle literarischen und juristischen Überlegungen dagegen zu sprechen schienen. Nun aber ist mir klar geworden: Im Grunde haben Sie nichts anderes im Sinn, als die Kunst zu fördern und speziell dem Autor Delius zu einem großen Publikum zu verhelfen. Der Förderungsweg über die Justiz und damit über die mehrfach stimulierte Presse ist, das haben Sie als weitsichtiger Unternehmer erkannt, nicht nur deutlich effektiver als dünne Literaturpreise und Arbeitsstipendien, sondern löst auch beim Publikum über einen längeren Zeitraum hin Kaufimpulse aus.

Diese moderne Form des Mäzenatentums, orientiert am Konzept einer offensiven Öffentlichkeitsarbeit, ist bislang von der sogenannten kritischen Öffentlichkeit, die den Prozess vorschnell als Rache eines Kaufhausmillionärs für drei Gedichtzeilen etikettierte, völlig verkannt worden. Wenn Sie sich als Initiator dieses nonkonformistischen Förderungsprogramms hier nicht mit einem klärenden Wort in den Vordergrund drängen wollen, so respektiere ich das – gerade Ihre Diskretion beweist, dass es Ihnen wirklich um die Sache, um die Sache der Kunst geht.

Ich kann mich nur dadurch erkenntlich zeigen, dass ich meiner literarischen Aufgabe treu bleibe. Darüber hinaus werde ich Ihren Ruf so gut ich kann verteidigen und mich weiterhin mit den Leuten herumschlagen, die Ihnen längst bereinigte Steuergeschichten nachtragen, die Ihr juristisches Vorgehen naiv für unmoralisch halten oder gar behaupten, Sie seien doch der, der Sie auch in meiner Moritat nicht sind – wegen der Arbeitsbedingungen in den Horten-Kaufhäusern. Ich werde diesen Leuten auch weiterhin erklären, dass Sie in den Kaufhäusern Ihres Namens nicht mehr das Sagen haben und für die Vergrößerung der Verkaufsfläche pro Verkäuferin ebensowenig verantwortlich sind wie für Pausenregelungen und Löhne.

So darf ich denn hoffen, dass die Richter auch weiterhin Ihr großherziges Anliegen einer wegweisenden Kunstför-

derung begreifen und mit richtigen Entscheidungen unterstreichen werden.

In vorläufiger Dankbarkeit
Ihr F. C. Delius

Das Oberlandesgericht Hamburg entschied 1980, die Zeile mit
dem «Schuft» für zulässig zu halten, jedoch die Doppelzeile mit
den «bezahlten Politikern» zu verbieten. Daraufhin legten der
Rotbuch Verlag und ich Revision beim Bundesgerichtshof Karls-
ruhe ein. Bei der mündlichen Verhandlung vor dem BGH am
8. Juni 1982 habe ich etwa ein Drittel des folgenden Plädoyers
verlesen:

Plädoyer für die Fähigkeit zu lesen

Seit mehr als drei Jahren wird nun über eine Moritat, die
ich vor elf Jahren verfasst habe, gerichtlich verhandelt. Und
immer wieder bin ich über die Dimension, die das Verfahren
inzwischen erreicht hat, verwundert und beunruhigt. Verwundert über den ständig wachsenden Aufwand an Argumenten, an Zeit, an Geld, an Papier. Da gehen einem Verlag
und einem Autor Stunden, Tage und Wochen mit der Vorbereitung, Durchführung und Nachbereitung dieses Prozesses
verloren, da muss eine Revision ins Auge gefasst werden, da
bringen Anwälte ihre Argumente in immer dicker werdenden Schriftsätzen vor, da analysieren Gutachter und kommentieren Journalisten, da werden Richter von nunmehr
drei Instanzen um Urteile gefragt, da gehen die Kosten in
aller Stille über die Zwanzigtausend-Mark-Grenze, als wäre

das gar nichts. Kurz, es verwundert mich immer noch, dass eine Reihe von ohnehin arg überbeschäftigten Menschen seit über drei Jahren, wenn auch mit Unterbrechungen, mit dieser offenbar höchst belangreichen Sache beschäftigt ist – und alles wegen eines Traums, den ich an einem Donnerstag vor elf Jahren hatte, oder doch nicht wegen eines Traums, sondern wegen vier oder fünf Wörtern in drei Moritatzeilen, nein, nicht einmal wegen dieser Wörter, sondern – ich muss das einmal deutlich in die Horten-Richtung sagen – wegen der Unfähigkeit zu lesen.

Wo Gedichtzeilen mit Paragraphen erfasst und interpretiert werden sollen, blühen die Missverständnisse. So droht im Streit um drei Zeilen eines Gedichts das Gedicht selbst zu verschwinden, der literarische Kern verwischt und in einem Literaturprozess die Literatur in den Hintergrund geschoben zu werden. Deswegen habe ich die Revision des Urteils des OLG Hamburg beantragt.

Ich bitte also um ein wenig *Aufmerksamkeit für die literarischen Argumente.*

Bekanntlich wurden um 1970 herum viele politische Gedichte in ähnlicher Weise wie diese Moritat geschrieben und veröffentlicht. Namen wie Kiesinger, Lübke, Strauß, Krupp, Flick und öfters auch Horten tauchten damals in unzähligen Gedichten auf, die gewiss keine Ruhmesgedichte waren, weder für die Genannten noch für die Autoren. Im Gegensatz zu den meisten Gedichten von damals wurde meine Moritat in den letzten Jahren mehrfach nachgedruckt. Das ist wahrscheinlich nicht der Attraktivität des Namens Horten zu verdanken, sondern dürfte an gewissen künstlerischen Qualitäten liegen. Wäre die Moritat nämlich eine Schmähschrift oder all das Furchtbare, was sie nach Ansicht der Gegenseite sein soll, dann wäre sie mit Recht längst vergessen, dann hätten auch Helmut Hortens Informanten sie niemals im «Großen Deutschen Balladenbuch», herausgegeben von Beate Pinkerneil im angesehenen Athenäum Verlag, finden können. So soll es mir also heute, 1982, zum Nachteil gereichen, dass mein Gedicht den literarischen Moden der letzten zehn, fünfzehn Jahre standgehalten hat. Oder anders gesagt: *wegen* seiner literarischen Qualität kann das Gedicht überhaupt zum Gegenstand eines Verbotsverfahrens werden – und soll nun verboten werden.

Diese absurde Situation ist der Gegenseite durchaus bewusst. Da das Gedicht – nicht nur für mich – inzwischen historisch geworden und in die neuere Literaturgeschichte gewandert ist, da es inzwischen in meinem Gedichtband «Ein Bankier auf der Flucht» zehntausendmal und in diversen Anthologien zigtausendmal verbreitet ist und außerdem durch dieses Gerichtsverfahren noch eine Weile vor der Vergessenheit bewahrt ist, da die Bekanntheit des Gedichts also weder von Herrn Horten noch von seinen Anwälten, noch vom Rotbuch Verlag, noch von mir beim besten Willen rückgängig zu machen ist, steckt die Gegenseite in einer Zwickmühle. Je mehr sie gegen das Gedicht unternimmt, desto mehr erreicht sie den von ihr bekämpften Effekt. Je mehr sie das Gedicht «in die Versenkung», wie es im Schriftsatz heißt, zu drücken versucht, desto mehr steht es im Licht der Aufmerksamkeit – wie auch immer dieses Verfahren ausgehen wird. Die einzige Möglichkeit der Gegenseite, sich aus dieser tragikomischen Verstrickung zu befreien, besteht darin, den Text und seine poetische Eigenart beiseitezuschieben und immer gewaltigere Paragraphen-Geschütze dagegen aufzufahren. So soll das prozessuale Anliegen, das man intern wahrscheinlich längst für fragwürdig hält, nach außen plausibel bleiben. Denn je dicker die Schriftsätze, desto weiter rückt der eigentliche Anlass weg, rücken die vier oder fünf strittigen Wörter weg, um die es hier geht.

Journalisten reden und schreiben hier gern von der Gefahr für die Freiheit der Literatur. Ich meine, es geht zunächst um etwas viel Einfacheres, es geht um das Wahrnehmen von Literatur. Es geht um die schlichte Fähigkeit zu lesen und die Fähigkeit, die Intention eines Autors aus dem Text heraus zu begreifen und nicht aus einer persönlichen Beleidigtheit. Die persönliche Betroffenheit über ein Stück Literatur mag zu einem intensiven Leseerlebnis führen, für die Beurteilung dieses Stücks Literatur jedoch ist damit noch kein Maßstab gewonnen.

Als im März und April 1971 im «Stern» ein zweiteiliger Artikel von Manfred Bissinger über Helmut Horten erschien und als ich diese ungewöhnlich detailreiche Reportage las, dachte ich zunächst nicht an eine literarische Verwertung des Materials. Im «Stern» war in seltener Deutlichkeit alles gesagt. Erst bei näherer Lektüre fiel mir ein Detail ins Auge: das Trauma des Warenhauskönigs, von einer Schlange gebissen zu werden, und seine grotesken Bemühungen, die Gefahr eines möglichen Schlangenbisses abzuwenden. Niemand, der eine Ahnung von Psychologie oder eine Vorliebe für Mythologisches oder literarische Phantasie hat, wird bestreiten können, dass es sich hier um ein höchst aufschlussreiches, vielseitig deutbares Motiv handelt, das geradezu zur dichterischen Bearbeitung herausfordert. Außerdem entdeckte ich, dass in dem Artikel und in dem Interview immer wieder, oft versteckt, von Hortens Ängsten die Rede war. Damals ein wenig naiver als heute, war ich frappiert vom Gegensatz zwischen der ängstlichen, beinah von Verfolgungsangst geplagten Persönlichkeit Hortens und seinem unermesslichen, in jeder Sekunde wachsenden Reichtum, seiner relativ großen und offen eingestandenen Macht in Politik und Wirtschaft und der Angst gegenüber dreißigtausend Angestellten.

Erst nach diesen Entdeckungen unterzog ich mich den Mühen der Schreibarbeit, die, mit Unterbrechungen, mehrere Wochen dauerte. Von Anfang an war der von Horten befürchtete und von mir imaginierte Schlangenbiss Angelpunkt des Gedichts. Die Konzentration auf diesen Biss und auf die anderen Ängste führten dazu, dass ich wichtige Mitteilungen des «Stern», die zu einer objektiven, also unliterarischen Darstellung Hortens gehört hätten, nicht verwendete (zum Beispiel den Anfang des Horten-Imperiums dank der «Arisierungs»-Politik der Nationalsozialisten, zum Beispiel die näheren Umstände der Steuerflucht). Die Ökonomie des Gedichts machte also die Reduzierung des gegebenen Materials erforderlich – das ist später sogar von linken Leuten kritisiert worden, die, darin den gegnerischen Anwälten nicht unähnlich, Poesie nur verstümmelt als Informationsträger wahrnehmen.

Bei der Arbeit stellte sich schnell heraus, dass solch ein Gedicht nur in der verhältnismäßig simplen Form der Moritat geschrieben werden konnte. Die triviale Schaurigkeit des Schlangenbisses, die naive Drastik der Horten'schen Selbsterkenntnis, die Aufzählung der Ängste, Attribute und Reichtümer des Helden, die Bilderbuchszenerie des Orts der Handlung, die Volkstümlichkeit des Helden und zugleich seine Exotik, schließlich die bilderreiche Szenenfolge verlangten die Form des Bänkelsangs, die Moritat. Die Metrik konnte also ohne strenges Regelmaß sein, eher schleifend und schleppend, die Reime mussten ohne Eleganz gesetzt werden, teils holprig, teils grob, teils komisch, teils beiläufig, möglichst verfremdend.

Ich gebe zu, es war mir ein Vergnügen, auch einmal in den Fußstapfen des geschätzten Wilhelm Busch zu wandeln. Darüber hinaus schien es mir sinnvoll, mich eines weiteren verfremdenden Kunstmittels zu bedienen und das Ganze in den Rahmen eines Traums zu kleiden. Damit wollte ich einerseits dem Gedicht einen zusätzlichen ironisch-relativierenden Effekt geben, andererseits die Fiktivität der Szenerie unterstreichen und damit gerade die Einheit des Erfundenen *und* des Faktischen betonen.

Die beiden strittigen Zeilen, über die hier verhandelt wird, sind von mehreren Behauptungen des «Stern» inspiriert, gegen die Helmut Horten in den vergangenen elf Jahren nicht geklagt hat:

– die mehrfache Bezeichnung «Parteienfinanzierer».
– die Beziehung Hortens zu seinem Vetter Alphons, «sein Lobbyist und Kurier zu den Spitzen der CDU», dessen Rolle Horten in aller Vorsicht andeutet: «Seine Chance ist, dass ich etwas für ihn tue, damit er diesen Job als Bundestagsabgeordneter ausüben kann.» Das vom «Stern» gebrauchte Wort «Lobbyist» bedeutet im allgemeinen Sprachgebrauch: professioneller, also bezahlter Interessenvertreter.
– der Satz: «Früher, als er nach seinen eigenen Worten noch ‹siebenstellige Summen› an die Parteien spendete, nahm er mehr Einfluss auf Regierungsbildung und Parteiprogramme.» Das kann nur heißen, dass er vor 1971 nicht unerheblichen Einfluss auf die Regierungsarbeit ge-

nommen haben und dass dieser Einfluss 1971, wenn auch vermindert, noch angedauert haben muss.

- die enge persönliche Beziehung zu mehreren Politikern wie Franz Josef Strauß, Kurt Georg Kiesinger, Willy Weyer.
- die Bereitstellung von 1,3 Millionen DM für eine Wahlkampfanzeige gegen SPD und FDP, die ebenfalls nicht für politische Abstinenz spricht.
- schließlich die Anstrengungen Schweizer Politiker und Anwälte, Horten einen selbst für Schweizer Verhältnisse extrem günstigen Steuertarif zu verschaffen.

In meiner Moritat steht also, wenn man einmal die faktischen Elemente isoliert betrachtet, nicht mehr als im «Stern» – sondern deutlich weniger.

Ich möchte betonen, dass ich mit dem Hanseatischen Oberlandesgericht Hamburg voll übereinstimme, wenn es in seinem Urteil feststellt: «Gerade eine kritische, engagierte Literatur, der es darum geht, soziale und politische Missstände anhand dokumentierter und ausdrücklich benannter Beispiele darzustellen, kann ohne die Wahrheit der kritisierten Tatsachen nicht überzeugen.» Wenn diese Literatur, das ist auch meine Meinung, mit Unwahrheiten operierte, wäre sie diskreditiert, dann hätte auch ich nichts mit ihr zu schaffen.

Da jedoch Hortens beträchtliche finanzielle Unterstützung und seine Einflussnahme auf politische Parteien unstreitig sind, kann ich nun wahrlich keine Abweichung von der Wahrheit darin sehen, wenn ich statt von Parteien von den Individuen spreche, die Parteipolitik und Gesetzesarbeit machen, nämlich von Politikern. Und wenn ich vor über einem Jahrzehnt den heutigen Streit vorausgesehen und statt von «bezahlten Politikern» geschrieben hätte: «schwitzen die von ihm finanzierten Parteien über Gesetzen ...», so wäre das ein grober Verstoß gegen die Gattung Moritat gewesen, die gerade das drastische Detail braucht und Allgemeinheiten wie «finanzierte Parteien» tunlichst zu meiden hat. Hätte ich mich dennoch an die unbestritten wahre Formulierung «finanzierte Parteien» gehalten, wäre in der Kürze des Gedichts der völlig unwahre Eindruck entstanden, Horten finanziere ganze Parteien. (So viel zur Problematik von sogenannten Tatsachenbehauptungen im Gedicht.)

Was ist also mein Vergehen? Ich habe mir die Freiheit genommen, anders zu formulieren als die Illustrierte, nicht willkürlich anders, nicht einmal bösartig anders, sondern nach den Regeln der Kunst, hier nach den Eigenarten der Gattung Moritat, also: verkürzt, personalisiert, drastisch, übertreibend zugespitzt, mit einem Dreh ins Ironisch-Schauerliche. Dabei durfte ich voraussetzen, 1971 ebenso wie 1982, dass meine Leser die Übertreibungen nicht wortwörtlich oder als Behauptungen verstehen. Denn die Leser, die Bücher lesen, und gar die, die Lyrikbände aufschlagen, wissen, dass Politiker in der Regel bei der Gesetzesarbeit nicht schwitzen, sondern in klimatisierten Räumen arbeiten, dass Unternehmer, ebenso wie Verbände, höchst selten direkt Politiker bezahlen, sondern, wie es so schön amtlich heißt, den Parteien Zuwendungen machen, von denen sie sich die ihnen genehmen Gesetze versprechen, und dass die Parteien wiederum ihre Abgeordneten mit Spesen usw. entschädigen. Schließlich weiß auch jedermann, dass politische Gegner in unserem Land zum Glück nicht im buchstäblichen Sinn zerfetzt werden.

212

Die Übertreibungen dieser beiden Zeilen sind ebenso absichtlich durchschaubar wie die in vielen anderen Formulierungen der Moritat, zum Beispiel «verdient er in der Hölle». Auch hier würde niemand auf die Idee kommen, die «Hölle» wortwörtlich zu nehmen und folglich als schlimmste Schmähung für einen Kaufmann, der den christlichen Parteien nahesteht, zu interpretieren und zu beklagen.

Das Oberlandesgericht geht in seinem Urteil davon aus, dass «die streitigen Stellen des Gedichts von dem Durchschnittsleser verstanden werden und dass sie von ihm allein auf der Ebene der Tatsachen und nicht der der dichterischen Phantasie eingeordnet werden». Da dieser Satz, für meine Begriffe, im Urteil nicht gerade schlüssig begründet wird, und da er gleichzeitig entscheidend für die Beurteilung des Grundrechtskonflikts ist, muss ich noch einige zweifelnde Anmerkungen dazu machen.

Zunächst einmal, wer ist «der Durchschnittsleser»? Seit etwa neunzehn Jahren beschäftige ich mich hauptberuflich mit Literatur, als Student, als Literaturwissenschaftler, als Kritiker, Lektor, Mit-Verleger, als Leser und Schriftsteller, und obwohl ich dabei immer auch mein Interesse auf das Phänomen Leser gerichtet habe, könnte ich nicht sagen, was ein Durchschnittsleser ist. Auch unter den insgesamt etwa hunderttausend Lesern bzw. Käufern meiner Bücher, die ich noch am ehesten kenne, ist mir bislang kein Durchschnittsleser begegnet. Ich habe inzwischen gelernt, dass der sogenannte Durschnittsleser aus der juristischen Terminologie nicht wegzudenken ist. Nun möchte ich mir nicht anmaßen, um eine Begriffsbildung zu streiten, die nicht die meines Fachgebiets ist. Aber ich möchte einen Augenblick darauf hinweisen dürfen, dass bei einem wohlgemerkt literarischen

Text jede Leserin und jeder Leser verschieden reagiert. Bei Nachrichten, Tatsachenbehauptungen und Informationen, die als solche schon durch ihren Kontext gekennzeichnet sind, wird die Reaktion, wird das Textverständnis relativ homogen sein.

Schöngeistige Literatur aber, Dichtung, zeichnet sich gerade dadurch aus, dass sie sich verschieden lesen lässt (G. Djogo). Die unterschiedliche Wahrnehmung eines literarischen Textes hängt nicht nur vom Bildungsstand oder von einer Bereitschaft zur Aufgeschlossenheit ab. Sie hängt vom sozialen Hintergrund ebenso ab wie von den individuellen Erfahrungen, von persönlichen Vorlieben oder Vorurteilen ebenso wie von der Empfänglichkeit für Symbole, Bilder, Witz und Ironie. Um bei dem Beispiel der Horten-Moritat zu bleiben: Ein Studienrat mit Fachkenntnissen über Schlangen wird den Text anders erfassen als ein Horten-Aktionär, eine Germanistikstudentin anders als eine Anwaltssekretärin, ein Moritaten-Freund anders als eine Mörike-Freundin, usw.

Und wenn man wirklich, weil anders unser Fall juristisch nicht beurteilt werden kann, den kühnen Versuch machte, aus all diesen Individuen mit ihren individuellen Erfahrungen, Reaktionen und Leseeindrücken die statistische Größe eines Durchschnittslesers zu konstruieren, dann wäre dieser Durchschnittsleser mit Sicherheit ein ganz anderer als der Durchschnittsleser, der mir im Berufungsurteil und in den Schriftsätzen immer wieder entgegentritt. Jemand, der einen Delius-Gedichtband aufschlägt oder in einer Anthologie ein Gedicht wie die Horten-Moritat näher anschaut, wäre im Durchschnitt akademisch gebildet, ein älterer Student oder eine jüngere Lehrerin etwa, literarisch interessiert, politisch eher linksliberal und gewiss auch mit Sinn für Humor begabt.

Diese Durchschnittsleserin und dieser Durchschnittsleser werden die Überschrift Moritat nicht überlesen. Sie werden ein Minimum an Erkenntnisvermögen und sprachlicher Sensibilität mitbringen. Sie werden vielleicht ähnlich reagieren wie die FAZ, die schon 1972 über das Gedicht schrieb: «Ein makabrer Traum über das Dahinscheiden des Kaufhausgiganten aus Angst vor den Mächten, die ihn bedrohen könnten, zeigt, man kann schon sagen, einen fast heiteren, nicht böswilligen Zynismus.» Diese Durchschnittsleser werden, wenn sie es nicht schon vorher wussten, mitbekommen, dass hier die Stilmittel der Übertreibung und Drastik angewendet werden, und sie werden, dessen bin ich ganz sicher, nicht auf den Gedanken kommen, jedes Wort wörtlich und einzelne Gedichtzeilen als Tatsachenbehauptungen zu lesen. Wenn sie sich wirklich über Horten informieren wollen, auch deshalb mein Verweis auf die Quelle, werden sie sich die beiden «Stern»-Hefte von 1971 besorgen. Denn so viel Verständnis von Kunst haben diese Durchschnittsleser allemal, dass sie wissen: Kunst – und selbst ein verhältnismäßig schlichtes Gedicht mit Bezug auf eine konkrete Person – «behauptet» niemals Tatsachen, sie spielt allenfalls mit Tatsachen. Sie gibt ihnen eine neue Form, die nicht der Logik der Tatsachen oder einer auf behaupteten Tatsachen aufgebauten Logik, sondern allein der Logik der Form folgt. Diese Durchschnittsleser wissen, dass der Autor eines Gedichts kein Nachrichtenredakteur, kein Flugblattschreiber, kein Politiker ist. Denn er «behauptet» gar nichts, wenn das Wort behaupten den Sinn haben soll, den ihm sämtliche deutschen Wörterbücher geben, nämlich 1) etwas für wahr, zutreffend erklären, 2) etwas erfolgreich verteidigen, aufrechterhalten, behalten (eine Meinung).

Es gibt also in der belletristischen Literatur diese Antinomie gar nicht, die das Oberlandesgericht aufstellt, dies Entweder-Oder zwischen «Tatsachenbehauptung» und «dichterischer Phantasie». Es gibt nur die neugeschaffene Einheit aus Wirklichkeit und Phantasie. Das gilt auch für die sogenannte engagierte Literatur, auch sie ist, wenn sie etwas taugt, nicht auf die eine oder andere Ebene reduzierbar. Auch die Ansicht des Oberlandesgerichts, die strittigen Zeilen würden vom Durchschnittsleser «beim Wort genommen», ist schon unter diesem Aspekt höchst angreifbar. Denn ein Beim-Wort-Nehmen literarischer Texte schöpft diese nicht aus, das wäre eine arge Reduktion auf nur eine Bedeutung. Literarische Texte ohne Berücksichtigung ihres Kontextes bloß «beim Wort» zu nehmen, wäre so widersinnig wie einen juristischen Schriftsatz ohne jede Neuformung als Gedicht anzubieten.

Es ist nun Sache des BGH zu entscheiden, inwieweit die Moritat Helmut Hortens Persönlichkeitsrechte verletzt hat und inwieweit die ausführlich belegten und Horten anklagenden Sätze des «Stern» weniger verletzend sein sollen als die nur andeutenden Sätze des Gedichts. Und ob die von mir aus guten Gründen gewählten Formulierungen so weit von der unstreitigen Wahrheit entfernt sind, dass sie als schwerer Eingriff in das Persönlichkeitsrecht zu werten sind. Dabei wird wahrscheinlich wieder die Frage auftauchen, ob es opportun sei, eine lebende Persönlichkeit, beim Namen genannt, zum Gegenstand eines Gedichts zu machen. Auch dazu noch eine Anmerkung.

Die Moritat steht in der Tradition des Bänkelsangs, einer

Form, die schon immer Personen und Ereignisse der Zeit-geschichte in den Mittelpunkt stellte. Professor Karl Riha hat das in seinem, dem Gericht vorliegenden Gutachten hinreichend erläutert. Sie steht aber auch in einer zweiten Traditionslinie, und ich bitte es mir nicht als Unbeschei-denheit auszulegen, wenn ich in zwei Sätzen auf große Dichter hinweise. Ob Sie Walther von der Vogelweide oder François Villon lesen, Klopstock oder Lessing, ob Sie Heine oder Herwegh, Erich Kästner oder Brecht, ob Sie Enzens-berger oder Biermann lesen – um nur bekanntere Namen zu nennen –, überall werden Sie ähnliche Gedichte finden, manchmal sprachlich differenzierter, manchmal aggressiver, manchmal ein wenig versteckter, aber immer mit einer öf-fentlich interessanten und fast immer mit Namen und Funk-tion genannten zeitgenössischen Person als Gegenstand. Es ist allerdings nicht bekannt geworden, dass Papst Innozenz III. gegen Walther von der Vogelweide wegen Gedichten, in denen der Papst immerhin als Teufel bezeichnet wird, prozessiert hätte, oder Friedrich der Große gegen Friedrich Gottlob Klopstock, Christoph Martin Wieland gegen Jo-hann Wolfgang Goethe, König Ludwig von Bayern gegen Heinrich Heine, Hugo Stinnes gegen Wladimir Majakowski, Präsident Johnson gegen Erich Fried, Kurt Georg Kiesinger gegen Wolf Biermann usw. Alle diese Herren haben sich ent-schieden, nicht gegen die Dichter zu klagen. Helmut Horten hat sich, wenn auch mit peinlicher Verspätung von sieben Jahren und erst nach der Publikation der Moritat im «Gro-ßen Deutschen Balladenbuch», anders entschieden. Das ist sein gutes Recht. Aber Herr Horten hat nicht das geringste Recht, die seit Jahrhunderten oder seit 1949 geläufigen Frei-heiten der Literatur anzutasten.

Wahrscheinlich werden die Anwälte der Gegenseite hier empört protestieren, darum gehe es nun wirklich nicht. Doch der Tonfall ihrer Schriftsätze spricht eine deutliche Sprache. So wird beispielsweise die Freiheit der Schriftsteller, sich ihren Gegenstand auch in natürlichen Personen zu suchen, als «Selbstbedienung» denunziert. In dem Vorwurf der «Selbstbedienung» (falls hier nicht «Ladendiebstahl» gemeint ist: denn ich habe ja bis jetzt für den Griff nach dem Horten-Material noch an keiner Kasse zahlen müssen) steckt die ganze Erbärmlichkeit der gegnerischen Anträge. Wenn es nach der Horten-Seite ginge, dürften literarische Gegenstände in Zukunft nur noch wie Waren von dafür angestellten Verkäufern gegen entsprechende Preise freigegeben werden. Es ist Sache der Gegenseite, wenn sie auch in einem Literaturprozess nur in Kategorien des Kaufhauses denken kann, wenn sie die Kategorien von Eigentum auf beängstigende Weise verwechselt mit demokratischen Grundwerten und den Kategorien von Literatur. Aber genau hier steckt das Kernproblem des Prozesses, diese Verwechslung zeigt den Abgrund von Ahnungslosigkeit, in dem die Gegenseite manövriert.

Diese Verwechslung, dieser Angriff ist mit einer ökonomischen Bedrohung allein durch die Kostenlast des Verfahrens verbunden. Deshalb erfüllt dieser Prozess all die mit Sorge, die mit Literatur zu tun haben. Dem Bundesgerichtshof liegt die Erklärung von fast fünfzig namhaften Lyrikern unseres Landes vor, die Helmut Hortens Vorstoß auch als Angriff auf ihre künstlerische Arbeit, auf die seit Jahrhunderten erkämpften und nur in Demokratien gesicherten Freiheiten der Kunst empfinden. Dieser Erklärung haben sich die Lektoren aus allen literarischen Verlagen der Bundesrepublik angeschlossen, weil auch sie die beängstigenden Konsequenzen des Horten'schen Verbotsantrags sehen. Dem Gericht liegen außerdem die Prozesskommentare der überregionalen Presse vor – alle Kommentatoren haben für die Horten-Argumente außer Spott und Empörung im besten Fall Verständnislosigkeit übrig.

Oft bin ich nach den möglichen Motiven Hortens gefragt worden, diesen aufwendigen Prozess angestrengt zu haben. Denn erst dieser Prozess hat das Gedicht populär gemacht, und mit dem Wunsch des Verbots der Moritat oder einzelner Zeilen hat Horten sein Persönlichkeitsbild in der Öffentlichkeit mehr angegriffen als jedes Gedicht es vermocht hätte. Das Motiv der Künstlerförderung, der Erhöhung meines Marktwerts als Schriftsteller kommt im Ernst wohl nicht in Betracht. Ich kenne die Motive nicht. Ich kann nur ein Motiv vermuten, das der Einschüchterung, des Exempelstatuierenwollens, das Bedürfnis nach Satisfaktion. Gegen den mächtigen «Stern» hat Horten keinen Prozess gewagt, gegen einen mittellosen Lyriker jedoch, der sich auf den «Stern» beruft, konnte der Streitwert nicht hoch genug sein. Auch mit dem vom Landgericht Hamburg reduzierten Streitwert wären die Kosten bei einer Prozessniederlage unserer Seite für mich in jedem Fall zu hoch. An die zehntausend Mark für jede der beiden noch strittigen Zeilen, das ist für einen vielhundertfachen Millionär weniger als ein Jux. Für einen Verlag, dessen Prinzip es ist, so sparsam wie möglich zu wirtschaften, wären zwanzigtausend Mark fast so viel wie die gesamten Personalkosten eines Monats und damit ein schwer zu verkraftender ökonomischer Schlag. Und mir nimmt jeder Fünfhundertmarkschein, den ich in diesen Prozess stecken müsste, ein spürbares Stück meiner Freiheit weg, das zu schreiben, was ich will und muss. Und das fände ich umso bitterer, als ich diesen Verlust, diese Schulden einem Mann zu verdanken hätte, der sich des schnöden Mammons wegen, einiger hundert Millionen DM wegen – selbstverständlich ganz legal – aus dem Geltungsbereich unseres Grundgesetzes entfernt hat.

Eine letzte Bemerkung: Die Geschichte der Literatur ist voll von Konflikten der Art, wie sie heute hier verhandelt wird. Diese Konflikte sind je nach Epoche und Gesellschaftsordnung mit verschiedenen Mitteln gelöst worden, mal mit Verhaftungen, mit Mord, mit Drohungen, mal mit Verbannungen, Verordnungen oder ökonomischen Mitteln, erst neuerdings mit ordentlichen Prozessen. Oft aber sind sie überhaupt nicht «gelöst» worden, und das hat sich fast immer als weise herausgestellt. Wo Literatur mit außerliterarischen, auch mit juristischen Maßstäben bewertet wurde, haben sich diese Bewertungen im Nachhinein fast immer als kurzsichtig herausgestellt – und nicht die Literatur hat sich blamiert. Diese Konflikte sind wohl nur damit zu lösen, dass man sie bewusst offen lässt.

Nein, wir Schriftsteller fordern keine Sonderrechte für die Literatur. Aber wir können, meine ich, eine prinzipielle Anerkennung, einen Respekt vor der Eigenart der literarischen Kunst beanspruchen, die, wie unter gebildeten Menschen bekannt, sich nicht auf die Eindeutigkeit des üblichen Sprachgebrauchs reduzieren lässt. Wo diese Anerkennung fehlt, beanspruchen wir wenigstens Schutz vor jenem Abgrund an Ahnungslosigkeit von Leuten, die Literaturprozesse anstrengen ohne Kenntnis der deutschen Grammatik. Und Schutz vor Leuten, die, aus welchen Gründen auch immer, unfähig sind zu lesen.

Am 8. Juni 1982 gab der Bundesgerichtshof der Revision statt. Damit war Hortens Klage in allen Punkten abgewiesen, er hatte sämtliche Kosten zu tragen.

IV. Mauer-Unterwanderungen

Kunert und andere «negative DDR-Bürger»

Heute ist es hin und wieder zu sehen, das Foto: Drei jüngere Männer ringen mit einem vielfach verdrehten und verschlungenen, Schultern, Arme und Beine einschnürenden schwarzen Gartenschlauch. Die Hände gereckt, die Beine angewinkelt, die Gesichter in gespieltem Schmerz. Mit symmetrischen Gesten und dreifachem Augenzwinkern werden Laokoon und seine Söhne karikiert, vorne Gras, im Hintergrund Bäume. Nicolas Born spielt den Vater, rechts und links von ihm posieren Günter Kunert und ich.

Dem Foto sieht man nicht an, wo es gemacht wurde: In Ostberlin, genauer gesagt in Nordberlin, im Garten der Kunerts in Berlin-Buch. Frau Marianne schoss an diesem Nachmittag noch einige Bilder mit ähnlichen Motiven, zwei Schriftsteller aus dem Westen mit einem aus der DDR in parodistischen Posen. Auch das war typisch 1968, im immer noch kalten Krieg.

Mit solchen Späßen spielten wir die Mauer weg, die zwischen uns lag, verlachten den Ernst der bürokratisch-sadistischen und umständlichen Rituale des Grenzübergangs. Die Gartenschlauchschlange Laokoons, vielleicht ein Bild für die staatlichen Hindernisse, die unsere Verabredungen und Treffen so kompliziert machten. Auch andere

Interpretationen sind möglich, zwischen Troja und Gartenschlauch, Laokoon gibt viel her.

Zu dritt trafen wir uns nicht oft. 1968 kannte ich Kunert bereits fünf Jahre und Born ebenfalls, aber erst in diesem Jahr fragte Born, ob er mal mitfahren könne zu Kunert, den wolle er kennenlernen. Born, der anregendste unter den westlichen Freunden, der ehrlichste, der kritischste. Er mochte das arrogante, das bescheidwissende Getue von Künstlern nicht und erst recht keine Selbstzufriedenheit. Besonders skrupulös den eigenen Texten gegenüber, spornte er jeden anderen Schreiber zu mehr Selbstkritik an, immer freundlich, oft witzig, zuweilen kumpelhaft grob. Er suchte das Neue, das Schwierige, das unfertig Gedachte – und fand in Kunert den Gesprächspartner, der als einer der Ersten in der DDR über ökologische Fragen nachdachte.

Mit Kunert hatte ich buchstäblich das große Los gezogen. Das kam so: Gerade im westlichen Berlin angekommen, hatte ich im Frühjahr 1963 ein paar Gedichte an Zeitschriften geschickt. Von einer, der «alternative», wurden sie gedruckt, gleich darauf lud mich der Redakteur Volker von Törne ein, in der Redaktion das Ressort Lyrik zu betreuen. Kurz darauf übernahm Hildegard Brenner die Herausgeberschaft, eine Literaturwissenschaftlerin. Sie wollte eine theoretische Zeitschrift, da war kein Platz mehr für Lyrik. So war die Karriere als Lyrikredakteur nach wenigen Wochen vorbei, aber für den Übergang plante die Herausgeberin ein Heft mit der damals jüngsten DDR-Literatur und schickte ihre Mitarbeiter und Freunde los, bestimmte Autoren in Ostberlin zu besuchen und Manuskripte mitzubringen. Mir wurden die Namen Friedemann Berger und Günter Kunert zugeteilt. Die Mauer war gerade mal zwei Jahre alt – und

Ostwestberliner Laokoon. Günter Kunert, Nicolas Born und F. C. Delius 1968.

in den meisten westlichen Verlagen boykottierte man die DDR-Literatur.

Eine Reihe von Glücksfällen also, die mich zum ersten Mal durch die Mauer führte, im Herbst 1963, zuerst zu Berger, ein Lyriker und Theologiestudent meines Alters, der für einige Jahre ein Freund wurde. Dann weiter, von der Tucholskystraße, vom Bahnhof Friedrichstraße nach einer endlos langen Fahrt mit der S-Bahn bis Plänterwald und auf düsteren Wegen, natürlich bei Regen und Wind, in die Defreggerstraße und hinauf in den vierten Stock. Tiefer Osten, fremd, finster, alle Vorurteile bestätigt.

Hinter der Wohnungstür ein kleiner, dünner Mann und eine große rundliche Frau, ein heiteres, eingespieltes Paar, das den schüchternen Fremdling aus dem Westen, der noch nicht wusste, wie man sich gegenüber Ostlern zu verhalten hatte, mit Herzlichkeit empfing. Ein Band von Kunert war gerade bei Hanser erschienen, «Erinnerung an einen Planeten», mehr wusste, mehr kannte ich nicht von ihm. Ich stellte unser Projekt vor. Es war klar, dass wir keine parteinahe Literatur wollten, sondern die besten der jüngeren, die mutigsten, teilweise von der SED angegriffenen Autoren, die im Westen allesamt noch völlig oder so gut wie unbekannt waren. Berger, Manfred Bieler, Wolf Biermann, Johannes Bobrowski, Volker Braun, Adolf Endler, Franz Fühmann, Peter Hacks, Bernd Jentzsch, Rainer Kirsch, Kunert, Hartmut Lange, Heiner Müller, Christa Reinig, Erwin Strittmatter und ein paar andere waren im Dezemberheft 1963 der «alternative» versammelt.

Keine Ahnung, was Marianne und Günter Kunert von diesem stillen Zwanzigjährigen aus dem Westen hielten, ob sie misstrauisch waren, weil er mehr zuhörte als redete, ob er ihnen naiv erschien oder nicht. 1997 hat Kunert in seinen Erinnerungen geschrieben: «Dieser Gast saß bescheiden am Rande des Tisches und beteiligte sich zurückhaltend am Gespräch. Er wurde gemeinhin nur mit den Kürzeln seines

Abwärtsaufwärts in Kunerts Garten, Berlin-Buch.

Vornamens genannt: FC, weil die meisten Schriftsteller Fußballfans waren ...» Beide Kunerts waren neugierig, sie schienen offen, sie deuteten Schwierigkeiten mit den Behörden an, erzählten von komischen Besuchern aus dem Westen, sie waren munter, es gab viel zu lachen. Er zeigte seine Gemälde und Holzschnitte vor, eine bunte, sinnliche, kleindionysische Welt, der angenehmste Kontrast zur Düsternis von Treptow.

Er gab mir zwei Gedichte mit und lud mich ein, bald wiederzukommen, und ich kam, nachdem ich ein paar Wochen später das Belegexemplar unter dem Hemd durch die Grenzkontrolle getragen und vorbeigebracht hatte, tatsächlich immer wieder. Vielleicht wegen der ansteckenden Heiterkeit, vielleicht wegen der kleinen Lektionen über das Nichtfunktionieren jenes Staates, der sich «realsozialistisch» nannte, um jede Veränderung abzuwürgen, die gegen das Funktionärswesen gerichtet war und über die «Realität» hinausging.

Erst nach und nach begriff ich Kunerts Rang, beispielsweise für Gedichte wie dieses hatte er meinen höchsten Respekt: «ALS UNNÖTIGEN LUXUS / Herzustellen verbot, was die Leute / Lampen nennen, / König Xantos von Tharsos, der / Von Geburt / Blinde.» Er war der einzige Autor der DDR, der auf der Höhe von Brechts «Buckower Elegien» weitergearbeitet hat.

Wir sprachen mehr über Zensur als über Literatur. Kunert erzählte offen von den Schwierigkeiten, die ihm die Funktionäre im Kulturministerium, im Verlag und im Fernsehen machten. Illusionen über den Kulturstaat DDR gab es hier nicht. Welchen irrwitzigen Schikanen er in jenen Jahren ausgesetzt war, kann man in seinen Erinnerungen «Erwachsenenspiele» nachlesen. An den sogenannten sozialistischen Errungenschaften blieben nicht viele gute Haare. Die besten Hausmittel gegen den hohlen Ernst dieses Staates waren ein fast britischer, sich selbst karikierender Witz, unermüdliche Kalauerei und frotzelndes Lachen, und so ging ich in der Defreggerstraße und später in Berlin-Buch in eine der besten Schulen für fröhliche Skeptiker.

Der erste Schritt durch die Mauer hatte zur Folge, dass ich nach und nach auch andere Autorinnen und Autoren besuchte – einige, bis sie im Westen waren, andere, bis die Mauer fiel. Die Stasi fasste es 1983 so zusammen: «D. hatte bereits seit 1968 Verbindungen zu negativen DDR-Bürgern aus dem kulturellen Bereich.» Wie immer ist etwas falsch an solchen Berichten: seit 1963. Ansonsten eine lehrreiche Behauptung: «negative DDR-Bürger». So einfach machte es sich dieser Staat mit denen, die nicht der Parteilinie folgten.

Wenn die beiden Kunerts nicht so ausnehmend herzlich und aufrichtig gewesen wären, sogar beim Klagen noch ironisch und heiter, denke ich manchmal, wer weiß, ob ich mich dann auch mit so viel Neugier unter den Literaten des Nachbarlandes umgetan hätte, mehr und mehr in der Rolle als Verlagsbote und Lektor, oft einfach nur als der Kollege oder Freund aus dem Westen.

Was mich in die andere Hälfte der Stadt lockte, waren die Dichter – aber nur die, die mehr Freiheit suchten, als sie hatten. Vielleicht war ich huchelgeprägt: man wusste, der große Dichter Huchel saß, kaltgestellt von der Partei, zensiert, schikaniert, in den Wäldern bei Potsdam und war für Westler nicht erreichbar. Bei Huchel konnte einer wie ich nichts tun, aber es gab genügend Autoren in Ostberlin, die größeren oder kleineren Beistand wünschten – und mit größeren oder kleineren Schwierigkeiten zu kämpfen, das heißt zu schreiben hatten als wir im Westen. Irgendwas wurde immer gebraucht, sei es ein Scherblatt oder eine Hölderlin-Ausgabe, ein Paar Jeans, Verlagskontakte oder Brieftransporte, nicht zuletzt der Whisky aus dem Intershop.

Die Autoren, die mehr Freiheit suchten, als sie hatten, waren oft auch die besseren, literarisch überzeugenden und mutigeren Autoren. Das ist kein Zufall. Wer höchste künstlerische Qualität anstrebt und für sie eintritt, gibt sich in aller Regel nicht so leicht mit politischen Phrasen und Propaganda zufrieden. Und ist schwerer zum Spitzeln verführbar als mittelmäßige oder schlechtere Autoren. Es gibt Ausnahmen von dieser Faustregel – bei zwei meiner späteren Rotbuch-Autoren, Erich Köhler und Paul Gratzik, habe ich mich täuschen lassen. Erst neuerdings ist mir aufgefallen: Unbewusst habe ich Freunde und Bekannte aufgrund ihrer literarischen Qualitäten und Neigungen gesucht und gefunden.

Also Kunert, Biermann, Karl Mickel, Kurt Bartsch, Sarah Kirsch, Rainer Kirsch, Volker Braun, Heiner Müller, später Thomas Brasch, Stefan Schütz und, im Westen, Jürgen Fuchs und Hans Joachim Schädlich, das waren für viele Jahre die wichtigsten Adressen. Adolf Endler, Bernd Jentzsch und den Lyriker Richard Leising, dem ich von 1970 bis 1978 vergeblich wegen eines Gedichtbandes hinterherlief, hätte ich gern öfter gesehen – aber es waren schon viele, da fehlte die Zeit. Was in Westberlin unter Künstlern normal war – in größeren oder kleineren Runden am Biertisch sitzen und palavern –, ging in Ostberlin überhaupt nicht, da waren fast nur Einzelgespräche möglich. Vorsicht, bloß keine Gruppenbildung! Schlag 23.59 Uhr musste man wieder an der Grenze sein,

Nach der letzten Lesung («Die Birnen von Ribbeck») am letzten Tag
der letzten Tagung der Gruppe 47 in Schloss Dobriš / Tschechien 1990.
Mit Heinz Czechowski und Hans Joachim Schädlich.

und der Lektorenberuf bestand ja nicht nur aus Tagesreisen
in die andere Hälfte der Stadt.

So viele Autoren, alle mehr oder weniger «negative
DDR-Bürger aus dem kulturellen Bereich», so oft getroffen,
und dann für linke, DDR-kritische Verlage gearbeitet, ist da
den Profis von der Staatssicherheit nichts aufgefallen? Doch,
aber offenbar nur die Nebensachen (die Sascha-Anderson-
Zeit kam ein, zwei Jahrzehnte später). Einige Jahre haben sie
mich beschattet, wie ich den Akten entnehmen konnte, ich
war das Objekt «Fahrer».

Der Anlass anekdotisch: Kunert fuhr schon Ende der
sechziger Jahre einen Westwagen, einen Renault 16, und
brauchte neue Reifen, es war im Sommer 1970. Katia Wagenbach und ich sind deshalb im September 1970 mit zwei
Autos nach Ostberlin gefahren und hatten statt der Ersatz-

reifen je einen Reifen für Kunert eingeladen. Zunächst waren wir bei Biermann, hatten dort etwas zu besprechen und luden dann, nachdem wir uns vorsichtig umgeschaut hatten, auf dem Parkplatz an der Friedrichstraße den Reifen aus meinem Auto in das andere, wobei wir beobachtet und fotografiert worden sind. Katia Wagenbach ist mit den Reifen zu Kunert gefahren, der aber nicht da war – deshalb hat sie die Reifen bei einem Nachbarn im Haus abgeliefert, der eine Werkstatt im Keller hatte. Daraus hat die Stasi eine riesige Verdachtsgeschichte fabriziert, man meinte, irgendwelche geheimen Materialien seien von diesem jungen Mann, den sie als Studenten registriert hatten (FU-Studenten waren einst Fluchthelfer gewesen), in den Reifen von Biermann zu dem Nachbarn transportiert worden. Dass wir uns vor der Reifenübergabe vorsichtig umgeschaut hatten, sprach eindeutig für konspirative Tätigkeit. Man hatte den Verdacht, «daß die genannten Personen in Verbindung mit Biermann ein Kuriersystem aufgebaut haben und PKW-Räder als Container zur Übermittlung von Materialien benutzen».

Die Reifen wurden beschlagnahmt, eingehend untersucht – natürlich wurde nichts gefunden außer Luft. Die Observierer waren so konditioniert, dass sie mich nur als Spion betrachten konnten, nicht als Texte-Schmuggler oder Lektor oder Freund. So wurde «Einreisefahndung mit Beobachtung über D.» eingeleitet, «um festzustellen, welche Treffpartner, Anlaufstellen und Objekte D. in der Hauptstadt der DDR aufsucht». Dass die Reifen für Kunert waren und nur für sein Auto passten, hat man zuerst gar nicht gemerkt, dafür aber fleißig Schaubilder und Listen angelegt, wann und mit welchem Fahrzeug und mit wem ich «eingereist» war, mit meiner Freundin, meinem Bruder und dessen Freunden oder mit Nicolas Born. Ich merkte von alldem nichts, war allerdings im ersten Jahr der Beschattung auch weniger als sonst in Ostberlin und im zweiten Jahr sehr weit weg, in Rom.

Literaturanekdotisch ist das nur insofern interessant, als die Stasi-Leute trotz ihres Aufwandes mit dem Objekt «Fahrer» nicht merkten, dass ich mit dem gleichfalls observierten Lyriker Kurt Bartsch meinen ersten Besuch bei Heiner Müller machte im Oktober 1972 – weil sie Müller gar nicht kannten und nicht wussten, dass er in dem Haus wohnte, wo wir klingelten. Die Beschattung wurde dann offenbar eingestellt. Registriert wurden aber von 1973 bis 1976 auf langen Listen alle meine circa zweihundert Ostberlin-Besuche, im Schnitt einer pro Woche: Tag, Stunde und Minute der Ein- und der Ausreise, Autonummer, Passnummer, Übergang. Das war die Zeit ständiger Lektoratsgespräche mit Karl Mickel, Heiner Müller, Stefan Schütz, Thomas Brasch. Es sieht nicht so aus, als seien sie in diesen Jahren dem «Fahrer» noch bis an die Wohnungstüren gefolgt. Ich hatte auch keine Reifen mehr zu bieten und keine Kuriersysteme. Sondern viel heißere Ware: Papier, Literatur. Mit dünneren Büchern, die ich den Freunden mitbrachte und zwischen Rücken und Unterhemd versteckte, ist alles gut gegangen. Mit schmaler literarischer Konterbande, wie ich noch berichten werde, auch. Man durfte während der Grenzkontrollprozeduren nur nicht den Rücken krümmen, auch beim Öffnen der Motorhaube nicht. Gerade halten, nicht bücken.

Mit Hilfe der Stasi-Akte lässt sich immerhin die Vermutung bestätigen, dass 1968 das Jahr war, in dem die Westost-west-Laokoongruppe fotografiert wurde.

Biermanns «Drahtharfe» und
das Ende der DDR 1965

Biermann hören, in Ostberlin, live, in den sechziger Jahren, ja, das gab es – mein Freund Friedemann Berger hatte mich 1964 (oder Ende 1963) in die Humboldt-Uni geschleust, die für Westbesucher verboten war. In Havemanns überfülltem Hörsaal sang, brüllte, lachte, flüsterte und schluchzte Biermann seine besten Balladen, in jeder Sekunde war zu spüren: er sang den Studenten aus der Seele. Witzig und musikalisch raffiniert, in jedem Text frech gegen das Funktionärswesen und die totale Bevormundung durch die Partei. Es dürfte einer der letzten Auftritte des Sängers in seinem Land gewesen sein, unvergesslich und prägend für mein DDR-Bild. Bald danach die Langspielplatte mit seinem erstem Auftritt im Westen, («Wolf Biermann, Ost, zu Gast bei Wolfgang Neuss, West»), dann das Vergnügen, die Lieder, Gedichte und Balladen schwarz auf weiß in der «Drahtharfe» zu lesen, mit den Melodien im Ohr. Biermann, der Kommunist, galt auch im Westen als nicht ganz stubenrein, Suhrkamp und Rowohlt sollten das Manuskript als zu brisant abgelehnt haben, erzählte Wagenbach, während er Mühe hatte mit einigen eher zu harmlosen frühen Gedichten, «eine wilde Mischung aus Freddy Quinn und Jacques Prévert».

Der Erfolg der «Drahtharfe» war überraschend (dreißigtausend Exemplare im ersten Jahr), ihr Autor für den Westen ein neuer Heinrich Heine, der der DDR wehtat, für die DDR ein neuer Hausfeind, der als Westknecht galt.

Die Strafe folgte dem Erfolg. Im Dezember 1965 wurde

Biermann in einem ganzseitigen Artikel von Klaus Höpcke abgefertigt, damals Feuilletonchef des «Neuen Deutschland». (Kurz darauf wurde Höpcke mit dem Posten des stellvertretenden Kulturministers der DDR belohnt – bis zum Fall der Mauer, danach mit einem Mandat als Landtagsabgeordneter, die Partei ist leicht zu erraten.) Heute, da solche Texte nicht mehr geschrieben werden und selten zu lesen sind, kann man wieder zur Unterhaltung und Belehrung beitragen, wenn man längere Stücke daraus zitiert:

«Er greift auch in den Draht seiner Harfe, um gehässige Strophen gegen unseren antifaschistischen Schutzwall und unsere Grenzsoldaten erklingen zu lassen. Unter Einsatz ihres Lebens erfüllen die Genossen an den Grenzen ihre Pflicht des sozialistischen Patriotismus. Auch Biermanns Frieden und Wohlbefinden werden so behütet. Er aber gießt im Mantel der Ironie Haß über sie aus. Ist es etwa Zufall, daß solche Verse ausgerechnet in Westberlin gedruckt werden? Unsere Grenzsoldaten dienen dem Sozialismus und dem Frieden. Wem aber dient Biermann mit solchem Machwerk?

Für die Brautnacht mit der neuen Zeit seien unsere Herz- und Lendenkräfte noch schwach. Also spricht Biermann. Er soll doch seine eigenen persönlichen und politischen Schwächen nicht als den Aggregatzustand unserer Gesellschaft ausgeben. Er kommt mit unserer neuen Zeit nicht zurecht. Daran ist aber nicht die neue Zeit schuld.

(…) Von derartigen Problemen abzulenken, kommt den Strauß, Erhard usw. der Biermann gerade recht. Er und das Trara um ihn sollen helfen, die antidemokratische ‹Maulhalten›-Kampagne des Monopolkapitals abzudecken. Objektiv fällt er den westdeutschen humanistischen Kräften in den Rücken. Das große Leitwort ihrer Bemühungen ist das Engagement der Schriftsteller für Menschlichkeit und gegen ihre imperialistischen Zerstörer. Und da hinein tönt Biermann mit seinen Harfenklängen gegen den Staat des Humanismus in Deutschland, gegen die Arbeiter- und Bauernmacht in der DDR und gegen die Sozialistische Einheitspartei Deutschlands, unter deren Führung unser Volk mit dem Aufbau des Sozialismus seinen entscheidenden Beitrag zur Sicherung des Friedens leistet.

(...) Ich weiß nicht, ob Biermann noch der Bestürzung über solche Zusammenhänge fähig ist. In jedem Falle wird er sie leugnen wollen. Doch das würde ihm nichts helfen. Er, der nichts so fürchtet wie die Verantwortung, wird aus der Verantwortung nicht entlassen.

Tatsachen bleiben Tatsachen. Selbst radikale Umkehr kann sie nicht von heute auf morgen aus der Welt schaffen. Aber radikale Umkehr wäre die einzige Möglichkeit, überhaupt aus dem Sog antikommunistischen Liedermachens herauszukommen.

(...) In der Epoche des Übergangs der Menschheit vom Kapitalismus zum Sozialismus werden an Kampfesmut und Charakterstärke der Menschen besonders hohe Anforderungen gestellt. Das imperialistische System strömt Zersetzung aus und zieht Charakterlosigkeit an, ja bringt sie zu höchsten Ehren. In dieser Zeit gibt es erwiesenermaßen nicht wenige, die zwischen den Fronten stehenbleiben oder pendeln möchten. Das hat tiefgreifende geistige, moralische, charakterliche und – bei einem Künstler – künstlerische Folgen.

Wir meinen, daß es zu den Pflichten der sozialistischen Gesellschaft gehört, möglichst viele vor der abschüssigen Bahn, auf die das führt, zu bewahren. Dazu gehört nicht nur

Geduld, die staatliche Organe wie das Kulturministerium und gesellschaftliche Organisationen wie der Schriftstellerverband lange Zeit bewahrt haben. Geduld muss stets mit prinzipieller Stellungnahme gepaart sein. Wenn die Geduld in Duldsamkeit und Versöhnlertum umschlägt und zu Selbstlauf führt, wird sie schädlich. Mehr Angriffsgeist gegen Positionen ideologischer Koexistenz ist erforderlich.»

Ich zitiere das so ausführlich, weil hier zu zeigen ist, wie nützlich solche Texte sein können, welch erstaunliche Kraft zur Immunisierung in ihnen steckt und schon damals steckte. Ideologen unterschätzen ja stets den gegensinnigen Effekt ihrer Sprache, ihres Geredes. Was Imre Kertész über Schriftsteller sagt, gilt für jeden aufgeweckten Menschen: «Vielleicht macht nicht irgendeine Begabung den Menschen zum Schriftsteller, sondern die Tatsache, dass er die Sprache und die fertigen Begriffe nicht akzeptiert.» Hier genügte der Artikel eines SED-Funktionärs, um ein hartnäckiger SED-Verächter zu werden.

Zu der fürchterlichen Sprache und Terminologie des «Neuen Deutschland» kamen die erbärmlichen Argumente. Nicht nur, dass der Rezensent kein einziges literarisches Kriterium anführte, machte mich hellhörig, es stießen einen nicht nur die Tautologien des Parteijargons und die lächerliche Unterstellung ab, dieser Sänger diene Strauß, Erhard und dem Monopolkapital. Die Aufforderung zu mehr «Angriffsgeist» und die Absage an «ideologische Koexistenz», also an ein friedliches Nebeneinander, das war es, was den Widerspruchsgeist am entschiedensten weckte und einen sofort auf die Biermann-Seite gezogen hätte, wenn man da nicht längst gewesen wäre.

Hier war der Ulbricht'sche Stalinismus zu schmecken: Wer

239

anders denkt als die Partei, wird dem «Angriffsgeist» überlassen. Biermann, der sich öffentlich nicht wehren konnte,
wurde wochenlang, gesteuert von oben, an sämtlichen
Prangern der DDR verbal bespuckt, getreten, geschlagen –
ganz abgesehen davon, dass kein Gedicht, keine Zeile von
ihm in der DDR gedruckt, gesungen, gehört werden durfte,
niemand auch nur Original und Propaganda vergleichen
konnte. (Wie harmlos dagegen das Gestammel des Bundes-
kanzlers Erhard gegen die intellektuellen «Pinscher», das
ich auf der anderen Seite der Mauer mit Ironie und Spott in
einer «Dokumentarpolemik» aufspießen konnte.)

Der Artikel aus dem «Neuen Deutschland», den mir
Freund Berger mitgegeben hatte, um mich über seinen
Staat aufzuklären, auch dieser Artikel hat geholfen, keine
Illusionen über die DDR aufkommen zu lassen. Wo keine
Meinungs- und keine Kunstfreiheit, da konnte man nichts
Gutes erwarten, einen Sozialismus, der diesen Namen ver-
dient, schon gar nicht. Darum habe ich den Artikel des
Herrn Höpcke jahrzehntelang gefaltet im «Drahtharfe»-
Quartheft aufgehoben, er hat alle Umzüge überstanden,
ist mit einem Handgriff aus dem Regal zu holen: nützliche
Munition gegen DDR-Apologeten.

Mit dem politischen Verriss der «Drahtharfe» steuerte
die DDR bereits auf ihr Ende zu, jedenfalls in meinem
Kopf. Das wurde dann 1968 bestätigt, als mit den Panzern
der Warschauer-Pakt-Staaten in Prag auch die letzte Hoffnung verschwand, die «sozialistischen Staaten» könnten
von innen heraus reformiert werden: Aus Richtung Moskau
konnte nichts Gutes mehr kommen. In Berlin-West war man
da übrigens viel realistischer als in Marburg, München oder
Bonn.

Eine Folge der Kampagne gegen Biermann war, dass Klaus Wagenbach nicht mehr nach Ostberlin reisen und nicht mehr die Transitwege durch die DDR benutzen durfte. So wurden vor allem Katia Wagenbach und ich für die Kontakte zwischen Verlag und Autor eingesetzt. Das waren keine Sonntagsspaziergänge. Man wusste nie, ob man schon am Grenzübergang oder erst auf der Friedrichstraße oder vor dem Haus in der Chausseestraße von der Stasi ins Visier genommen wurde. Spätestens im Treppenhaus hätte man festgehalten werden können. Ich rechnete immer damit, beschattet zu werden, blieb vorsichtig, aber ich hatte keine Angst – denn ich war sicher, nichts Unrechtes zu tun, wenn ein paar Dinge mündlich zu klären waren, die dem Telefon oder der Post nicht anvertraut werden durften, weil die DDR Biermann zu ihrem Staatsfeind erklärt hatte. Ebenso wenig konnte ich in einem Reifentransport eine staatsfeindliche Aktion erkennen.

Anstrengend wurde es, wenn ich nach der oft einstündigen Grenzprozedur und dem Weg über die Friedrichstraße endlich im zweiten Stock klingelte – und der Sänger nicht da war oder nicht öffnete. Meistens konnte man sich ja nicht anmelden, nur auf gut Glück kommen. Wenn er nicht da war, ging ich jemand anderen besuchen und versuchte es später wieder. Eine Notiz in den Briefkasten zu werfen empfahl sich nicht, die Stasi-Leute wären keine Stasi-Leute gewesen, wenn sie dafür keinen Schlüssel gehabt hätten. Ein Anruf wäre töricht gewesen. Bei seiner Freundin Eva-Maria Hagen zu klingeln, eine Straße weiter, das war nur im Notfall erlaubt. Es blieb nur die Möglichkeit, irgendwann auf gut Glück wieder in den zweiten Stock zu steigen, vorgelassen und auf dem Sofa platziert zu werden und, nach Komplimenten und dem Anhören der neusten Lieder, des Sängers Redefluss zu unterbrechen und zur Sache zu kommen. Die Erfahrung, bei laut laufendem Radio zu sprechen, um die Abhörwanzen auszutricksen, vergisst man so schnell nicht. Biermann schlug auch daraus noch poetische Funken: «Die Stasi ist mein Eckermann.»

Eva-Maria Hagen, Schauspielerin, Sängerin, damals in der DDR so bekannt wie später ihre Tochter im Westen und heute ihre Enkelin, durfte eine Zeitlang nicht auftreten, Sippenhaft auch ohne Trauschein. Als man ihr wieder Auftritte erlaubte, fern in der Provinz und mit vergleichsweise harmlosen Liedern, fragte sie mich, ob sie bei zwei kleinen Liebesliedern, die Biermann geschrieben hatte, mich als Autor angeben dürfte. Das gehört zu den anekdotischen Mauer-Unterwanderungen, in Angermünde, Stendal oder Suhl als Deckname für den verbotenen Biermann gedient zu haben.

Die Grenze

Unterwanderung, das sagt sich so leicht. Am Grenzübergang Friedrichstraße ging das so: Anstehen bei der Passabgabe für Bundesbürger, Ausfüllen der Zollformulare, Warten auf Pass- und Gesichtskontrolle, Aushändigung des Besuchsvisums, Umtausch einer vorgeschriebenen Summe DM in Mark der DDR, Schlangestehen beim Zoll, Gepäck-, Taschen- und Geldkontrolle und hin und wieder eine Leibesvisitation mit ausführlicher Befragung woher, wohin, warum (den Namen Biermann nannte ich nie). Und alle Rituale begleitet von Willkür, Ernst und Mief. Hier lernte ich warten.

Während die unerbittlichen Grenzpolizisten den Pass prüften, registrierten oder sonst etwas damit anstellten, musste ich still sein und mich ducken. Nur selten war einer der wenigen Sitzplätze frei, es war schon Glück, sich an eine Wand lehnen zu können. Lektüre mitzubringen war verboten. Es lagen Propagandaschriften aus, da blätterte man zum Beispiel in einem Heft über das Gesundheitssystem der DDR, aber zwischen vierzig, fünfzig wartenden Menschen in einem überheizten fensterlosen Raum stehend, mochte man sich von den Vorzügen des ungeliebten Nachbarstaates nicht überzeugen lassen. Essen und Trinken war ebenfalls verboten, einmal hatten sie mich angeschnauzt, weil ich es gewagt hatte, auf dem Grenzterritorium in einen Apfel zu beißen. Wer versucht hätte zu fotografieren oder Notizen zu machen, wäre sofort als Spion abgeführt worden. Beschwerden über die lange Wartezeit oder die Willkür bei der Abfertigung wurden mit verlängerter Wartezeit bestraft. Erlaubt war nur das Sprechen, aber da sich alle in diesem Raum abgehört glaubten oder wirklich abgehört wurden, wollte niemand mit lauten Worten Verdacht auf sich lenken.

Es herrschte eine verdrückte Stille im Warteraum, in unregelmäßigen Abständen unterbrochen von den Befehlsstimmen unsichtbarer Grenzpolizisten, die Nummern aufriefen. Die Nummern waren wir. Alle schwitzten, es gab keine Möglichkeit, die Mäntel abzulegen. Jeder bemerkte den halbgiftigen Desinfektionsgeruch, der in den öffentlichen Gebäuden des merkwürdigen Landes alle anderen Gerüche übertrumpfte, die Duftmarke der DDR.

Einreisen, das hieß Gehorsam üben, sich einer Prozedur der Demütigung unterziehen und trotzdem in jeder Sekunde bereit sein, den Zeremonienmeistern im Hintergrund

Respekt und Dank zu zollen für die irgendwann gnädig gewährte Erlaubnis, den Fuß auf den fremden Kontinent, in die andere Hälfte der Stadt setzen zu dürfen.

An diesem öden Ort, dachte ich oft, bleibt dir nur eins, meditieren. Entspannen, tief einatmen, entspannen, woher, wohin, entspannen, Abstand fühlen, tief ausatmen, die Wünsche farbig durchs Hirn wehen lassen. Oder, wenn das nicht gut gelang, beobachten. Hier, wo niemals fotografiert oder gefilmt werden wird, wo kein Maler den Skizzenblock auspacken darf, da müssen die Autoren ran, da könntest du Beschreiben üben. Zum Beispiel die Farben, die keine Farben sind, sondern trübe, kaum definierbare Mischungen aus Grau und hellem Braun. Oder die Schalter, die Schilder, die Parolen, die Gesichter unter Uniformmützen, die Abfertigungstechnologie.

Noch spannender, die eigenen Landsleute vor den Uniformen des anderen Deutschland zu beobachten. Die Sekunde der Erleichterung und Entspannung im Gesicht bei den Wartenden, deren Nummer aufgerufen wurde: Sie hatten das Gewinnlos gezogen, durften die kleine Hölle des Warteraums verlassen und weitergehen durch das Fegefeuer der Kontrollen und in einigen Minuten das graue Paradies der Arbeiter und Bauern betreten. Die Enttäuschung der anderen, die nach dem Aufruf der Nummern sich weiter zur Geduld zwingen mussten und die Sitzhaltung oder das Standbein wechselten.

Man war vorsortiert als Einreisender mit dem Pass der Bundesrepublik. Ausländer und Westberliner mussten sich an anderen Schaltern drängen. Doch auch der gute Pass schützte nicht vor der diffusen Ängstlichkeit, die durch den Geruch, die Kacheln, die Tünche, den Warteschweiß, die militärischen Stimmen aufstieg. Nur Anfänger, die sich zum ersten Mal den langwierigen Kontrollritualen unterzogen, zeigten die Angst offen, staunend, fragend, mit zitternden Blicken. Routiniers, zu denen ich mich zählte, waren leicht an dem Lächeln über die Anfänger zu erkennen und an der gespielten Lässigkeit beim Hinundherschlendern zwischen den Wartenden, mit der sie ihren Groll gegen die überlange Musterung kaschierten.

So verschieden die Nuancen schweigender Mienen und verkrampfter Körperhaltungen waren, alle duckten sich vor der fremden Macht wie Untertanen. Auch ich, der doch antiautoritär sein wollte. Hier kuschten wir gemeinsam, die Alten, die Jungen, Frauen, Männer, Rechte, Linke, Schlauköpfe, Dummköpfe, Freunde wie Feinde des ersten, wie die Parolen prahlten, sozialistischen Staates auf deutschem Boden.

Mickel, Lachmund und das Selbstbewusstsein

Nicht nur die «alternative», nicht nur Klaus Wagenbach mit seinen Autoren Johannes Bobrowski, Stephan Hermlin und Wolf Biermann sorgten Anfang der sechziger Jahre dafür, die Ost-West-Beziehungen mit den Mitteln der Literatur zu entkrampfen. Einer Gruppe von Studenten der TU gelang es, im Wechsel mit Westberliner Autoren eine Reihe von DDR-Dichtern zu Lesungen einzuladen, die meisten jung und kritisch, aber auch einen wie Hermann Kant, der sich schon damals blamierte. Höhepunkt war eine Veranstaltung im Winter 1964 in der Westberliner Akademie der Künste mit Lyrikern aus Ost und West. Bobrowski, Volker Braun, Karl Mickel, Heinz Czechowski, Paul Wiens auf der einen, Günter Grass, Peter Härtling, Christoph Meckel, Volker von Törne, Delius auf der anderen Seite. Es muss eine Phase gewesen sein, in der die SED einige ihrer Literaten reisen ließ – mit der S-Bahn. Eine Großveranstaltung, die Akademie war überfüllt. Der Moderator war Uwe Johnson, der, um nicht von «Westberlin» und «Ostberlin» oder «Hauptstadt der DDR» zu sprechen, die Autoren ihrem jeweiligen Stadtbezirk zuordnete, Bobrowski aus Berlin-Friedrichshagen, Meckel aus Berlin-Friedenau usw.

Ein Autor fiel da besonders auf, Karl Mickel mit seinem Gedicht «Der See», eins der bildkräftigsten, kühnsten Gedichte der deutschen Nachkriegslyrik. Die Zuhörer waren hingerissen von dieser Attacke auf lyrische Bravheit und Bescheidenheit, Grass rühmte das Gedicht sofort.

Diesen Autor, der so völlig anders schrieb als ich, wollte ich kennenlernen. Das war nicht schwer. Er suchte Kontakte im Westen, nicht zuletzt der Klassikerausgaben wegen, die er brauchte, Goethe in der Hamburger Ausgabe zum Beispiel. Bezahlt wurde von DM-Honoraren, die Mickel von Rundfunkanstalten und Verlagen im Westen bekam und die ich für ihn verwaltete. Übrigens, auch Klassiker konnten staatsgefährend sein. Einmal wurden mir Bände der Beißner'schen Hölderlin-Ausgabe konfisziert, was Sarah Kirsch, die damals mit Mickel lebte, bis heute und völlig zu Recht als Beispiel anführt für den Angstwahnsinn der sogenannten Grenzorgane.

Niemand hat so beharrlich nach meinen Texten gefragt wie der politisch übervorsichtige und zurückhaltende, aber literarisch strenge Mickel. Gern sagte er seine Meinung dazu, nicht immer schmeichelhaft. Er wollte, dass ich Neues mitbringe, hat sehr genau gelesen, so gründliche Lektüre war ich im Westen nicht einmal von Wagenbach gewohnt. Ihm gefiel die Tendenz zum schnoddrigen Prosaton in der Lyrik nicht, der in den späten sechziger Jahren im Westen modisch wurde. Er drängte auf mehr Formstrenge, wir haben diskutiert über Zeilen, Metrik, Rhythmik, nicht über «kapitalistische» oder «sozialistische» Poetik. Vor allem hat er mir empfohlen: Sei nicht so leise, so schüchtern, mach dich nicht klein, formuliere frecher, kühner, formbewusster, also selbstbewusster! Denn ich neigte immer noch zu selbstanklägerischen Gesten, mäkelte in meinen lyrischen Texten zu viel an mir herum. So habe ich als hessisch-berliner Autor auch von der Formstrenge der «Sächsischen Schule» profitiert.

Mickel wurde der lachende Lehrmeister Nummer vier. Sein schallendes Lachen, anders als das pubertär kichernde von Wagenbach, das geistreich knallende von Höllerer, das frotzelnde von Kunert, war eines, das Konflikte, Abgründe, Widersprüche schon ahnte, bevor sie ausgesprochen waren. Ein dialektisches Lachen, ein über den Dingen stehendes, ein sächsisch oder goethisch gefärbtes Weltgeist-Lachen. «Lachmund» ist nicht umsonst der Name der Titelfigur seines bedeutenden Romans geworden. Er schwärmte für Pindar und John Donne, erklärte Hölderlin. Nicht Germanisten, sondern dieser Ökonom brachte mir Respekt vor Schiller und Goethe bei, er zeigte, wie kühn sie dachten und in welchen Details die Größe der Klassiker steckte.

Und Mickel las mir vor, ganze Prosakapitel, Essays, Gedichte, und ich sagte, was nach meiner Meinung schwer verständlich oder vielleicht zu bessern sei. Aber er brauchte

*Gruppenbildung in der DDR 1967 – mit Günter Kunert, Karl Mickel,
Friedemann Berger.*

meine Kritik eigentlich nicht, ich war es, der hier gelernt
hat. Zu Zeiten des Regierenden Bürgermeisters Schütz, als
Politiker über einen möglichen oder unmöglichen Kulturaustausch zwischen den beiden deutschen Staaten redeten
und über «Anerkennung» stritten, also 1968, betrieben
wir diesen Austausch, lachend, Unter den Linden, wie mein
Gedicht «An Mickel» belegt:

«Schütz salutiert, es salutiert Berlin. Doch hier / In deinen Sesseln sitzen Biographen, die / Sich anerkennen, die
sich was erzählen. Lebhaft / Gestaltet sich im Bereich der
Ringbahn der / Kulturaustausch. Fixiert aufs Grundrecht
Kunst / Trinken wir auf Zukunft und auf / Die metrischen
Anstößigkeiten gegen / Den laufenden Geschmack. Jeder
entscheidet für sich, / In welche Richtung der Trinkspruch
abgehn soll: / ‹Fuck off!›, so hallts noch lange durch die /
Beste aller Lüfte.»

Mickel war ein schwieriger Vertreter, ein großer Verhüllungskünstler, eine männliche Sphinx. Er hat seine politischen Anspielungen meistens so versteckt, dass man sie als Westler oft gar nicht, als DDR-Bürger kaum verstand. In meinen acht Lektorenjahren hat er mir immer mal wieder aus dem damals entstehenden, wunderbaren «Lachmund»-Roman vorgelesen. Er hielt es für zu gewagt, den in der DDR anzubieten. Ich hatte Mickel von Rowohlt abgeworben, zwei Bücher bei Rotbuch mit ihm gemacht, um irgendwann dieses Hauptwerk zu veröffentlichen. Doch alle Überredungsversuche halfen nicht. Er plane eine Trilogie, er habe doch Zeit, er wolle die drei Bände erst abschließen, er habe so viel zu tun an der Hochschule, die Frauen, usw. – an Ausreden fehlte es nicht. Er wollte nicht anecken, seinen relativ privilegierten Status in der DDR nicht gefährden. Es ärgerte mich, dass er sein Werk sabotierte – und in besonders eitler Bescheidenheit nur auf den Nachruhm hoffte. Erst Mitte der Siebziger sprach er mit seinem Verlag, dem Mitteldeutschen Verlag, über das Projekt. Wir von Rotbuch schlugen vor, dass er «Lachmund» zuerst dort veröffentlichen solle und wir gleichzeitig oder kurz darauf im Westen – man hat erst mich hingehalten, dann meine Nachfolgerinnen. Lizenzverhandlungen wurden immer wieder vertagt, und einen Alleingang im Westen wollte Mickel nicht. Heute wissen wir, dass die Stasi in Gestalt des Chefs des Mitteldeutschen Verlags die Publikation verhindert hat. So ist dieser großartige Roman leider erst nach der Wende erschienen, fast ohne Resonanz und ganz ohne Wirkung.

Heiner Müller und der Dschuhs

«Dschuhs», sagte Müller auf die Frage des Kellners, was er trinken wolle. Der Kellner verstand nicht, und Müller wiederholte, deutlicher: «Dschuhs!» Als auch das nichts nützte, übersetzte ich dem Kellner, was der DDR-Bürger wünschte, «Saft, Orangensaft». Der eine konnte nicht wissen, dass sich die DDR mit dem Import von englischen Begriffen für einfache Dinge wie «Saft» oder «Brathuhn» den Anschein von westlicher Weltläufigkeit verschaffen wollte. Der andere wusste noch nicht, dass diese Begriffe im Westen nicht verstanden wurden oder als besonders provinziell galten.

So fing die Geschichte an, die mich zum Müller-Lektor machte. Wir saßen im September 1972 mit Karlheinz Braun vom Verlag der Autoren und Klaus Wagenbach in einer Gaststätte im westlichen Berlin nicht weit vom Schillertheater, wo in der Werkstatt «Der Horatier» vorbereitet werden sollte. Der Frankfurter Theaterverlag der Autoren vertrat Müllers Stücke in der Bundesrepublik und versuchte, den Verleger und den Lektor des Wagenbach Verlags zu einer Publikation dieser Stücke zu animieren. Klaus Wagenbach war skeptisch, wie meistens. Mich interessierte dieser Autor, von dem ich damals nur ein edition-suhrkamp-Bändchen mit zwei spröden, von griechischer Mythologie und kaum verständlichen Problemen des Sozialismus inspirierten Stücken kannte. Er interessierte mich auch deshalb, weil er ähnlich schüchtern und zurückhaltend war wie ich. Freundlich eigensinnig wirkte dieser Ostberliner Sachse. Witzig, leise. Bescheiden, schwer durchschaubar, aber er schien genau zu wissen, was er wollte. Ich ahnte nicht, welche Schätze er in seinen Schubladen hatte. Da vertraute ich dem Gespür von Karlheinz Braun.

Es war die Zeit, in der Müller noch als «junger, begabter» Dramatiker (er war dreiundvierzig) und schon als schwierig, unspielbar gehandelt wurde. In der DDR war er seit mehr als zehn Jahren unerwünscht oder angefeindet, und im Westen fingen einzelne Theaterleute an, sich für die Stücke zu inter- essieren – nicht zuletzt deshalb, weil ihr Autor in der DDR so gut wie nicht gespielt wurde. Und weil Karlheinz Braun unermüdlich für ihn trommelte. Die zwei Bücher, die es von ihm gab, waren Ladenhüter. Sogar in der DDR: «Ödipus Tyrann», 1969 bei Aufbau erschienen, konnte man noch Jahre später kaufen, völlig ungewöhnlich für einen fast ver- botenen, totgeschwiegenen Autor. Und bei Suhrkamp lag «Philoktet / Herakles 5», für drei Mark zu haben, wie Blei. Wer, wie es auf den ersten Blick schien, über die alten Grie- chen schrieb, hatte keinen Markt. Gewinn und Ruhm waren mit Müller oder gar mit einer Müller-Edition nicht zu erwar- ten.

Im November 1972 besuchte ich, zusammen mit dem Lyriker Kurt Bartsch, einem langjährigen Freund von uns beiden, zum ersten Mal Müller in dessen Wohnung am Kis- singenplatz in Berlin-Pankow, um das Interesse des Lektors zu bestätigen. Klaus Wagenbach war eher unwillig, was Mül- ler betraf, ich wollte erst mal die Sympathie des Autors für unseren Verlag gewinnen, es reisten schließlich noch mehr Lektoren von westlichen Verlagen durch die Dichterwohn- zimmer Ostberlins. Wie es sich gehörte, brachte ich guten Whisky mit, Müller zögerte, sprach, um mich abzuschre- cken, von fünf oder mehr Bänden, die notwendig seien.

Ich tat so, als schreckte mich das nicht. Müller schien sich nicht festlegen zu wollen oder zu dürfen oder zu können, ein klares, uneingeschränktes Ja oder Nein hörte ich jedenfalls nicht von ihm. Er wollte erst einmal die Reaktionen auf die «Horatier»-Premiere am Schillertheater abwarten.

Nach dieser Premiere im März 1973, mitten in den Auseinandersetzungen mit Wagenbach, mitten im hektischen Siemens-Prozess, sprach ich wieder am Kissingenplatz vor, und nach der Gründung des Rotbuch Verlags konnten die Verhandlungen konkreter werden. Müller wünschte eine Werkausgabe von zunächst sieben Bänden – man stelle sich vor, was das heißt für einen gerade erst gegründeten Verlag und für ein Verlagskollektiv, das nach dem Krach mit Wagenbach von der ganzen Branche aufs Misstrauischste beäugt wurde: die Werkausgabe eines Unbekannten! Eines Stückeschreibers unverkäuflicher Stücke! Wir wussten, kein anderer Verlag würde so viel Kühnheit aufbringen. Also war es an uns, kühn zu sein.

Nach weiteren Besuchen in Pankow brachten die für Lizenzen und Pressearbeit zuständige Verlagskollegin Anne Duden und ich, mit voller Rückendeckung des Kollektivs und des Theaterverlags der Autoren, im Herbst 1973 eine Vereinbarung mit Müller zustande: Wir publizieren nach und nach, beginnend im Frühjahr 1974 mit «Geschichten aus der Produktion 1», eine Werkausgabe nach dem Vorbild der Brecht'schen «Versuche», also Texte in produktiver, reibungsstarker Reihenfolge und nicht im Käfig der Gattungen. Sieben Bände oder mehr.

Skepsis überall, als wir begannen («Einer, der Müller heißt und Stücke schreibt, ist nicht zu verkaufen. Unmöglich!», hieß es im Buchhandel). Von wenigen begeisterten

Theaterleuten abgesehen, waren die Rezensenten anfangs sehr zurückhaltend.

Doch die Werkausgabe wuchs, mehr und mehr Stücke waren im Westen zu sehen, nach den 68er-Theatermoden war ein Autor gefragt, der sich der strengsten klassischen Formen bediente. Als die DDR-Kultur-Zensoren merkten, dass Müller im Westen bekannt und ein Exportartikel wurde, mussten sie auch in der DDR mehr und mehr Inszenierungen zulassen. Allmählich konnte der Rang Müllers von der bundesdeutschen Literaturkritik und von der literarischen Öffentlichkeit nicht mehr ignoriert werden. Der Aufstieg von einem fast ungespielten Stückeschreiber der Provinz DDR zum Weltautor dauerte nicht länger als fünf, sechs Jahre, begleitet vom Wachsen der Werkausgabe und begünstigt durch die Ost-West-Gegensätze. Immer mehr rückte der Mann in den Mittelpunkt, der im Osten wie im Westen provozierend dissidentisch erschien, weil er den Sozialismus ebenso deutlich in Frage stellte wie den Kapitalismus, die Geschichte ebenso eigensinnig deutete wie die Denkmoden der Gegenwart. So wurde er für beide Seiten attraktiv, das Orakel in der Mitte, die Pythia von Pankow, über den Mauern, über allen Ideologien schwebend.

Für mich war er ein höflicher, bescheidener Autor, der sich eher darüber amüsierte, dass die einen ihn für einen Kommunisten, die andern ihn für einen Nihilisten hielten. Mich störte nur, dass er so unzuverlässig war und selten oder nie die vereinbarten Termine einhielt. Zu lektorieren gab es an Müllers Texten so gut wie nichts. Sie standen wie gestanzt auf dem dünnen, holzhaltigen Papier, oft mit handschriftlichen Korrekturen oder Streichungen. Hin und wieder machte ich Vorschläge, da ein Komma zu setzen, dort

Das Orakel von Pankow. Heiner Müller 1978.

ein Adverb zu streichen, hier ein Präfix zu präzisieren, viel mehr zu tun, wäre mir als Anmaßung erschienen.

Arbeit blieb genug, vor allem das Jonglieren mit der komplizierten Rechtslage. Am Anfang weigerte sich der Theaterverlag der DDR, Henschel, mit uns Verträge zu schließen, Müller musste drohen und kämpfen. Dazu immer wieder neue Abwägungen, wann und wie mit einer Behörde (wie dem «Büro für Urheberrechte», der Zensurbehörde für das «Ausland») zum Schein zu kooperieren sei, wann und wie sie ignoriert werden sollte, also Texte im Sinne der DDR «legal» zu drucken oder doch lieber illegal, ohne Aufhebens davon zu machen.

Fünf Jahre lang fuhr ich im Schnitt einmal pro Woche über die Grenze, die meisten Treffen dienten dazu, die Kleinarbeit voranzubringen und an Abgabetermine zu erinnern. Spannend war die Suche nach den vom Autor gewünschten Abbildungen und natürlich die Auswahl der Texte. Müller wollte unbedingt die Gleichförmigkeit und die Primitivordnung «Gesammelter Werke» vermeiden. Brechts «Versuche» waren der höchste Maßstab. Deshalb wurde die Zusammenstellung jedes einzelnen Bandes sorgsam abgewogen, die verborgenen Kommentare und Kontraste der Texte untereinander. Besonders bei der Prosa und den Gedichten fragte der Stückeschreiber immer wieder: «Taugt das was? Können wir das bringen? Lieber hier oder besser da?»

Die meisten dieser kleineren Texte (von «Bilder bedeuten alles am Anfang» bis «Todesanzeige»), aber auch die «Hamletmaschine» und vieles mehr trug ich versteckt über die Grenze. Es empfahl sich, auch die bereits genehmigten Texte, die vom Henschel Verlag als Bühnenmanuskripte gedruckt waren, am Körper über die Grenze zu bringen – man ersparte sich damit mürrische Nachfragen und Scherereien. Aber auch Druckfahnen waren so durch die Mauer zu tragen – und korrigiert zurück. Als Schmuggler bin ich nie erwischt worden, die Zöllner filzten im Allgemeinen nur das Auto, Taschen, Mäntel. Und fünf Minuten vor Mitternacht, hoffte ich, fingen sie keine Leibesvisitation mehr an. Angst hatte ich selten, trotzdem bekam das dünne Papier der Manuskripte, die ich unter dem Hemd verbarg, jedes Mal etwas Rückenschweiß ab.

Ich traute Müller. Auch in den wilden Zeiten nach der Biermann-Ausbürgerung 1976. Es war ein Vergnügen, ihn über Gott und Welt und alles reden und Witze machen zu hören – lange vor den Interviews, die ihm später einige Extraportionen Ruhm eintrugen. Konnten wir anfangs, beim Konzipieren der Bände «Geschichten aus der Produktion 1 und 2», noch halbwegs ungestört arbeiten, begann sich sein Wohnzimmer am Kissingenplatz etwa seit 1974 mehr und mehr zu füllen mit jungen Dichtern und Theaterleuten, auch verdächtigen darunter, mit Professoren und Studentinnen aus den USA und den ersten Fans aus der Bundesrepublik. Die Besucherfrequenz verdoppelte, verdreifachte sich zwischen 1973 und 1978, man konnte hier die Keimzelle des späteren Müller-Kults beobachten.

Wie alle, die ihn besuchten, bewunderte ich, wie er Probleme und Gedanken verknappte und vom Kopf auf die Füße stellte. Sein Lachen war das eines Schachspielers, der die drei Spielzüge voraussieht, mit denen er den Gegner mattsetzen wird. Sein Geheimnis war die leise Stimme – so wirkte jeder Zynismus, jede Unverschämtheit, jede Frechheit immer wie mit Understatement serviert, also schon wieder halb zurückgenommen. Zynisch war er eigentlich nur gegen Schwätzer und Ideologen, gegen die Mächtigen welcher Sorte auch immer. Ein friedlicher, freundlicher, großzügiger Mensch, der genau wusste, was ihm wichtig war und was nicht. Nur seine Witze konnte ich mir nicht merken. Selbst wenn er wieder einmal trotz aller Versprechen einen Text nicht fertig, Druckfahnen noch nicht durchgesehen hatte – jedes Mal verließ ich seine Wohnung, ob mit oder ohne Whisky im Kopf, heiterer, als ich gekommen war.

Nach 1978 setzten andere, vor allem Gabriele Dietze, die Betreuung der Werkausgabe fort, und ab Anfang der achtziger Jahre gab es für ihn wie für einige andere DDR-Autoren die Mauer nicht mehr. Da reiste er souverän von Ost nach West und zurück. Ich habe ihn bei Lesungen oder in Theatern ab und zu getroffen, er war zum Superstar geworden, umschwärmt von Theaterleuten, Journalisten, Jungakademikern, er stand im Rampenlicht. Seine zahllosen Verehrer und Vereinnahmer, die ihn mehr mit Whisky, Zigarren und Zynismus als mit seinem Werk in Verbindung brachten, machten ihn zur Marke: unser aller Heiner. Das schuf Distanz, das war nicht meine Welt, da nickte oder winkte man sich mal von weitem freundlich zu, das war's. Auch da ließ die Pythia sich nicht anmerken, ob ihr der Kult gefiel oder zuwider war.

Dieser Kult erreichte seinen Höhepunkt bei den tagelangen Totenfeiern im Berliner Ensemble im Januar 1996. Leider war das Wort «Dschuhs» da nicht zu hören. Heute erheitert mich der Treppenwitz unserer Editionsgeschichte. Eins hat Heiner Müller zeit seines Lebens oder zumindest während der Arbeit an der Rotbuch-Werkausgabe gehasst wie die Pest: Gesammelte Werke, nach Gattungen geordnet, den Produktionsprozess leugnend. Also genau das, was er nach seinem Tod von Suhrkamp bekommen hat, dicke, schwere, unverkäufliche Bücher, polierte Grabsteine.

Ein Kuss von Thomas Brasch

Die Verbindung stiftete Müller. Sein Wohnzimmer war, wie erwähnt, Mitte der siebziger Jahre so etwas wie ein kleiner literarischer Salon ohne feste Uhrzeiten. Ein Kommen und Gehen von Dichtern, Freunden, Fans und vermutlich auch von Spitzeln, hier traf ich Thomas Brasch. Vom ersten Moment an überraschte mich seine tänzelnde, aggressive Intelligenz, das Pathos seiner Nüchternheit und die Schärfe seines literarischen Urteils. Es muss im Frühjahr oder Sommer 1975 gewesen sein, in jenem Jahr erschienen nach langem Hin und Her einige seiner Gedichte, als Nummer 89 in der von Bernd Jentzsch herausgegebenen Reihe «Poesiealbum». Das Bändchen von zweiunddreißig Seiten genügte, um zu erkennen: Was für ein Dichter! Er lud mich ein, zu ihm zu kommen, er wolle mir seine Prosatexte zeigen. Ich zögerte nicht.

Auch bei Thomas Brasch und Katharina Thalbach in der Wilhelm-Pieck-Straße (jetzt Torstraße) saß der Gast in einem Ledersessel – heute kommt es mir so vor, als hätte es in jeder Ostberliner Dichterwohnung die gleichen alten, abgewetzten, ausgesessenen, wuchtigen, dunkelbraunen Sessel gegeben. Ich hielt ein Bündel von Erzählungen und kurzen Texten in der Hand, und schon nach wenigen Minuten der Lektüre war klar: Keine Frage, das müssen wir drucken! Eine luzide, raue, gestochene, mitreißende, amerikanische Prosa, besser als alles, was in den siebziger Jahren in der DDR auf diesem Feld geschrieben wurde, davon war ich sofort überzeugt. Ein neuer Stil der Direktheit und Illusionslosigkeit, ohne jede falsche Harmonie. Ein rebellischer Ton und rebellische Figuren. Beglückt, verstört, kommende Schwierigkeiten ahnend, voll Entdeckerfreude las ich weiter, las das Bündel durch, aus dem dann später der Band «Vor den Vätern sterben die Söhne» wurde.

Der Weg vom ersten Urteil zum fertigen Buch ist oft lang, im West-Ost-West-Literaturverkehr war er zudem hochkompliziert. Erst musste ein befreundeter Journalist das Manuskript in den Westen schmuggeln. Dann wurde im Rotbuch Verlag gelesen, der Lektoratsausschuss stimmte begeistert zu. Übrigens: zwei andere Lektoren aus dem Westen hatten einige dieser Erzählungen schon vor mir gelesen, beide waren von der Qualität überzeugt und hatten trotzdem abgelehnt. Ihre Verlage machten gute Geschäfte mit dem Aufbau Verlag und wollten es sich wegen der politischen Brisanz der Brasch-Prosa nicht mit der DDR verderben. Dass wir, ein sogenannter linker Verlag, den Mut hatten, uns bedingungslos auf die Seite des Autors zu stellen, hat Brasch erst ungläubig, dann mit Freude registriert. Das Risiko war groß, die DDR hätte mir und anderen Rotbuch-Leuten ein Einreise- und Durchreiseverbot (wie Wagenbach wegen Biermann) einbrocken oder die Müller-Ausgabe stoppen können. Brasch hatte so entschiedenen Beistand nicht erwartet, er überhäufte uns mit Zuneigung und Komplimenten, es schien, als hätte er sich verliebt in den Rotbuch Verlag. Und wir vereinbarten weitere Bücher mit Gedichten und Kurztexten.

In den siebziger Jahren durfte nach den Gesetzen der DDR das Manuskript eines Autors nur dann in westlichen

Verlagen erscheinen, wenn es zuvor bei zwei Verlagen der DDR abgelehnt worden war und wenn das «Büro für Urheberrechte» den Vertrag mit dem Verlag im Westen genehmigt hatte – die Lex Biermann. Brasch wollte seine Texte unbedingt in der DDR veröffentlicht sehen und hoffte nach verschiedenen Absagen bis zuletzt auf eine Zusage des Hinstorff Verlags. Wir hofften mit, denn eine solche Kooperation wäre wesentlich einfacher geworden als eine Konfrontation mit dem «Büro für Urheberrechte». Der Autor wollte keinen politischen Skandal, nicht als Dissident in Erscheinung treten. Seine Texte waren skandalös genug und seine Biografie sowieso: Sohn emigrierter Juden, der Vater ein hoher SED-Funktionär, der Sohn als Journalistikstudent 1965 exmatrikuliert wegen «Verunglimpfung führender Persönlichkeiten der DDR», als Filmstudent wegen Flugblättern gegen den Einmarsch in die ČSSR 1968 zu Gefängnis verurteilt, als Arbeiter in verschiedenen Berufen immer wieder angeeckt. Und nicht weniger an den Grundfesten der DDR rüttelnd die Prosa: Sie zeigte, dass der Arbeiter in diesem Sozialismus nichts zu lachen und die Jugend nichts zu hoffen hatte. Dazu Brasch: «In meinen Geschichten sind die Helden zum großen Teil Leute, auf deren Rücken Geschichte gemacht wird, die Geschichte zu erleiden haben und die daran kaputtgehen. Das sind zum großen Teil Leute, die dem Woyzeck näher sind als den Ideologien, als den Leuten, die die Macht haben.»

Hinstorff hielt ihn und uns hin. Er hatte eine klare Strategie: Wenn sie mein Buch nicht drucken, dann habe ich keine Arbeitsgrundlage mehr in der DDR, dann werde ich einen Ausreiseantrag stellen, und wenn ich ausreise, soll das Buch im Westen sofort veröffentlicht werden. Das deutete oder

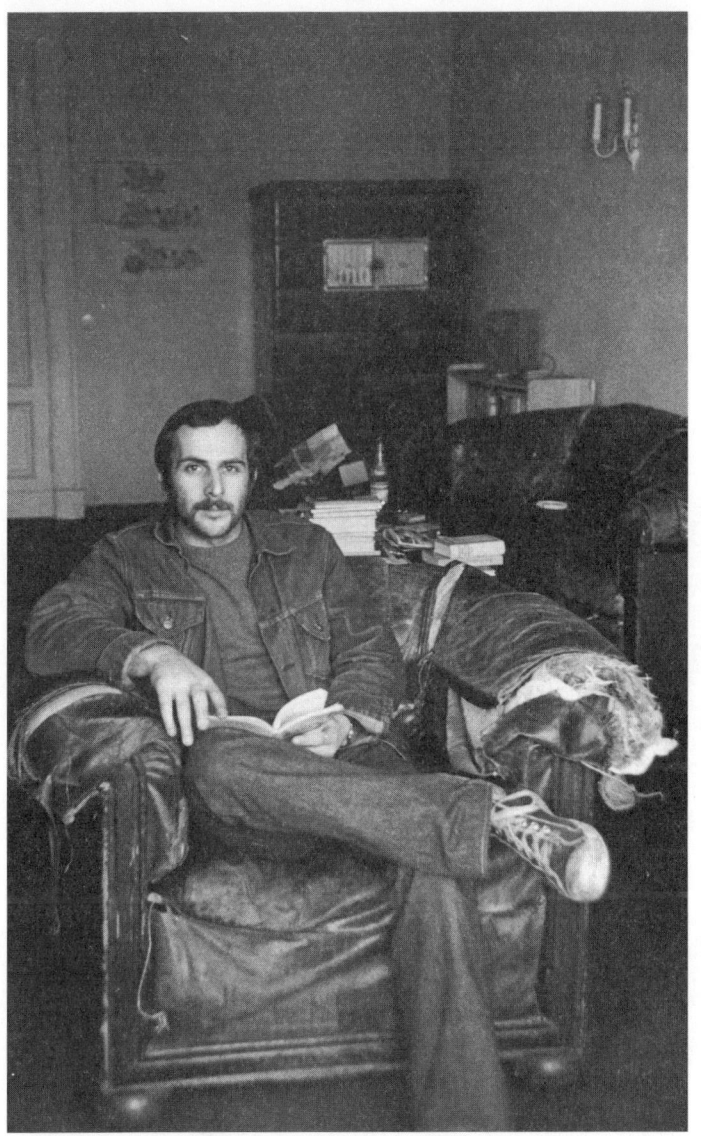

«Dem Woyzeck näher als den Ideologien.» Thomas Brasch 1975.

drohte er den Behörden an, allen voran dem für Literatur und Zensur zuständigen Minister Höpcke. Damals erregten «Die wunderbaren Jahre» von Reiner Kunze in Ost und West die Gemüter, deutlicher war nie zuvor über die Verbots- und Zensurkultur der DDR geschrieben worden.

Wir im Verlag stellten uns auf Braschs Wünsche ein. Während «Vor den Vätern sterben die Söhne» lektoriert, gesetzt und korrigiert wurde, versuchte Brasch für sein Werk in der DDR zu kämpfen. Nur die zweiunddreißig Seiten «Poesiealbum» waren von ihm publiziert, und doch konnte er sich in Kulturkreisen geachtet und gefürchtet fühlen. Natürlich hat es ihm gefallen, den ängstlichen Haufen der Funktionäre vor die Wahl zu stellen, ja zu erpressen: Entweder ihr duldet und fördert mich hier, oder ihr kriegt noch mal so viel Ärger wie mit Kunze, mit noch einem «Dissidenten» im Land. Oder ihr lasst mich gleich ziehen!

Mit der Ausbürgerung Wolf Biermanns Mitte November 1976, dem Protestbrief aller wichtigen Autorinnen und Autoren gegen diese Maßnahme, mit den Schikanen gegen die wachsende Schar der Unterzeichner veränderte sich alles. Selbstverständlich hatte auch Brasch unterschrieben. Er begriff sofort, dass er in der DDR keine Chance mehr hatte, und stellte den Ausreiseantrag mit Katharina Thalbach und Tochter Anna. Ich kann mich nicht erinnern, ob die Absage von Hinstorff schon vorlag oder nicht, sie spielte keine Rolle mehr. Brasch schickte mich noch einmal zum «Büro für Urheberrechte», auch dort kein Entgegenkommen.

Geplant war das Buch für das Frühjahr 1977. Da Thomas die Genehmigung der Ausreise für Mitte Dezember erwartete, zogen wir den Titel vor. Den Rhythmus Frühjahr-Herbst-Frühjahr-Herbst bei Verlagen, Druckereien, Buchhändlern und Lesern durcheinanderzubringen, erforderte damals bei zeitlich und ökonomisch knapp kalkulierten Titeln sehr viel Energie – Thomas hat es geschafft, uns diesem zusätzlichen Stress auszusetzen. Bis dahin galt bei uns die Regel: keine Autorenfotos auf dem Umschlag – Thomas hat uns dazu gebracht, mit einem Foto und biografischen Daten statt mit einem Klappentext gewürdigt zu werden. Presse und Buchhandel mussten außer der Reihe mit Fahnen und Büchern beliefert werden, was sehr kostenträchtig war – auch diese Ausnahme wurde für Thomas gemacht. Die Einzelheiten jener Tage zwischen Mitte November und Mitte Dezember sind in der Erinnerung zusammengeschnurrt zu dem Eindruck: es ging um Stunden. Da wir nichts dem Telefon oder der Post anvertrauen durften, fuhren Anne Duden oder ich mehrmals in der Woche in die Wilhelm-Pieck-Straße. Kurz vor der Ausreise wurde Brasch zu Erich Honecker vorgelassen, und er hat mir sofort von dem Gespräch, dem streng vertraulichen, berichtet. Das gefiel ihm, vom Staatschef persönlich und mit Handschlag aus seinem Staat verabschiedet zu werden.

Der Termin stand fest – das genaue Datum ist in meinem Lektoratskalender von 1976, in dem vierunddreißigmal Thomas oder Brasch steht, nicht verzeichnet, es war der 12. Dezember. Am letzten Abend kamen Anne Duden und ich zum Abschiedsbesäufnis mit vielen Freunden, Freundinnen und Kathis Theaterleuten in die ausgeräumte Wohnung. Tränen, Flüche, Verwünschungen, Umarmungen, Küsse, Verabredungen, Neid, Verzweiflung. Thomas hatte mich gebeten (oder ich hatte es angeboten), am nächsten Morgen die drei von der S-Bahn am Bahnhof Zoo abzuholen. Thomas und Kathi wollten unbedingt die erste S-Bahn um kurz nach fünf nehmen. Ich versuchte ihnen das auszureden, sie sollten bei den ersten Schritten im Westen halbwegs ausgeschlafen sein: Ihr könnt doch um sieben oder um neun kommen, der Westen läuft euch nicht weg. Nein, Thomas blieb bei seinem Entschluss. Als wir uns kurz vor Mitternacht verabschieden mussten, kam er mit hinunter auf die Straße zum Auto, ihm war nach Weinen zumute, wir umarmten uns fester denn je. Er küsste mich – auf den Kopf. Nicht auf die Wange, nicht auf den Mund, nicht auf die Stirn, sondern auf das Haar, oberhalb des Scheitels, nicht flüchtig, sondern mit gezielter Absicht. Schwer zu deuten, diese Geste. Ich war der Manager seiner Ausreise auf der westlichen Seite gewesen, er nahm Abschied von seiner Vergangenheit, als deren Teil er mich vielleicht sah. Er hatte mir nicht verraten, was ich erst zwanzig Jahre später erfuhr, dass er genau an jenem Tag, seinem letzten in der DDR, einen Abwerbebrief von Siegfried Unseld im Briefkasten vorgefunden hatte.

Am nächsten Morgen war ich früh um halb sechs am Bahnhof Zoo, da kamen sie mir schon entgegen, die S-Bahn-Treppen hinunter, mit leichtem Gepäck, Thomas, Kathi und das Kleinkind Anna. Die einzigen S-Bahn-Fahrgäste im Halbdunkel. Gehetzt sahen sie aus, erledigt von der Abschiedsnacht ohne Schlaf. Wir brachten Kathi und Anna nach Reinickendorf oder Tegel zu Verwandten, Thomas kam mit in meine Wohnung. Mir ist, als wäre er schon nach dem ersten Schluck Kaffee ans Telefon gegangen, um seine Westberliner Freunde zu benachrichtigen. Ich sagte: Die schlafen noch. Das war ihm egal, seine Freunde hatten nicht zu schlafen, wenn er anrief.

Bald kamen Jörg Mettke, der «Spiegel»-Redakteur, und zwei andere Bekannte, und Thomas begann, von uns umringt und beraten, eine Presseerklärung zu formulieren. Den ersten Entwurf schrieb er auf Packpapier, das er mit sich trug. Bis zu einer befriedigenden Fassung dauerte es wohl über zwei Stunden, so müde, erregt und wild auf einen neuen Anfang war der Landwechsler. Er wollte sich auf keinen Fall zum politischen Dissidenten machen, zum berufsmäßigen Anti-DDRler, das musste sofort deutlich werden. (Später sagte er einmal «Die Staatsfeindpose bringt so ein Priestertum mit sich, auch Opposition kann Opportunismus sein.»)

Auf den Zetteln, die in meinem Exemplar von «Vor den Vätern sterben die Söhne» aufbewahrt sind, lautet die letzte Fassung so: «Wie mir die zuständigen Staatsorgane der DDR mitgeteilt haben, ist es auf absehbare Zeit nicht möglich, den größten Teil meiner schriftstellerischen Arbeiten in der DDR zu veröffentlichen und zu verbreiten. Dabei handelt es sich neben Stücken und Gedichten vor allem um den Anfang 1977 im Westberliner Rotbuch Verlag erscheinenden Erzählungsband ‹Vor den Vätern sterben die Söhne›, in dem Erfahrungen mit dem Land beschrieben sind, in dem ich aufgewachsen bin und das mich geprägt hat. Weil für mich öffentliche Auseinandersetzung mit meiner Arbeit lebenswichtig ist, sah ich mich gezwungen, einen Antrag auf Ausreise aus der DDR zu stellen. Diesem Antrag und dem Wunsch, mit der Schauspielerin Katharina Thalbach zu übersiedeln, ist stattgegeben worden.»

Ich tippte die Erklärung ab, Mettke gab sie an dpa, ein «Spiegel»-Gespräch, das wir vom Verlag aus angeregt hatten, wurde terminiert. Jetzt erst wurde Thomas etwas ruhiger, das angebotene Bett aber lehnte er ab, wieder ging er ans Telefon, um andere Freunde für den Abend in ein Restaurant am Kudamm zu bitten, ein Steak House. Ich staunte, wie viele Leute, sogenannte prominente darunter, er bereits in seinen ersten Stunden auf Westberliner Boden zu mobilisieren verstand.

Wenige Tage später war das Buch da, pünktlich dazu das «Spiegel»-Gespräch, die Presse jubelte, die erste Auflage war im Nu vergriffen. Doch bereits an seinem dritten oder vierten Tag im Westen hatte Thomas in Frankfurt Siegfried Unseld und Elisabeth Borchers getroffen und das nächste Buch mit Suhrkamp vereinbart. Er teilte mir das kurz und kalt mit.

So habe ich noch oft über den Kuss aufs Kopfhaar nachdenken können. Wir hatten Brasch und Thalbach zur beschleunigten Ausreise verholfen, und während unser ganzer Verlag daran arbeitete, ihm einen optimalen Start im Westen zu ermöglichen, hatte er nichts Eiligeres zu tun, als sich an den größeren und reicheren Verlag zu verkaufen, überdies mit einem bei uns geplanten Manuskript (Grundlage für «Kargo», 1977). Das war mehr als einer der üblichen Verlagswechsel, das haben wir als Verrat empfunden. Was hatten wir in den letzten Wochen geschuftet, um ihn, den unbekannten Autor, mit seinem Buch ganz nach oben zu bringen! Was hatten wir seinetwegen für Risiken auf uns genommen! Was war das für ein Freund, der gestern noch seine Freundschaft beschworen hatte und heute sagte: Sorry, er wolle nicht mit Müller in einem Verlag sein, er müsse sich von Heiner emanzipieren. Der Kuss auf den Kopf, aufs Haupthaar – eine gut gespielte Pose auf dem Bürgersteig der Wilhelm-Pieck-Straße, eine Liebeserklärung, ein Abschied oder die Karikatur eines legendären Kusses?

Der Schock saß tief, wir gingen uns erst einmal aus dem

266

Weg, während sein Buch immer besser verkauft wurde, sein Ruhm wuchs, die Theater und Feuilletons sich um ihn rissen. Nach einigen Monaten entspannte sich unsere Beziehung etwas. Ich versuchte meine Enttäuschung zu dämpfen: Wenn es in meiner Generation ein Genie gibt, sagte ich mir, dann ist er das, Genies werden schnell zu Verrätern, sie können nichts dafür, nimm's nicht persönlich. Außerdem, in seinen Texten feierte er geradezu solchen «Verrat». So kamen wir, auf Abstand, ganz gut miteinander hin. Seine Aufstiege, seine Radikalität, sein Status als Kultautor, seine Abstiege und Selbstverwüstungen, das sind andere Geschichten, zu denen ich nicht viel beitragen kann. 1999 schrieb er in sein letztes Buch «Mädchenmörder Brunke», sei es aus schlechtem Gewissen, sei es aus Sentimentalität: «Für meinen Ersten Verleger». Zuletzt sah ich ihn, schwer herzkrank, mit Atemnot, beim Begräbnis seines zehn Jahre jüngeren Bruders Peter, ein halbes Jahr vor seinem eigenen Tod 2001. Auch die letzte Gelegenheit, über den rätselhaften Kuss auf der Wilhelm-Pieck-Straße anno 1976 zu sprechen, nutzte ich nicht.

Kopelews Küche und der Stücklohn in Budapest

In Wolf Biermanns Wohnzimmer, wo seine Besucher hockten und wo er seine Lieder sang, hingen einige Fotos nebeneinander an der Wand, Brecht, Eisler, Majakowski, der im KZ ermordete Vater, die berühmte Oma Meume und ein mir Unbekannter. Ein älterer Herr mit längerem, weißem Bart, breitem Gesicht und auffällig verschmitztem Lächeln in den Augen. «Mein Freund», erklärte Biermann, Lew Kopelew aus Moskau, Germanist und Übersetzer, viele Jahre in Stalins Straflagern, Freund von Solschenizyn und Sacharow, ein «wunderbarer, tapferer Mann».

Gut zehn Jahre nach dieser Erklärung, 1978, saßen Peter Schneider, Klaus Stiller und ich in Kopelews Küche in Moskau. Wir waren als «drei Westberliner Dokumentaristen» vom Sowjetischen Schriftstellerverband nach Moskau, Leningrad und Riga eingeladen worden, das übliche Programm mit Besichtigungen, steifen Begegnungen mit Autoren, exzessiven Bewirtungen und Besäufnissen. Die Freundschaft, auf die man ständig zu trinken hatte, schmeckte bitter nach Routine, nie wurde ich den Eindruck los, der viele Wodka sollte die Blicke trüben. Unser Freund Hans Christoph Buch, der als erster Westler Joseph Brodsky nach seiner Haft aufgesucht hatte, mehrere sogenannte Dissidenten und offiziell unbeliebte Autoren kannte, hatte uns dringend empfohlen, Lew Kopelew zu besuchen. An einem freien Nachmittag, das heißt ohne die übliche Betreuung durch einen Mann vom Verband und eine Dolmetscherin, fuhren wir mit dem Taxi dorthin, gewiss nicht unbeobachtet.

Das Ehepaar Kopelew empfing uns, es genügte, dass wir uns als Freunde Biermanns und Buchs vorstellten. Hier war, das spürte man von der ersten Minute an, irgendetwas anders als bei allen anderen Treffen, nicht nur der private, herzliche Ton, das makellose Deutsch des Gastgebers, die schöne Enge der Küche. Es dauerte eine Weile, bis ich, am Küchentisch sitzend, begriff, was wir hier erlebten. Und damit, wie erschrocken, auf einen Schlag die ganze Sowjetunion verstand: Da saßen zwei Menschen ohne Angst. Sie eher ruhig, lächelnd, er offen, deutlich, unverbissen, heiter.

Erst vor den Kopelews wurde mir klar, wie alle andern, auch die Funktionäre und die Schriftsteller, denen wir begegnet waren, ständig unter der Angst litten, sich nicht richtig oder richtig genug zu verhalten. Bei jedem Gespräch, jeder Begrüßung, jedem Schritt gab es diese merkwürdige Vorsicht, die undurchschaubare Rücksicht, die Scheu vor Klarheit und Direktheit. Alle sicherten dreimal ab, was sie sagten, eierten mit Floskeln herum. Kopelew sprach wie ein freier Mann. Er hatte Stalins Straflager hinter sich und demonstrierte mit seiner offenen, gescheiten, neugierigen, fröhlichen Art den extremen Kontrast zu allen andern, die vor Breschnew und seinen Apparatschiks kuschten. Diese beiden Menschen waren die einzigen, die wir in diesen acht oder neun Tagen trafen, die sich freigemacht hatten von Erwartungen an die sowjetische Politik und damit auch von der Angst, bestraft, ermahnt, kaltgestellt, eingeschüchtert zu werden. Lebenslust und Fröhlichkeit als die effektivste Waffe des Dissidenten, das hatte ich nicht erwartet.

Wir besuchten die Kopelews kurz vor unserer Abreise noch einmal, beim zweiten Mal ließ er sich von unseren Begegnungen mit Autoren in Riga und Leningrad erzählen. Er bat mich, eine Mitteilung, die er nicht dem Telefon und nicht der Post anvertrauen wollte, an Heinrich Böll weiterzugeben. Es ging um eine Einladung in den Westen. 1980 reisten die Kopelews in die Bundesrepublik und blieben, weil sie nicht nach Moskau zurück durften, in Köln.

Diese Episode wird hier nicht nur deshalb erwähnt, weil ich an Kopelews Küchentisch etwas Entscheidendes gelernt habe. Ich erzähle sie hier vor allem, weil es Hunderte, vielleicht Tausende solcher Begegnungen gegeben hat, die zur unbekannten Geschichte des Unterwanderns und Überspringens der vielen Mauern zwischen Ost und West in den Zeiten vor 1989 gehören. Und weil die Geschichte der Kontakte der Dissidenten / Oppositionellen / kritischen Autoren des Ostens zu den kritischen Autoren und Publizisten des Westens, die Geschichte der wechselseitigen Ermutigungen und Hilfen, der Handreichungen mit den Mitteln der List, der Hartnäckigkeit und der Bücher immer noch nicht geschrieben ist. In den großen Debatten nach 1989 ist völlig untergegangen, dass die Verfechter der Kunst- und Meinungsfreiheit im Osten ziemlich zuverlässig unterstützt worden sind von den hartnäckigen Verfechtern der Kunst- und Meinungsfreiheit im Westen. Nicht nur von einzelnen PEN-Mitgliedern, auch von linksliberalen und unparteilich linken Intellektuellen einschließlich Journalisten, Verlagsleuten, Künstlern aller Sparten. Einen Anfang, diese Lücke zu füllen, hat Roland Berbig gemacht mit seiner Interviewsammlung «Stille Post» über die nichtoffiziellen, mehr oder weniger subversiven Kontakte zwischen Autoren beider deutscher Staaten.

Die grenzüberschreitende Solidarität war auch eine der Folgen von 1968, des Prager 68. Die Panzer gegen den Prager Frühling, die rigide Breschnew-Diktatur, die Biermann-Ausbürgerung oder das Kriegsrecht in Polen, all diese Ereignisse haben im Westen nicht nur viele Leute entsetzt, sondern auch mobilisiert. Und die Zahl dieser pragmatischen Anti-Stalinisten war in meinen Augen immer größer als die Schar der Moskau- und DDR-Jünger, die nur besser organisiert war und nach außen mehr Lärm machte. Wir mussten, fast immer, verschwiegen sein.

Über die einzelnen subversiven Kontakte ist wenig bekannt, weil solche Unterstützungen zum Beispiel beim Publizieren notgedrungen unauffällig ablaufen mussten. Die Freundschaft zwischen dem «linken» Böll und dem «rechten» Solschenizyn ist nur das prominenteste Beispiel. Aber auch Enzensberger und Grass, viel geschmäht von Teilen der Presse und von CDU-Politikern, gehörten, nach meiner Kenntnis, zu den fleißigen Mauer-Unterwanderern, immer hilfsbereit für die, die weniger Freiheit hatten als sie selbst. Wie sie waren Rowohlt im Norden, Suhrkamp, S. Fischer und Kiepenheuer & Witsch im Westen und die Berliner Verlage Rotbuch und Wagenbach wichtige Anlaufpunkte. Dazu die «Zeit», die «Frankfurter Rundschau», «Kursbuch», «L 68», später «Freibeuter» und die «taz». Überall an diesen westlichen Umschlagplätzen der Meinungsfreiheit fanden auch die Dissidenten der DDR (Havemann, Bahro, Fuchs und viele mehr), Polens (Michnik, Kuroń), der ČSSR (Havel, Liehm, Vaculík), Ungarns (Haraszti, Dalos, Konrád) ihre ersten Möglichkeiten zu publizieren. Die Vermittler, Autoren, Lektoren, Redakteure, Übersetzer, waren fast immer linksliberale Leute, die nach dem Fall der Mauer, zu dem sie mehr beigetragen haben als ihre Verächter, wieder mal als «linke Intellektuelle» in die Schmuddelecke abgeschoben werden sollten (siehe F. C. D., Der Westen wird wilder, Die Zeit, 3.2.1990).

Von einem der radikalsten dissidentischen Bücher kann ich Näheres erzählen, «Stücklohn» von Miklós Haraszti. Hans Magnus Enzensberger, der Suhrkamp beriet, wurde das Manuskript eines jungen ungarischen Lyrikers zugespielt, der wegen einer nicht von der Partei gelenkten Demonstration gegen den Krieg in Vietnam vom Studium relegiert worden war. Der hatte daraufhin eine Satire auf die Bürokratie verfasst, was ihm nun die Beschuldigung eintrug, für «uferlose Demokratie» und «revolutionären Asketismus» einzutreten, ein Vorwand, ihn unter Polizeiaufsicht zu stellen.

Haraszti blieb nur der Weg in die Fabrik, ein Jahr arbeitete er in der Traktorenfabrik Roter Stern, und diese Erfahrungen hatte er in «Stücklohn» akribisch festgehalten. Der Text, gut hundert Seiten nüchternster Beschreibung der Arbeitswelt, zielte direkt auf den angeblich guten Kern des Sozialismus, die Produktion ohne Ausbeutung. Mitte der siebziger Jahre trösteten sich noch manche kritische Westler damit, dass in den von der Sowjetunion beherrschten Ländern zwar vieles, eigentlich fast alles im Argen liege, aber die Produktionsmittel seien immerhin in Arbeiterhand, der Widerspruch zwischen Kapital und Arbeit aufgehoben. Haraszti raubte diese letzte Illusion. Er zeigte sehr genau, wie die Arbeiter den Arbeiterstaat betrügen, ja betrügen müssen, und wie der Arbeiterstaat die Arbeiter ausbeutet. Er protokollierte, wie gesellschaftliche Verlogenheit entsteht und warum es sozialistischen Gemeinsinn nur noch als Notwehr, als Sabotage, als Widerstand gegen die Funktionäre gibt. Und das im Jahr 1972. Ein Text, der im Untergrund kursierte und eine Weile brauchte, bis er in den Westen geschmuggelt, rohübersetzt und in Enzensbergers Hände gelangt war.

Ein Wallraff aus Ungarn, aber literarisch weit besser und dichter, politisch radikaler und bitterer – doch für Suhrkamp zu brisant. Man lehnte ab, fürchtete offenbar um Geschäfte mit Ungarn. Enzensberger vertraute das Manuskript dem Rotbuch Verlag an, auch wir holten erst einmal tief Luft, ehe wir uns für eine Publikation entschieden. Es war der schärfste, der konkreteste Angriff auf den sogenannten realen Sozialismus, den man sich vorstellen konnte. Ich steckte

mitten im Siemens-Prozess, da galt erst recht das Verlags-
prinzip: denen die literarische Freiheit zu geben, die sie
brauchen und wollen, ungeachtet aller Risiken – auch hier
hätte uns die DDR mit Boykott und Reiseverboten strafen
können.

Man musste jedoch besonders umsichtig mit den Beteiligten aus Ungarn sein. Der Übersetzer, sonst für belletristische Texte bekannt, wollte und sollte anonym bleiben. Der
Autor, zu dem wir nur über Mittelsleute Kontakt hatten,
musste geschützt werden. Am besten, überlegten wir, durch
den Segen eines Nobelpreisträgers. Also fuhr ich zu Heinrich Böll nach Köln, erklärte ihm den Fall und ließ ihn die
Übersetzung lesen. Er zögerte nicht, ein Vorwort zu schreiben, «Stücklohn» erschien 1975. Der Name Böll genügte,
um Haraszti vor einem Prozess und dem Zuchthaus zu bewahren. Die Brisanz des Buches wurde in der Bundesrepublik kaum erkannt, dafür in Frankreich umso mehr – und bei
oppositionellen Leuten in der DDR.

Der Temeswarer Tisch und ein
gewisses Glück

Und noch ein Sprung, in die achtziger Jahre: Vom finsteren
Ceaușescu-Land Rumänien wusste ich fast nichts, als mir
eines Tages das Goethe-Institut eine Lesereise nach Rumänien anbot. Nicht nur Bukarest werde angesteuert, denn die
rumänische Regierung erlaube nach langem Boykott endlich
wieder Kontakte zu den deutschsprachigen Schriftstellern
ihres Landes in Klausenburg und Temeswar. Peter Härtling
habe eine solche Reise gemacht, ob ich der zweite Autor sein

wolle, im Frühjahr 1983. Mehr oder weniger flüchtig waren mir die im Westen lebenden, aus Rumänien geflohenen Autoren wie Oskar Pastior, Paul Schuster, Dieter Schlesak bekannt, aber ich wusste noch nicht mal den Unterschied zwischen Banater Schwaben und Siebenbürger Sachsen. Die Neugier war groß genug, ich sagte zu.

In Bukarest die Mühen der offiziellen Treffen, Empfänge, Lesungen und Interviews. Die Stadt war scheußlich, die Märkte und Geschäfte armselig, das Fernsehprogramm erschöpfte sich im Ceauşescu-Führerkult und Volkstänzen. Härtling hatte mir empfohlen, möglichst viele eigene Bücher mitzunehmen und an die Autoren zu verteilen. Einer der freundlicheren Autoren-Funktionäre schwatzte mir schon am zweiten Tag mehr Bücher ab, als ich ihm geben wollte, es war, wie mir Richard Wagner in Temeswar verriet, ein Securitate-Mann. Ein junger Autor, vielleicht Rolf Bossert, sagte: Freuen Sie sich auf die Gruppe in Temeswar.

Ja, ich freute mich, als es endlich hinausging aus Bukarest, in einem Auto der Deutschen Botschaft, mit einem sehr unterhaltsamen Fahrer und gleichzeitig Fremdenführer (auch er ein Securitate-Mann, wie sich später herausstellte) und mit Begleitern der Botschaft und des Goethe-Instituts. So wurden wir chauffiert, auf schmalen, nur teilweise asphaltierten Landstraßen mit viel Verkehr einschließlich Pferdekarren und ständig geschlossenen Bahnschranken, über die Südkarpaten und nach Stippvisiten in Draculas Schloss und Pastiors Hermannstadt bis Klausenburg. Die Dörfer am Straßenrand waren keine potemkinschen, die Armut überall sichtbar. Warteschlangen vor den Läden, Kolonnen von Kleinwagen vor den wenigen Tankstellen, wo es kaum Benzin gab. Trotz aller waghalsigen Überholmanöver, ein Abenteuer war diese Reise nicht, in einem Wagen der Botschaft und mit einem Geheimdienstmann vornweg erlebt man keine Abenteuer. Nach einer Lesung in Cluj / Klausenburg am nächsten Tag eine lange Etappe auf wilden Straßen nach Temeswar.

Dort erwartete mich eine Gruppe junger Autoren. Fraktions- und Gruppenbildung, das war eins der schlimmsten Vergehen in den Ostblockstaaten, doch diesen zehn oder zwölf Studenten, Journalisten, Lehrern, Angestellten war es gelungen, unter dem Schutz eines wohlwollenden Deutsch-Rumänen und hochrangigen Funktionärs einen «Literaturkreis Adam Müller-Guttenbrunn», eine Art Verein zur Pflege der jungen deutschsprachigen Literatur zu gründen, in den hineinzuregieren der kommunistischen Partei nicht oder nur schwer gelang.

Nach der Lesung vor dieser Gruppe und ihren Gästen wurde ein langer Tisch in eine Tafel verwandelt. Jeder hatte etwas mitgebracht, Käse, verschiedene Würste, Brot, Paprika, Tomaten, Konserven, Wein, Bier, die Tafel wurde voller und voller. Alles Kostbarkeiten, für die meine Gastgeber stundenlang Schlange gestanden hatten oder die sie von weither, von ihren Dörfern mitgebracht hatten. Ein gutes Dutzend Leute, und ich staunte, wie locker, belesen und literatursüchtig sie alle waren. Sie wollten über Bücher westlicher Autoren sprechen. Das waren Bücher, die in der DDR erschienen waren, dort aber aus politischen Gründen nicht oder nur teilweise ausgeliefert und dafür an die deutschsprachigen Buchhandlungen Rumäniens geliefert wurden. Oder solche aus westlichen Verlagen, die bei Verwandtenbesuchen in Temeswar gelandet waren. Meine Gastgeber nannten Autoren und Bücher, die sie gelesen hatten, wollten meine Meinung wissen, fast immer waren wir uns schnell einig. In diesem Kreis kannte man sogar Haraszti und Brasch. Da wusste ich: Hier bist du richtig.

Wir hatten uns viel zu erzählen beim Essen und Trinken an diesem Tisch. Langsam begriff ich, was das für die jungen Dichter hieß, mit einem Kollegen, einem halboffiziellen Besucher aus der Bundesrepublik so offen sprechen zu können. Besonders verblüfften mich die Interpretationen, die einige zum Roman «Ein Held der inneren Sicherheit» anstellten, aus dem ich gelesen hatte. Die Figur des Chefs der «Menschenführer», Büttinger, ein typisch westlicher Arbeitgeberchef, wurde ziemlich direkt auf den «Menschenführer» Ceaușescu übertragen. Was ich über die Macht eines Kapitalisten geschrieben hatte, konnte offenbar zu Teilen auch als Kritik am Stalinismus begriffen werden. Freilich wurden solche brisanten Vergleiche nur mit Andeutungen, Anspielungen und Halbsätzen gewagt, ein Diskussionsstil, den ich aus der DDR kannte, trotzdem blieben die Schlussfolgerungen deutlich genug.

So wie sich meine Gastgeber verhielten, schien es nicht so, als fürchteten sie Spitzel am Tisch. Die jungen Männer und die zwei Frauen wirkten neugieriger, angstfreier als alle andern, die ich in Rumänien getroffen hatte. Zum ersten und einzigen Mal in diesen Tagen fühlte ich mich wohl: ich wurde gebraucht.

Die glücklichsten Momente dieser Reise erlebte ich aber – in Berlin. Vier Autoren der Gruppe hatten mir ihre Bücher mitgegeben, die in deutschsprachigen Verlagen ihres Landes erschienen waren. Bei zweien dieser Bücher konnte ich ein wenig helfen. Zuerst las ich die Gedichte Richard Wagners, «Hotel California», die drei Jahre später bei Luchterhand veröffentlicht wurden. Dann die Prosa der stillsten Teilnehmerin der Temeswarer Tafelrunde, «Niederungen».

Wieder einmal diese Glücksstunden bei der Lektüre völlig unbekannter Autoren: Man zittert fast, wenn man die erste Seite liest, dann vorsichtig die zweite und dritte, und ist schon gebannt oder fast verstört in stiller Begeisterung, wenn sich die unerwartete Qualität über zehn, über dreißig Seiten hält oder noch steigert, man beginnt es zu genießen, einer der ersten Leser eines noch unentdeckten und nicht mit Etiketten und Klappentexten versehenen, mit Voten und Urteilen vorgeprägten Textes zu sein, man freut sich mit jeder Seite mehr, die eigene literarische Witterung bestätigt zu finden, man spürt, da ist etwas Neues, etwas Großes, man kann es bald gar nicht mehr abwarten, daraus ein Buch zu fertigen oder verfertigt zu sehen oder dafür einen Preis zu vergeben.

Als Lektor und danach als Juror beim Alfred-Döblin-Preis habe ich solche Stunden hin und wieder erlebt, die schöne Zweifelsfreiheit beim Lesen der Manuskripte völlig unbekannter oder fast unbekannter Autoren, das Glück des Entdeckens ausgekostet. Beispielsweise 1971 bei Dieter Forte, 1972 bei Peter Schneiders «Lenz», 1973 bei Aras Ören, 1974 bei Heiner Müllers Prosa, 1975 bei Braschs «Vätern», 1976 bei Theobaldys Gedichten. Und in den achtziger und neunziger Jahren, als die Wünschelrute über den Manuskriptbergen beim Döblin-Preis über unbekannten Namen wie Ingo Schulze («33 Augenblicke des Glücks») und Reinhard Jirgl ausschlug, wie über den seinerzeit kaum beachteten Autoren Stefan Schütz («Medusa»), Libuše Moníková («Fassade»), Peter Kurzeck, Edgar Hilsenrath oder in der Jury der Mariannenpresse beim zwanzigjährigen Jan Peter Bremer.

Genau zwischen der Verlagszeit und der Jurorenzeit, im

Frühjahr 1983, verschaffte mir nun eine Unbekannte namens Müller solche Stunden des Glücks. Ich las ein in Bukarest gedrucktes deutsches Buch, doch es wirkte mit den altmodisch gesetzten, zerbrechlichen Lettern so fremd und schüchtern wie ein Manuskript. Nach wenigen Sätzen, nach wenigen Seiten war klar: «Ein mitreißendes literarisches Meisterstück, das zugleich einen weißgrauen Fleck auf der Landkarte erschließt», wie ich, für die «Niederungen»-Lektüre und das Abendessen in Temeswar dankend, ein Jahr später in einer langen «Spiegel»-Rezension schrieb. «Was Herta Müller aus der rumänendeutschen Literatur heraushebt und in die Reihe der besten deutschsprachigen Autorinnen versetzt, ist nicht allein ihre Fähigkeit, das grauenvolle Landleben der Banatschwaben zu erfassen. Es ist nicht allein ihre erstaunliche Sprachkraft – dichtes, jargonfreies, ‹reines› Deutsch kommt uns da entgegen, das in ihrer Autorengeneration fast einmalig ist. Entscheidend ist die poetische Qualität der Herta Müller: Sie zerlegt die kindlichen Empfindungen, trägt sie Schicht für Schicht ab, sie balanciert auf der Grenze zwischen sezierenden Beobachtungen und den Ängsten vor dem, was da zutage tritt. Wann immer die banalen Gegenstände und Geschehnisse des Alltags mit einem Lidschlag des Kindes sich verwandeln in Gespensterbilder, wird der Leser eingeholt von eigenen frühen Empfindungen. Diese Autorin versteht es, die Übergänge zwischen der präzisen Beobachtung und den fortgesetzt bedrohlichen Phantasien so unmerklich zu überschreiten, daß beim Lesen immer neue Irritationen und Bewegungen entstehen.»

Doch erst einmal ging ich mit meinem Exemplar zu Gabriele Dietze, Lektorin im Rotbuch Verlag. Aber sie hatte schon eins, man darf es Zufall nennen, drei Tage vorher

hatten ihr die Autorin Anna Jonas und der aus Rumänien ge-
kommene Lyriker Ernest Wichner ebenfalls die «Niederungen» dringlich empfohlen. Mit doppeltem Votum war die
Entscheidung rasch getroffen, dann folgte der schwierigste
Akt, die Kontakte und Expeditionen der Lektorin zu ihrer
von der Securitate bewachten, schikanierten und gequälten
Autorin. Welche Schwierigkeiten, Erpressungen und Drohungen mit der Vorbereitung dieser Publikation verbunden
waren, hätte sich niemand im Westen vorstellen können.
Herta Müller hat das später beschrieben. Am Ende erschien
das Buch in der von ihr gewünschten Fassung, die in Rumänien zensierten Stellen wurden wieder eingefügt, man
druckte fünftausend Exemplare. «Diese Autorin wird»,
kann man in jener «Spiegel»-Rezension fünf Jahre vor dem
Fall der Mauer, der Honeckers und Ceauşescus lesen, «trotz
ihres unauffälligen Namens, trotz ihres bescheidenen Buch-
titels, trotz ihrer unmodischen Schreibweise nicht über-
sehen werden können: Herta Müller.»

Ein Traum von Europa

«Läßt sich die Teilung Europas überwinden? Besteht überhaupt der Wunsch nach Überwindung dieser Teilung? Gibt
es historische und kulturelle Traditionen, auf die sich eine
Identität Europas gründen läßt? Wie könnte ein Europa aus-
sehen, das sich aus der Zwangsjacke von Jalta befreit hätte?
Sind Schriftsteller geeignet, auf solche Fragen zu antworten?
Wie unterscheiden sich ihre Antworten von denen der Politiker, und warum werden sie nicht Politik?», so fragten Hans
Christoph Buch, Anna Jonas, Hans Joachim Schädlich und

Peter Schneider in ihrem Einladungsbrief für einen von György Konrád und Milan Kundera inspirierten Kongress, der im Mai 1988 in Berlin stattfand. An die fünfzig Schriftsteller aus allen Teilen Europas (Jacek Bochenski, György Dalos, Efim Etkind, Jiří Gruša, Lars Gustafsson, Agnes Heller, Antonín J. Liehm, Jakov Lind, Claudio Magris, Harry Mulisch, Nenad Popović, Fernando Savater, Andrzej Szczypiorski, Tzvetan Todorov und andere), sowie Aharon Appelfeld aus Israel, Susan Sontag aus den USA, Kum'a Ndumbe aus Kamerun und einige deutsche, Schweizer und österreichische Autoren kamen zusammen, fast ein Gipfeltreffen östlicher und westlicher literarischer Dissidenten und Exilanten. Nur den Geladenen aus der DDR, der ČSSR und der Sowjetunion war die Reise ins westliche Berlin verweigert worden.

Die Vorträge und Statements (in: Literaturmagazin 22, Reinbek 1988) liest man heute mit Staunen. Im Saal der Kongresshalle schwankte sie schon, die Mauer, die wenige hundert Meter weiter noch so unverrückbar fest stand. In einem offenen Brief an die europäischen Regierungschefs

Berlin 1995, S-Bahnhof Halensee.

sowie an Gorbatschow und Reagan stellten die Autoren Fragen wie diese: «Sind nicht auch Sie der Ansicht, daß die Überwindung der Spaltung Europas auf die Tagesordnung der Politik gehört?» Anderthalb Jahre danach wurde die Frage beantwortet, aber erst einmal nicht von Politikern.

Auf dem Podium sitzend, neben Susan Sontag, nun ganz

Diva, redete ich über «Canetti und Computer». Angeregt von der Beschäftigung mit dem Computerpionier Konrad Zuse und den Medientheoretikern Vilém Flusser und Friedrich Kittler, versuchte ich über die Grenzen und Teilungen hinauszublicken und, reichlich unbeholfen, die «technischen Bilder» (des Fernseh- und langsam aufblühenden Computerzeitalters) zu fixieren – vom Internet wusste man noch nichts. «Was haben diese Überlegungen mit Europa, mit seiner Teilung zu tun? Ich meine, sie deuten die Möglichkeit einer neuen Einheit an, denn diese Kulturrevolution überschreitet nach und nach alle Grenzen. Die Mutation der menschlichen Wahrnehmungsweisen liegt im Interesse der Herrschenden hier wie dort, sie wird von den Mächtigen unseres Kontinents so wenig aufgehalten wie von denen anderer Kontinente … Die europäischen Gegensätze und Annäherungen werden, so schätze ich, nach und nach an Bedeutung verlieren – verglichen mit den Konvergenzen, die kommen werden. Denn die Sehnsucht nach dem ‹glücklichen Dämmerzustand›, der von den technischen Bildern kommt, geht über alle Grenzen hinweg … Kurz, auf die Zerstörungen aus ideologischen Motiven (Folge der Teilung Europas, Folge von Jalta, Folge von Hitler usw.) folgen die Zerstörungen unideologischer, nämlich technischer Art. Und das erfordert ein neues Niveau der ideologisch-intellektuellen Debatten.» Und dann, forsch und konkret: «Ich schlage vor, in folgende Richtungen zu denken: Die Kulturrevolution in ihrer ganzen Wucht und Tiefe erkennen und zur Rede stellen, das heißt zum Thema machen. Die Computerkultur als eine nicht nur potentiell, sondern prinzipiell demokratische Kultur verstehen. Technische Fragen zu politischen machen, also auch zu literarischen.» Von den «dialogischen Fäden» Flussers schlug der Literaturidealist den kühnen Bogen zu Canettis dialogischem Begriff von Literatur, die «die Zugänge zwischen den Menschen offenhält».

An die guten Vorsätze, sich näher auf die digitale Kultur einzulassen, hielt ich mich nicht. Die Mauern stürzten ein, da lockten andere Unterwanderungen und Wanderungen, nicht nur die von Rostock nach Syrakus.

Dankrede auf Büchner

Hochgeachtete Zuhörer,

so begann Georg Büchner seine Probevorlesung über Schädelnerven in Zürich, *hochgeachtete Zuhörerinnen und Zuhörer*, so zitiere ich, nicht nur aus Respekt vor Büchner, sondern ebenso aus Respekt vor Ihnen, meine Damen und Herren, die Sie jetzt nach sechs Reden immer noch guten Willen zeigen sollen, eine siebte zu hören – Hochachtung allen, die sich in der schönen Kunst des Zuhörens üben! Also schnell, ohne strapaziöse Vorrede zur Sache.

«Und Büchner wandert bei sterniger Nacht / nach Offenbach», so steht es in einem älteren Gedicht. Büchner wandert, wieso wandert Büchner, und warum ausgerechnet nach Offenbach? Bekanntlich hat er in Darmstadt, Gießen, Straßburg, Zürich gelebt, was soll er in Offenbach? Das Gedicht ist von 1965 und programmatisch angelegt – das uralte, damals neu gestellte Thema: Raus, ihr Autoren, aus dem Literaturbetriebsgehechel, weg von den Selbstgefälligkeiten der Boheme und der akademischen Zirkel, hin zu dem Widerborstigen, Anstößigen, hinein ins Unübersichtliche, zum Beispiel nach Butzbach, in die Banalitäten und Fatalitäten der Geschichte, hinein in den Schmerz und Krach der Welt! Das ziemlich rotzige, vorsätzlich kunstlose

Gedicht heißt «Butzbach, zum Exempel», und was wäre dieser Ort ohne Friedrich Ludwig Weidig, was wäre Weidig ohne Büchner? Also bedient sich der Autor, ein zweiundzwanzigjähriger Germanistikstudent aus Berlin, des einundzwanzigjährigen Medizinstudenten aus Gießen, genauer: des Buches von Hans Mayer «Georg Büchner und seine Zeit», und streut die Namen Büchner, Weidig und Konrad Kuhl in das Gedicht, widmet Büchner aber nur ganze acht Wörter und schickt ihn auf Wanderschaft. Aber halt!, Büchner wandert nicht, das Verb stimmt nicht, hat der Verfasser, hab ich schon bald nach der ersten Veröffentlichung gedacht und denke es bis heute und frage, welches Verb träfe den dramatischen Punkt dieser Nacht in der Wetterau?

Sagen wir fürs Erste: Büchner läuft, er läuft schnell, aber er rennt nicht. Der *Hessische Landbote* ist, nach viel Streit, geschrieben, vom Butzbacher Rektor und Pfarrer Weidig verändert und gemildert (aus den «Reichen» wurden die «Vornehmen», um die Liberalen nicht zu verärgern), Büchner hat den Text in der Botanisiertrommel zur illegalen Druckerpresse nach Offenbach gebracht, jetzt ist gedruckt, Freunde sind unterwegs, die Schrift abzuholen. Karl Minnigerode wird, mit hundertfünfzig versteckten Exemplaren, am Gießener Stadttor verhaftet. Eine halbe Stunde später läuft Büchner von dort los, es ist der 1. August 1834, zuerst nach Butzbach, wo er in der Nacht ankommt, um Weidig zu informieren, bei dem die Fäden zusammenlaufen, schläft kurz und eilt weiter nach Offenbach, um den Drucker zu warnen und die anderen Freunde. Das ist die Lage in dieser Augustnacht. Es geht um Leben und Tod, um Folter oder Flucht, Arrest oder Exil, und ich bitte Sie, *hochgeachtete Zuhörer*, für einige Minuten Ihre Phantasiekamera auf den Nahaufnahmemodus umzuschalten, auf den einundzwanzigjährigen Studenten mit dem schüchternen Gesichtchen, der Butzbachs Mauern hinter sich lässt und um sein Leben läuft, und nicht nur um seines, Richtung Süden, auf der Landstraße, in der Nacht, im Morgengrauen.

Er eilt und darf doch keine verdächtige Eile zeigen, er ist in Panik und will keinen Fehler machen, er ist alarmiert und muss vernünftig bleiben, ein reisender Student, der zum Staatsfeind Nummer eins wird, das Großherzogtum ist ein Terrorregime. Er hat noch kein gedrucktes Exemplar des *Landboten* gesehen und weiß, dass die Flugschrift, die für die Bauern bestimmt war, nun von den Beamten gelesen wird, die er am schärfsten angegriffen hat, bei jedem Satz, jedem Wort wird ihnen die Empörung den Atem nehmen. Büchner geht auf der Landstraße nach Nieder-Weisel, über dem Vogelsberg der erste Morgenschimmer. Er hat nicht nur, die Franzosen zitierend, den Palästen den Krieg erklärt, er hat die *Presser, Verräter* und *Schinder des Volkes, die Raubgeier, Schurken, den fürstlichen Popanz, die gesetzlichen Mörder und gesetzlichen Räuber, die einheimischen Tyrannen* attackiert, er hat die Justiz die *Hure der deutschen Fürsten* genannt. Jeder Satz, jede Formulierung reicht für viele Jahre Kerker, und der Gipfel seiner Frechheit sind nicht die Verbalinjurien, sondern dass jeder Punkt der Kritik mit der Statistik des Großherzogtums Hessen-Darmstadt untermauert ist. Büchner weiß, was er geschrieben hat, er weiß, was ihm Weidig im letzten Moment noch gestrichen und mit Bibelzitaten verluthert hat, aber das spielt keine Rolle mehr. Was ihn bestürzt, was ihn zur Eile treibt, ist der Verräter. Das ist das Ärgste, irgendwo ganz nah neben ihm oder Weidig muss einer sitzen, aber wer? Ein Verräter so nah, das bedeutet: alles verloren, es ist alles aus. Und er gezwungen, sich doppelt verdächtig zu machen, gleich nach der Verhaftung Minnigerodes aus Gießen zu fliehen und durch die Dörfer zu rennen mitten in der Nacht.

Zwei Tage später wird er diese Stunden in einem Brief an die Eltern beschreiben: *Ich benutze jeden Vorwand, um mich von meiner Kette loszumachen. Freitag Abends ging ich von Gießen weg; ich wählte die Nacht der gewaltigen Hitze wegen, und so wanderte ich in der lieblichsten Kühle unter hellem Sternenhimmel, an dessen fernstem Horizonte ein beständiges Blitzen leuchtete. Teils zu Fuß, teils fahrend mit Postillonen und sonstigem Gesindel, legte ich während der Nacht den größten Teil des Wegs zurück. Ich ruhte mehrmals unterwegs. Gegen Mittag war ich in Offenbach …*

Der allseits bewunderte Büchner, ich meine, man sollte ihn auch für die Fähigkeit zu lügen bewundern – man bedenke die Aufregung in Darmstadt, der Sohn des höchsten Richters, des Hofgerichtspräsidenten Minnigerode verhaftet, und der rebellischer Umtriebe stets verdächtige Sohn des Hofmedizinalrats Büchner türmt eine halbe Stunde später, verlässt die Stadt, in der die Freunde studieren. Wie widerlegt man Gerüchte, die wahr sind? Wie beruhigt man aufgeregte, besorgte Eltern?

Im Sommer 1965 hat mich dieser Brief, bei Hans Mayer zitiert, so angerührt, dass der junge Büchner plötzlich seine Schulklassiker-Unnahbarkeit, die Aura des unerreichbaren Jung-Genies verlor, da wurde der Mensch sichtbar, der junge Kerl mit lauter unlösbaren Problemen. Ich sah ihn mehr verstört vom Verrat als vom Scheitern des *Experiments,* wie er sagte, mit dem *Landboten.* Sah ihn als Gehetzten, mit mehr Aufruhr, Poesie, Verstandesschärfe, mit mehr Liebe und

Hass im unsortierten Dichterkopf, als man in diesem Alter zu ertragen vermag. Mich erfasste eine Art Empathie mit ihm, und wenn es nicht so besitzergreifend klänge, könnte ich sagen: Von diesem Moment an habe ich ihn geliebt. Aber ich mochte damals nicht weiterdenken über seine Lage, wollte ihn nur einmal durch die Nacht, durch das Butzbach-Gedicht wandern sehen, acht schmucklose Worte lang begleiten, mich nicht mit ihm aufplustern, nichts einfühlend ausmalen: «Und Büchner wandert bei sterniger Nacht / nach Offenbach». Dann packte ich zwei Zeilen über Weidig hinzu und eine über den Verräter Konrad Kuhl, Hans Mayer hatte die Hintergründe geliefert über diese Sorte IM, der seine Informationen scheibchenweise verkaufte und Büchner noch schonte.

Wenn ich je über ihn schreiben sollte, habe ich später gedacht, müsste ich Georg Büchner durch solch eine Nacht oder ein Halbjahr schicken, als einen Lenz mit anderen Vorzeichen: Erst der Verrat, dann das Verlieren politischer Illusionen, das die ungeheuren poetischen Energien freisetzt, die feinen Verknüpfungen zwischen Ethik und Ästhetik, innere Monologe auf Streuobstwiesen, Sehnsuchtssprünge zur Braut nach Straßburg neben Bauernkaten bei Bergen und Enkheim, Briefzitate unterm Sternenhimmel. Aber da mir das romanhafte Ranschmeißen an andere Dichter immer suspekt gewesen ist, begnügte ich mich mit dem Standfoto: Büchner wandert aus Butzbach hinaus.

Und so sah ich ihn auch in den letzten Wochen, als ich wieder zu seinen Werken griff, sah wie vor sechsundvierzig Jahren den schmallippigen Medizinstudenten, der die gefährlichste und strafbarste Schrift seiner Zeit verfasst hatte, im Halbdunkel der Straße, sah ihn auf seinem Weg am

Rande der westlichen Wetterau, an einem der Drehpunkte seines kurzen Lebens, in den Stunden, in denen er begreift, gescheitert zu sein, verraten und gescheitert, auf sich gestellt, einsam, allein mit dem, was er schon erahnt, was er in sich trägt noch ganz ungeformt. Und wie er nach all dem Streit in den politischen Zirkeln und mit Weidig, erst recht nach dem Spitzel-Schock gedacht haben könnte: Du kannst dich nur auf dich allein verlassen, was du sagen willst, musst du allein zu Papier bringen. So wird aus dem, der eben noch den Bauern die Revolution gepredigt, also Antworten versucht und die Sprache, wie es die Politik tun muss, appellativ vereinfacht hat, in kurzer Zeit ein Dichter, ein Differenzierer, ein Seelendeuter, ein Fragensteller, der wie kein anderer die größte denkbare Revolution, die Französische, am Seziertisch seines Vaters in der Darmstädter Praxis heimlich bis in alle Verästelungen darstellend durchschaut und schon im sechsten Satz seines Stückes Danton sagen lässt: *wir sind sehr einsam.* Und wenn ich mich, mit mehr als respektvollem Abstand, diesem Dichter, der gerade dabei ist, einer zu werden, an die Fersen hefte, will es mir scheinen, als habe er in jener Augustnacht in der Wetterau einiges von dem vorempfunden, was er ein Jahr später dem umnachteten Lenz in den Vogesen zuschreibt: *... es wurde ihm entsetzlich einsam, er war allein, ganz allein, er wollte mit sich sprechen, aber er konnte nicht, er wagte kaum zu atmen, das Biegen seines Fußes tönte wie Donner unter ihm, er mußte sich niedersetzen ...*

Alleinsein, Einsamkeit, Abstandhalten, Meinungsvorsicht, Zweifel, Freude am Fragen, Schweigen, das sind die ersten Voraussetzungen, um zu schreiben, und das realisieren zu müssen als junger Kerl, ist ein existenzieller Schock, den ich ungefähr ein halbes Jahr nach der Lektüre des Büchner'schen Wanderlügenbriefs vielleicht nicht begriffen, aber erahnt habe, an der Hardenbergstraße in Berlin stehend, den Blick auf das Amerikahaus auf der anderen Straßenseite gerichtet. Einige Studenten hatten sich wegen des Krieges der USA in Vietnam – für uns waren die südvietnamesischen Bauern was für Büchner die oberhessischen waren – zum Sitzstreik niedergelassen und wurden von der Polizei weggeprügelt, andere warfen ein paar Eier auf das Haus und zogen die Fahne auf halbmast, die Szene, zwei Jahre vor dem berüchtigten 68, ist in «Amerikahaus» beschrieben. Als ich, der vorher mitdemonstriert hatte und nun vor weiteren Schritten zurückschreckte, stehenblieb und durch Aktionismus alles verraten sah und mich dabei ertappte, ein Zuschauer, nur ein Zuschauer zu sein, da kam mir, noch ehe schlechtes Gewissen sich breitmachen konnte, der befreiende Gedanke: Hier stehst du richtig, einer muss das beobachten, einer muss das vielleicht sogar aufschreiben irgendwann, und wer, wenn nicht du, der Prügeleien meidet, Gefahren ausweicht, kein Blut sehen kann. Der keine schnelle Antwort parat hat, ob diese Aktionen nun richtig sind oder nicht, der nur spürt, wie das, was da vor den eigenen Augen geschieht, schon bald zu Meinungsgefechten und Rechthaberei führen wird. So begann ich zu meiner vertrauten Rolle als Schweiger auch die neue Rolle als Zuschauer zu akzeptieren und mit immer mehr Eigensinn aufzuladen und gegen den bissigen Vorwurf: Du hältst dich raus, du tust nichts! die leise Antwort zu finden: Doch, ich tue was, ich schaue zu, ich schaue nicht weg, ich merke mir das, ich hebe das auf.

Nein, ich will nicht vortäuschen, bei dieser Urszene am 5. Februar 1966 an Georg Büchner gedacht zu haben, an

seine Nacht auf dem Weg zwischen Butzbach und Offenbach, aber ich bin sicher, dass das Muster Kuhl – Weidig –
Büchner eine gewisse Nüchternheit in studentenbewegten
Jahren befördert hat: Von drei Leuten wird einer aufgeben
und vielleicht sogar den Weg des Verrats gehen, wird einer
den Weg in die Politik suchen, und einer hat vielleicht die
Chance, auf dem Weg des Fragens, also des Schreibens zu
bleiben. Denn wer einmal die Frage gestellt hat, was den
Hütten zu wünschen sei, wer die Frage nach Gerechtigkeit
nicht dem Schicksal oder dem Markt überlassen möchte, wer
einmal den Mut aufgebracht und das Vergnügen gespürt hat,
zu fragen nach Erhalten oder Verändern, die Geschichte zu
befragen und die eigene Zeit, beispielsweise vor dem mick-
rigen Birnbaum in Ribbeck neun Wochen nach dem Fall der
Mauer, und wer vor den Fakten nicht ausweichen, nicht alles
verdrängen will und kann, dem wird der Kopf schwirren ein
Leben lang bei der Anstrengung und den Freuden, für all
das ästhetische Lösungen zu suchen und hin und wieder mit
Glück eine zu finden.

Vergessen wir nicht, der mit schnellen Schritten nach
Offenbach laufende Büchner, der seinen ethischen Aufruhr
in ästhetischen zu verwandeln und zu potenzieren beginnt,
der weiß noch nicht einmal, ob er ohne Arrest und Folter
und Tod davonkommt. Nie wird er erfahren, dass er es dem
Verräter Konrad Kuhl verdankt, schreiben zu dürfen und
Dramatiker, Erzähler, Mediziner zu werden, denn Kuhl ver-
rät ihn einstweilen nicht. Das sollte man sich hin und wieder
klarmachen: ohne die Laune oder Gerissenheit eines vom
Großherzog bezahlten Spitzels wäre Georg Büchner mit
Sicherheit durch Folter in den Wahnsinn getrieben worden
wie Minnigerode oder in den Selbstmord wie Weidig, der

Lehrer und Pfarrer und Turner, ohne das Kalkül des Verräters gäbe es, außer dem christlich gemilderten *Landboten,* nichts von Büchner, keinen *Danton,* keinen *Lenz,* keinen *Woyzeck* – und erst recht keinen Büchner-Preis.

Es gäbe aber, falls Sie mir diese heimatkundliche Pointe erlauben, *hochgeachtete Zuhörer* aus Darmstadt, den Langen Ludwig durchaus. Der verdankt sich Darmstädter Bürgern, die genau im Jahr 1837, nur wenige Wochen nach Weidigs und Büchners Tod, eine Initiative für ein Denkmal für Großherzog Ludwig starteten, den Verfassungsfeind mit der Verfassung in der Hand auf der Säule. Der zweite Ludwig, ein noch ärgerer Verfassungsgegner, hat die Säule dann bauen lassen, der direkte Verantwortliche für Weidigs Foltertod, Minnigerodes Wahnsinn, Kuhls Judasgeld und Büchners Exil.

Büchner entwischt also, läuft um sein Leben nach Nieder-Weisel, läuft oder kommt per Postwagen nach Ober-Mörlen, an Nauheim und Friedberg vorbei, über Rosbach, Erlenbach, Eschbach, Bergen nach Offenbach, warnt die Freunde, geht über Frankfurt, um ein Alibi zu haben, nach Gießen zurück, wo er sich mit offensiver Frechheit vorläufig rettet gegen den Universitätsrichter, der seine Wohnung schon durchsucht hatte. Es bleiben ihm zweieinhalb Jahre, und sein Hass gegen den *verachtenden Egoismus* der Besitzenden und Gebildeten hört nie auf, entfaltet sich dank einer «gegen jede verlogene Harmonie gerichteten Ästhetik» (Mayer) zu einem Werk, das uns heute deshalb so verblüfft, weil unsere *abgelebte, moderne Gesellschaft* sich in den Problemen zu verfangen scheint, die Büchner Achtzehnhundertsoundsoviel dargestellt hat. Dantons Dilemma betrifft heute jeden Politiker, nur dass die Lösung nicht mehr Guillotine heißt, sondern Aufsichtsratsposten. Lenz' Krankheit Depression ist zur Volkskrankheit Nummer eins geworden. Woyzecks Satz *Jeder Mensch ist ein Abgrund* ein Gemeinplatz, rund um die Uhr bei RTL 2 zu besichtigen. Und in den Bankpalästen, hoch über den Hütten und Zelten, arbeiten Rohstoffhändler auch heute daran, das im *Hessischen Landboten* beschriebene Elend zu fördern und zu afrikanisieren.

Und wir, in welcher Büchner-Welt leben wir? Im deutschen Bio-Biedermeier? Im munteren Rendite-Radikalismus? Im narzisstischen Wettstreit zwischen diversen Migrationsvordergründen? Einig nur beim Verdrängen der großen Mauer, die nicht mehr durch unser Land, sondern mitten durch das Mittelmeer geht? Wo schwanken die Fundamente denn nicht? So viel emotionaler, rechthaberischer Aufwand für Bahnhöfe, aber wenn es um den Abriss der Demokratie geht vor unserer Haustür in Ungarn und in Italien, warum herrscht dann das große Gähnen? Was muss der regierende Wirtschaftskriminelle, der, statt hinter Gittern zu sitzen, das halbe italienische Parlament aufgekauft hat mit dem Segen der verschiedenen Mafien und des Vatikans, was muss der noch alles anstellen, damit Europa in ihm einen der ärgsten Antidemokraten erkennt? Die von Büchner und seinen Freunden erträumte und uns zugefallene Errungenschaft der Gewaltenteilung, sollten wir die nicht noch ein Weilchen hochhalten, einüben, ausüben, bevor die Chinesen, weil sie unsere Währung irgendwann retten müssen, Europa zu ihrer Edelprovinz machen?

Wir wissen nicht, in welcher Epoche wir leben, habe ich von Arnold Esch gelernt, wir Zeitgenossen wissen nicht, wie man unsere Zeit einst nennen und bewerten wird. Fürs Erste aber, schlage ich vor, können wir uns an *Leonce und*

Lena orientieren, der Komödie der Müdigkeit und der *universellen Langeweile,* einer Welt, «die ihren Sinn verloren hat und richtungslos agiert» (Mayer). Seit die bürgerlichen Werte an den Finanzplätzen verschleudert werden, der Liberalismus zum Lobbyismus und zur Marktblödheit verkommt, scheinen die Demokratien in feudalistische Zeiten zurückzutaumeln. Das Kapital selbst bringt die Verhältnisse zum Tanzen – nicht weil Geld fehlt, weil wir sparen müssten, sondern, das ist die Komödie daran, weil zu viel Geld da ist, das angelegt werden will. Reiche Leute können nicht mehr mit den überflüssigen Millionen und Milliarden umgehen, niemand will sich mit einer soliden Rendite von fünf Prozent zufriedengeben, es müssen überall und sofort gleich fünfundzwanzig sein. Ich erzähle Ihnen nichts Neues, aber von Büchner: Genau wie der Staatsrat im Königreich Popo können sich nicht einmal die weisesten Ökonomen der Welt auf Lösungen verständigen. Seit man in der Wirtschaft mehr mit Fiktionen, Derivaten, Utopien, mehr mit der Leere der Nullen als mit Realien handelt, sind wir im Reich des König Peter angelangt, wo der Mittelstand bereits abgeschafft ist, bis auf einen Schulmeister, der die Hartz-IV-Empfänger zu dressieren versucht. Des Königs Weisheit beschränkt sich auf den Satz: *Der Mensch muss denken.*

Apropos Denken: Wir sind ja schon viel närrischer, als Büchner es sich ausgedacht hat. Obwohl nachgewiesen ist, dass Lebenskompetenz am besten durch Bücher-Lesekompetenz erworben wird, sind Denk- und Bildungsfragen dem Berechenbarkeitswahn und dem Diktat der allerwindigsten Industrie unterworfen, der Werbeindustrie. Was dem Banker das Derivat, ist dem Politiker die Floskel, ist dem Medienmensch die Quote, also statistische Leere, die Inhalt vortäuscht. Es löst längst keine Empörung mehr aus, dass die «Quoten-Idioten» in den Sendern, Verlagen, Ministerien, Universitäten die geistige Anstrengung für gemeingefährlich halten, nicht aber das von ihnen geförderte Analphabetentum – Büchners Valerio weiß auch hier den passenden Satz: *Der Weg zum Narrenhaus ist leicht zu finden.*

Leonce und Lena empören sich nicht, sie leben aus zweiter Hand, sie romantisieren sich die Welt wie wir uns das Schlaraffenland Internet. Zugegeben, eine Komödie, doch nah an unserer digitalen und infantilen Zeit, die Sprache der Figuren zeigt schon den Abstieg in die Logik von Null und Eins und Ja und Nein und Flop und Top.

Im Widerstand gegen diesen Fundamentalismus des Entweder-Oder, in der Spannung zwischen Ja und Nein, in den Nuancen zwischen Gut und Böse liegt der Reichtum des Subjektiven, des Menschlichen, liegen die Chancen der Kunst, der Literatur. Den vieldimensionalen Raum zwischen der Scheinalternative von Null und Eins mit Leben zu füllen, sich breit zu machen zwischen Up und Down und Top und Flop, das gelingt den Sprachen der Kunst, gestützt auf heitere Kompromisslosigkeit und die Produktivkräfte Chaos und Eros. Nein, der Wettstreit zwischen Algorithmen und Sätzen, zwischen Formeln und Wörtern, zwischen Schwarmverhalten und Eigensinn ist noch lange nicht entschieden. Wenigstens in der Literatur haben wir eines der frei zugänglichen und vergleichsweise krisenfesten Paradiese, in dem Erfahrungen ausgetauscht und gesammelt, Erkenntnisfreuden verschenkt, Distanzen verringert, Augenblicke festgehalten, also Raum und Zeit erweitert werden. Aber nicht dass wir uns hier zu wichtig nehmen – am Ende entscheiden in der Literatur, welcher Sorte auch immer, allein die Sätze, der Satz. Die Energie und die Unruhe, die sich zwischen zwei Punkten entfalten.

Die richtigen Wörter, die richtigen Sätze jedoch sind nicht selbstverständlich, sie wollen sich oft nicht einstellen, und jetzt verstehen Sie vielleicht mein gründliches, jahrzehntealtes Unbehagen an dem Verb wandern, das zwar O-Ton Büchner, aber doch falsch ist, weshalb wir diesen schwer durchschaubaren Studenten ein kurzes Stück auf seinem Weg zur Druckerpresse nach Offenbach begleitet haben. Er müsste sich jetzt Nauheim nähern, wir eilen dem Ende zu: *Für müde Füße ist jeder Weg zu lang,* stöhnt der Prinz Leonce, *für müde Ohren ist jedes Wort zu viel,* entgegnet Prinzessin Lena.

So danke ich nun der Deutschen Akademie für Sprache und Dichtung für diesen Preis. Ich freue mich sprachlosen Herzens dieser Anerkennung und danke Sibylle Lewitscharoff für ihre Lobrede. Ich denke in diesem Moment an die großen Autoren meiner Generation, die zu jung starben, um diese Anerkennung zu erhalten, Nicolas Born, Libuše Moníková, Thomas Brasch, W. G. Sebald. Ich danke den Geldgebern, danke der Akademie für die Gelegenheit, einmal öffentlich über ein unstimmiges Verb nachzudenken. Vierundzwanzig Minuten reichen oft nicht, das richtige Wort, den richtigen Satz zu finden, aber sie müssen reichen für eine Rede, bei der ich nun zum Punkt komme, nicht ohne Dank an Sie, *hochgeachtete Zuhörer,* für Ihre rekordverdächtige Aufmerksamkeit, und mit einer Verneigung in alle poetischen Himmelsrichtungen.

Von der Tugend des Zersetzens oder:
Der Belletrist im Wohlstand

Eine Rede aus dem Jahr 1966

Warum ist das Zersetzen eine gute Sache? Friedrich Schmitz muss hier ein paar Allgemeinplätze wiederkäuen. Er geht von folgenden Gedanken aus. Das große Ganze hat uns oft genug betrogen. Weltanschauungen haben uns blind genug gemacht. Die Sucht nach Synthesen und großen Ideen wäre zu bremsen zugunsten einer Aufwertung der Analysen. Wer zersetzt, will analysieren, in Einzelteile zerlegen, sich nicht so schnell mit Synthesen zufriedengeben.

Zersetzen ist zuerst und zuletzt ein Teil der Arbeit während der Kunstproduktion. Literarische Kunst, so wollen wir doch hoffen, wird nicht allein mit Worten gemacht. Was sich da im Einzelnen während der Produktion ereignet, lässt sich schwer sagen, es wäre für uns auch wenig interessant. Aber so viel steht fest: Wer Kunst oder etwas Ähnliches macht, der sollte seinen Gegenstand, ob konkret oder abstrakt, möglichst gut kennen, ihn auseinandernehmen, in Einzelteile zerlegen können. Die Einzelheiten hat der Zersetzer in ihren Zusammenhängen und außerhalb ihrer Zusammenhänge zu betrachten und sie, eine nach der anderen, nach seinen Kriterien, die ihrerseits nicht vom Zersetzen verschont bleiben, auf ihre – gemeint sind die Einzelheiten – Beschaffenheit hin zu untersuchen. Dieser Erkenntnisprozess geht freilich oft unbewusst vor sich, diese Zersetzung findet heimlich statt. Sie ist notwendig, bevor der künstlerische Kopf seinen Gegenstand auf seine Weise, die er verantworten möchte, mit seinem Handwerkszeug wieder zusammensetzen kann. Der Baum auf der Straße ist etwas anderes als der beschriebene Gegenstand Baum auf der Straße.

Nun meint Herr Schmitz aber, dieser simple neutrale Vorgang des stillen Zersetzens ließe sich vielleicht aufwerten dadurch, dass man das unmittelbar folgende Neuzusammensetzen hinauszuzögern oder doch dem möglichen Leser anschaulich zu machen versucht. Das heißt: Der Autor mag mit dem Leser nicht nur die schöne Illusion und das Ergebnis des Gestaltens teilen, sondern auch die edle Nüchternheit und das Ergebnis des Zersetzens.

Zersetzende Literatur wendet sich also an mündige Leser. Denen könnte sich ein redlicher Autor mit möglichst wenig Verstellung als Wortführer anbieten und ihnen zeigen, welch goldnen Boden dies Handwerk des Zersetzens hat. Dieser Absicht widerspricht die Maxime von Jean Paul, «Leser kann man nicht genug betrügen», nur scheinbar: Jean Paul rechnet mit Lesern, die wissen, dass sie und wie sie betrogen werden.

Zersetzen wäre also, schlicht gesagt, als Oberbegriff zu verstehen zu Wörtern wie entnebeln, entlarven, der Ratio überantworten usw. Das hört sich simpel an, und es ist simpel und enttäuschend für alle, die ihren Lessing oder Büchner oder Arno Schmidt gelesen haben. Aber hierzulande muss man solche Wörter und solche Scheinprogramme immer wieder attraktiv machen, obwohl jeder fortgeschrittene Nüchternheitsfanatiker weiß, dass gegen die Vorstellung von Kunst als Sonntagszubehör kaum ein Kraut gewachsen ist, solange unsere Lesebücher fast ohne Ausnahme am Weltbild des Mittelalters oder doch eines mittelalterlichen 19. Jahrhunderts festhalten und solange unser Deutschunterricht so törichte Erfindungen wie den Besinnungsaufsatz für sein A und O hält.

Zuspruch durch Gottfried Keller

Der Begriff Zersetzen soll also nicht als Schlagwort oder gar als neue literarische Theorie verstanden werden. Auch muss auf die möglichen Verführungen geachtet werden wie: sich aus bloßem Snobismus dieses Begriffes zu bedienen, sich das Ungemütliche des Worts gemütlich werden zu lassen, und ebenso: sich etwa als Zersetzer in Chirurgenpositur zu gefallen.

Nach all diesen Umschreibungen werden Sie fragen, worin sich denn nun konkret dieses Zersetzen äußere. Da sind zunächst ein paar allseits bekannte literarische Techniken, in denen sich das Zersetzen relativ leicht ausüben lässt: Satire, Groteske, Ironie, Parodie, Polemik usw. Auch die in den letzten Jahren so populär gewordene Dokumentartechnik ist hierhin zu rechnen.

Autor Friedrich Schmitz muss zugeben, dass ihm vor oder während seiner literarischen Arbeit die Vokabel Zersetzen nicht in den Sinn kommt. Wenn er mittendrin steckt, kommt ihm allenfalls eine wohlüberlegte Aggressivität hoch; die will formuliert sein. Wenn er zum Beispiel an einem gesamtdeutschen Gedicht sitzt, versucht er es so zu schreiben, dass sich niemand dabei wohl fühlen oder den Pharisäer spielen könnte. Wenn er sich zum Beispiel mit handfester CDU-Ideologie beschäftigt, streut er polemisch Sand ins Getriebe. Wenn sich zum Beispiel die Große Koalition formiert und Schmitz seine Wut darüber formulieren möchte, versucht er das in Form der Parodie eines schwermütigen Rilke-Tons. Wenn er zum Beispiel einen Roman schreibt, tarnt er ihn als Heimatroman. Die Ergebnisse solcher Vorsätze können von Interpreten dann mit gutem Recht zersetzend genannt werden.

Zersetzen wäre also: das auseinanderzunehmen, was anderen Leuten, die Schmitz nicht passen, lieb und teuer ist und was an seiner Meinung nach falschen Idealen oder falschgemünzten Wahrheiten im Umlauf ist.

Natürlich macht sich Herr Schmitz wenig Illusionen über den Effekt seiner Versuche. Das Thema Deutschland bleibt ein Sonn- und Feiertagsthema, die CDU wird immer noch von viel zu viel Leuten gewählt, Willy Brandt ist immer noch nur Vizekanzler, die Heimat bleibt immer noch hoch und heilig, gegen all das helfen Tinte und Druckerschwärze so gut wie nichts.

Also warum, höre ich Sie fragen, diesen ganzen Aufwand, dieses theoretische Blabla und diesen armseligen Erfolg? Was für ein kindisches Unterfangen, werden Sie denken, andere Leute ärgern zu wollen, nur um die eigene Eitelkeit zu beschwichtigen. Oder spekuliert unser Schmitz gar auf Unsterblichkeit, Prophetentum oder, noch schlimmer, auf die Genugtuung, in naher Zukunft mal sagen zu können: Seht, ich war ja schon immer dagegen?

Nun, Herr Schmitz ging davon aus, dass es schon eine erfreuliche Wirkung der Literatur wäre, sich entweder Freunde oder Feinde zu machen. Von den Feinden, den sogenannten, haben wir gesprochen. Wo aber sucht Herr Schmitz sich Freunde, von Kollegen und Berufslesern mal abgesehen? Will er etwa irgendeinen NPD-nahen Onkel, irgendeinen unverbesserlichen William Schlamm, irgendeinen unbekannten Leser auf den Pfad der intellektuellen Tugend zurück- oder hinführen?

Nein, solche vermessenen Illusionen macht Herr Schmitz sich nicht. Er setzt auf eine andere Karte. Er lässt sich, möglichst sachlich, auf eine andere Hoffnung ein. Er engagiert sich, hier sei das hässliche Wort ausnahmsweise erlaubt, für die Leute, die man in Hofgeismar Junge Generation nennt. Also, rund gesagt, Altersgenossen, Damen und Herren, von 17 an aufwärts, die den Karl May und den Wolfgang Borchert hinter sich haben, aber Golo Manns «Deutsche Geschichte» noch vor sich, die man ihnen feierlich überreicht hat, sofern sie in Hessen Abitur gemacht haben, die sie aber als letztes Relikt einer schlimmen Zeit ansehen und folglich nicht lesen. Von der Mode gehätschelte Leute, meint Schmitz, die mit Marika Kilius, Franz Beckenbauer und den Beatles groß geworden sind und sich jetzt etwas ratlos, aber nicht verzweifelt, auf einen Beruf vorbereiten, wie es heißt.

Herr Schmitz hofft und bildet sich jedenfalls ein, diese Altersstufe sei zur Kritik veranlagt und müsste um ihrer selbst willen kritisch gehalten werden. Besonders, da sich auch bei ihr die Zeichen der Verfettung mehren; so hört man, dass Lehrlinge hier und da nach ihrem Pensionsanspruch fragen, so weiß man, dass Leute mit 21 Jahren NPD wählen oder CDU. Denen, die sich zu situieren oder sich mit Begriffen wie Schicksal abzufinden beginnen, und denen, die sich noch nicht zufriedengeben wollen, und denen, die sich von der Großen Koalition in den Schmollwinkel treiben lassen, könnte man vielleicht Material und Argumente für ein sachgerechtes Unbehagen liefern, ihre Kritik vorformulieren, man könnte ihnen das Zersetzen für den literarischen oder politischen Hausgebrauch plausibel machen, ihnen zeigen, wie man selber dies Handwerk ausübt, als Primus inter Pares höchstenfalls, nicht als Vorbild oder literarischer Leithammel, sondern als einer, der zum Teamwork ermuntert und auffordert, nach Herzenslust zersetzen.

Was aber wäre denen zu antworten, die jetzt auf den Einwand kommen, die Jugend brauche doch Vorbilder, man könne doch nicht alles respektlos auseinandernehmen, das sei doch nicht positiv, wo soll denn das hinführen, woran soll man sich denn da noch halten? – Ich zitiere als Antwort einen Autor, der besser ist, als Sie ihn von der Schule her kennen, ich zitiere den seriösen Dichter Gottfried Keller:

«Es gibt eine Redensart, dass man nicht nur niederreißen, sondern auch wissen müsse aufzubauen, welche Phrase von gemütlichen und oberflächlichen Leuten allerwegs angebracht wird, wo ihnen eine sichtende Tätigkeit unbequem entgegentritt. Diese Redensart ist da am Platze, wo obenhin gesprochen oder aus törichter Neigung verneint wird; sonst aber ist sie ohne Verstand. Denn man reißt nicht stets nieder, um wieder aufzubauen; im Gegenteil, man reißt recht mit Fleiß nieder, um freien Raum für Licht und Luft zu gewinnen, welche überall sich von selbst einfinden, wo ein sperrender Gegenstand weggenommen ist. Wenn man den Dingen ins Gesicht schaut und sie mit Aufrichtigkeit behandelt, so ist nichts negativ, sondern alles positiv, um diesen Pfefferkuchenausdruck zu gebrauchen.»

Wer nach diesen Worten noch Angst hat, den Boden unter den Füßen zu verlieren, wer sich scheut vor ungemütlichen Gedanken und vor dem Risiko, Meinungen ändern zu müssen, der hat in der Literatur wenig oder nichts zu suchen, der mag, wenn er sonst einfältig, aber nicht ohne die Künste leben will, lediglich Westermanns Monatshefte oder Hans Carossa oder Luise Rinser lesen oder sich an wertneutrale musikalische Vergnügen halten. Die Literatur, wenn sie Literatur ist, wird ihm nicht helfen können.

Die Sätze von Gottfried Keller lassen sich aus vielen Gründen noch zuspitzen. So sagt etwa Ulrich Sonnemann mit Pathos, aber mit Recht: «Der Geist soll zersetzen, bis er auf etwas trifft, was ihm standhält, was er achten und verehren kann, und also – das sollten wir festhalten – ist ein Mensch, der nicht zersetzt, obwohl er es den Sachverhalten nach sollte und seiner persönlichen Anlage nach könnte, einfach ein Verräter am Geist und am Menschlichen selbst, ein unwahrhaftiger Mensch und ein moralischer Feigling.»

Sehr gut, sehr richtig, denkt sich Friedrich Schmitz bei diesem Satz.

Allerdings, und nun fangen die Bedenken wieder an, hier darf derjenige, der sich als Zersetzer betätigt, nicht den üblen Fehler begehen und sich den anderen Leuten gegenüber für ein seltenes Exemplar, für einen moralischen Mutprotz, für einen immer kühnen und ewig treuen Recken des Geistes halten. Sonst kommt schnell wieder das Gefasel vom Schriftsteller als Gewissen der Nation auf, das den Herrschern nur recht ist, weil das Gewissen dann wenigstens ein paar Leuten zugeschrieben werden kann, die man sowieso nicht ganz ernst nimmt. Solcher anspruchsvollen Haltung bleibt am Ende nur der Protest übrig.

Nichts gegen Proteste – solange, wer da protestiert, weiß, dass der feinstformulierte Protest wie das redlichste Zersetzen weder sein Gewissen noch das seiner Nation beschwichtigen können, sollen, dürfen. Wenigstens so viel vorausgesetzt, mag jeder Autor, der es für nötig hält und was er zu sagen hat, formulieren kann, gegen Johnson und Ky, Franco und Ulbricht, Salazar und Vorster und, mit Verlaub, gegen Wehner und Kiesinger und wie sie alle heißen, protestieren. Wichtiger aber ist, nach Kräften dahin zu arbeiten, dass solch Protestieren nicht zum Privileg der Schriftsteller und damit immer weniger ernst genommen wird. Schließlich muss, wer hier protestiert, wissen, dass solch verbales moralisches Verhalten nur wenig wiegt und leicht zu erwerben ist: durch Worte und Papier. Ein Maulheld – ich verstehe dies Wort überhaupt nicht polemisch, sondern möglichst positiv-sachlich –, ein Maulheld ist kein Held, jedenfalls nicht hier in Westdeutschland.

Herr Schmitz weiß, dass er im Wohlstand recht angenehm lebt. Er ist schon so verdorben, dass er nichts oder wenig von der Theorie hält, ein Dichter könne nur am Hungertuche nagend groß und stark werden. Bankkonto und Alkoholkonsum sind keine literarischen Kriterien. Wer sich vom Wohlstand korrumpieren lässt, lässt sich auch von der Armut korrumpieren.

Auf der anderen Seite gibt es den literarischen oder publizistischen Überfluss. Immer schwieriger wird es uns Zeitgenossen, Gedanken und Informationen noch aufzunehmen, da wir schon mehr haben, als wir bewältigen können. Die Stelle im Prediger Salomo, dass des Büchermachens kein

Ende sei, und der Spott der gescheiten Autoren des 18. Jahrhunderts über die Unzahl der Bücher auf den Leipziger Buchmessen sind nur ein schwacher Trost. Hier hilft nur ein gut trainierter literarischer Instinkt.

Mit welchen Voraussetzungen macht sich Friedrich Schmitz nun an die Arbeit des Zersetzens? Er muss sich ja darauf einstellen, dass er herzlich wenig zu bestellen hat. Dies wenige wird am besten getan mit Wissen, Genauigkeit, Misstrauen. Die verhelfen ihm im kulturellen und politischen Zirkus zu so etwas wie einem Standpunkt.

Herr Schmitz geht davon aus, dass er und die meisten seiner Kollegen, die große Masse der mittleren Talente, keine wesentlich neuen Ideen aufzutischen haben und dass er seinen Kopf vor allem dafür gebrauchen will, die vorhandenen Gedanken zu sichten und auf ihre Tauglichkeit für die Gegenwart zu prüfen. Deshalb die vielen Zitate, von denen er lebt.

Mit Genauigkeit auch möchte sich Schmitz gegen die immer mehr in Mode kommende Pauschalkritik absetzen. Die Kritik aus Bequemlichkeit und Snobismus ist, wie wir täglich sehen, zum großen Geschäft geworden. Vorlaut, stumpfsinnig und im Grunde sehr zufrieden kommt ein beträchtlicher Teil unserer Generation daher und nimmt die Protestsongs gedankenlos hin, wie ihre älteren Geschwister Elvis Presley oder Freddy hingenommen haben. Solidarisch mit Süverkrüp und Degenhardt und ihren Freunden protestiert Schmitz gegen Songs wie «Freiheit, wo kann ich sie fi-hin-den?», wo Kitsch Kritik sein soll. Wo Kritik, man mag das Wort schon gar nicht mehr in den Mund nehmen, ohne Reflexion, ohne Selbstkritik, ohne Risiko, aber dafür mit Gitarre und Chor im Hintergrund geübt wird, ist sie Opium, wenn nicht fürs Volk, so doch für die Jugend – solange sie noch kein anderes hat. Auch diese Erscheinungen beobachtet Herr Schmitz ziemlich hilflos.

Leser – Gewissen der Nation

Was bleibt eigentlich übrig, so müssen wir jetzt fragen, hinter so viel Misstrauen, hinter so viel modischem Understatement, das Friedrich Schmitz hier an den Tag legt? Ich höre Sie fragen, ob da irgendwo ein Standpunkt sei. Nun, Herr Schmitz scheut sich vor großen Worten und geniert sich, Anspruchsvoll-Verbindliches zu formulieren. Stattdessen hat er eine Schwäche für anderleuts goldene Worte. Er könnte Ihnen hier ein paar Proben davon zitieren, aber wozu, das sagt wenig über ihn, das sind im Grunde ganz nützliche Dekorationen am eigenen Brett vorm Kopf.

Sie hören aus solchen Worten, wie Friedrich Schmitz dazu neigt, mit seiner eigenen Schwäche und Minderwertigkeit zu kokettieren. Verstehen Sie das bitte richtig als Flucht vor Selbstmitleid, vor Verzweiflung, vor Resignation. Diese bösen drei stehen ihm nicht zu Gesicht, die sind ihm verhasst. Gerade jetzt angesichts der Großen Koalition, wo die Luft voll ist von Wörtern wie Gemeinsamkeit, Übereinstimmung, Einigkeit macht stark, Wir sitzen doch alle in einem Boot usw., feiert die Resignation eindrucksvolle Siege über die Nüchternheit. Aber nein, da macht Freund Schmitz nicht mit, er hält sich, vorerst, an weit mehr unerschöpfliche Haustiere wie Scherz, Witz, Ironie. Er nimmt sein Idyll, in dem er zweifellos steckt, so weit wie möglich ironisch.

Er geht zurück an seinen Schreibtisch, mit Heiterkeit und Einbildungskraft gesegnet, ärgerlich nur über so viel hier ausposaunte Theorie und nicht sicher, ob er Ihnen mit dem Begriff Zersetzen nicht doch nur einen Floh ins Ohr gesetzt hat.

Von fern denkt er an Leser, die Spaß verstehen. An Leser, die mit Poesie und den poetischen Künsten noch mehr im Sinn haben als die Pflege ihres schönen Scheins. An Leser, die einem die literarische Kunst ohne die allgemeine Hätschelei abkaufen, die auf die dekorative Harmlosigkeit der Kunst pfeifen und sie, unsere allseits geschätzte Belletristik, nicht in die ewigen Jagdgründe des Wahren, Schönen, Guten verbannen. Solche Leser sind am Ende wichtiger als Literatur und Literaten, da mögen Herr Schmitz und seine Kollegen schwatzen und schreiben, was sie wollen. Sie, meine Damen und Herren, schöne Leserinnen und geneigte Leser, sind, mit Verlaub, das Gewissen der Nation. Wir sind nur Maulhelden – die Helden aber, um im Bild zu bleiben, sind Sie.

Die Jerusalemer Krawatte

Ja, sagte ich, eines Tages möchte ich gern die Geschichte der Jerusalemer Krawatte erzählen. Eines Tages, das mag morgen sein oder in zehn Wochen oder fünfzig Monaten oder heute. Noch zögere ich, mit der Härte der Genauigkeit auf eins meiner schwierigsten Jahre zu blicken und gleichzeitig die Befreiung zu beschreiben, die ich Abraham und Isaak verdanke und die mit diesem ostereierbunten Stoffstreifen verknotet ist.

Nein, es ist kein besonders schönes Stück, zu schmal, zu bunt, zu offensichtlich selbstgemacht. Aber das ist nicht der Grund, weshalb ich, ohnehin nicht als leidenschaftlicher Schlipsträger bekannt, diese Krawatte nur selten um den Kragen binde. Auch nicht, weil die Batikmode von gestern ist und ich ungern der Geschmacksverirrung bezichtigt werde. Was mich hindert, sie bei Partys oder Empfängen oder größeren Tischrunden anzuziehen, sind die leicht verstörten Blicke auf die knalligen Farben, die ich früher, oft ohne gefragt zu sein, mit den Worten entschuldigt habe: eine Jerusalemer Krawatte. Daraufhin war man sofort bei entsprechenden Fragen nach dem Wie und Warum und ich in Verlegenheit. Ich konnte und kann nur mit einem Reigen von Selbstauskünften antworten, die, wenn ich einigermaßen bei der Wahrheit bleiben wollte, bis auf die Höhen des Tempelbergs in Jerusalem, in hessische Dorfkirchen und zu einigen Quetschungen des Lebens, wie der Dichter sagt, führen müssten. Ich könnte Selbstbespiegelungen nicht vermeiden, Tiefenbohrungen in die Seele eines Menschen, der ich zum Glück, so hoffe ich manchmal, nicht mehr bin. Ich müsste weiter ausholen und sogar von meiner Schreibarbeit sprechen, und das ausgerechnet als einer, der nichts für so überflüssig hält wie die Erzählungen von Schriftstellern, die von Schriftstellern erzählen – kurz, der Peinlichkeiten wäre kein Ende.

Ja, je mehr ich jetzt andeute oder dank der Nachfragen zu Andeutungen verführt werde, desto stärker drängt die lange zurückgehaltene Geschichte wieder vor. Schon wünsche ich mir die nötige Gelassenheit für einen ausführlichen Bericht, schon ist der leichtsinnige Vorsatz gefasst, von einigen biografischen Belustigungen zu erzählen, schon beginne ich, die vorauseilende Vorsicht und ängstlichen Erwartungen, Häme oder Beifall betreffend, beiseitezuwerfen.

Nein, keine Sorge, ein Roman wird das nicht, ich habe nur ein paar Stichworte, nur die kürzestmögliche Version der Geschichte der Jerusalemer Krawatte zu bieten.

Einladungen, mit einem eigenen Buch auf Reisen zu gehen und daraus, gegen Honorar, vorzulesen und sich in überwiegend plumpe Gespräche verwickeln zu lassen, habe ich in den achtziger und neunziger Jahren nur ausnahmsweise annehmen können. Als Familienvater, der möglichst viel Rücksicht zu nehmen versuchte auf das Wohlergehen zweier Schulkinder und der angetrauten Universitätsprofessorin, waren die Reisemöglichkeiten äußerst beschränkt. Jeder Weg aus Berlin hinaus musste sorgfältig abgewogen und besprochen und oft verworfen werden.

Als der Briefträger im Frühsommer 1994 eine Einladung nach Israel brachte, zu einem israelisch-deutschen Schriftstellertreffen in Jerusalem, drängte mich die innere Stimme gleich, alles zu tun, um mit einer Zusage zu antworten. Obwohl ich gerade im Frühjahr sechs Wochen an einer amerikanischen Universität als writer-in-residence gewesen war und damit das Berliner Familienbudget aufgebessert hatte, und obwohl ich mit dem gerade erschienenen Buch «Der Sonntag, an dem ich Weltmeister wurde» auf Lesereise gehen sollte oder schon ging, schien mir eine dritte größere Unternehmung in diesem Jahr, Israel im November, unverzichtbar. Dieser Wunsch traf auf keinen Widerstand im Familienrat, die Töchter waren inzwischen 11 und 15 Jahre, und die Situation war nach dem USA-Aufenthalt relativ entspannt.

Warum es mich drängte, die Einladung anzunehmen, ist leicht zu verstehen: Ich war nie in Israel gewesen, das Bibelland, das Überlebendenland, das Konfliktland schlechthin, das Aufbauland, das Gottesland. Jeden Deutschen, der sich mit dem Holocaust, mit den Tätern, mit den einschlägigen Schuldfragen beschäftigt hatte, zog es nach Israel. Jeden christlich Geprägten, trotz aller Ambivalenz, auch.

Die Initiative zu dieser Einladung kam von Schriftstellern aus Israel und Deutschland, Efrat Gal-Ed, Christoph Meckel und Savyon Liebrecht, die zuvor in Freiburg ein auch von der Presse gefeiertes Treffen von Autoren aus beiden Ländern organisiert hatten, danach ein ähnliches in Berlin. In Jerusalem, in der komfortablen Künstlerherberge Mishkenot Sha'ananim, sollten die Gespräche fortgesetzt, eine Reise ans Tote Meer bis Masada unternommen und Lesungen in Tel Aviv und Jerusalem veranstaltet werden. Eine gute Woche war vorgesehen, und ich freute mich sehr, dass die Kollegen sogar einen wie mich dabeihaben wollten, von dem bekannt war, dass er nicht eben häufig sich zum Wort drängt, oft nicht einmal bei den lebhaftesten Debatten.

Ich sagte also zu und wurde gebeten, zwei kürzere Texte einzureichen, damit die rechtzeitig übersetzt und bei einer Lesung präsentiert werden konnten. Ich wählte zwei Passagen aus dem gerade erschienenen «Sonntag, an dem ich Weltmeister wurde». Bei der zweiten Stelle zögerte ich lange, «Ich war Isaak». Dreieinhalb Seiten, sehr private, sehr intime Nöte mit meinem Vater, den sich das Kind als übermächtigen Abraham mit Messer und Mordbereitschaft vorstellt, mordbereit aus Gottesgehorsam, der dem Vater mehr bedeutet als die Liebe zum Sohn. Ein monologischer Langsatz, kreisend um eine bekannte Bibelstelle, eine zentrale Metapher. Dieser Text könnte vielleicht ein Brückentext sein für die Israelis, überlegte ich, vielleicht als Provokation oder auch als langweilig und zu brav im Sinne jüdisch-christlicher Gemeinsamkeit empfunden werden. Der Vorteil war, die dreieinhalb Seiten konnte man auch verstehen, ohne viel vom Zusammenhang, vom dramaturgischen Ablauf der Erzählung zu wissen.

Von den Vorbereitungen, den Kontrollen, dem Flug, der Ankunft, den Kollegen und den Gesprächen in Jerusalem muss hier nicht viel erzählt werden, da dürften wir nicht viel Neues gesprochen oder Nennenswertes erlebt haben. Entscheidend für die Krawatten-Geschichte war ein einziger Abend, eine Lesung oder vielmehr eine knappe halbe Stunde, vielleicht nicht einmal zwanzig Minuten auf einer Jerusalemer Bühne.

Unter den israelischen Autoren, mit denen wir eine Woche lang fast jeden Tag zu Diskussionen in einem dunklen, kühlen Saal zusammenkamen, schien mir einer mit Namen Chaim Be'er der liebenswürdigste zu sein. Immer freundlich, zurückhaltend und doch aufmerksam, in jeder Minute präsent. Ein guter Zuhörer und ein guter, leiser Debattierer. Er achtete auf jedes einzelne Wort, wog es ab, erklärte Ursprünge, Zusammenhänge, mythische und biblische, er argumentierte stets vom Wort her. Fabeln, Geschichten, Anekdoten waren ihm wie Anleitungen zur Weisheit, also allemal wichtiger als Meinungen oder gar ideologische Positionen. Stets trug er ein Lächeln im Gesicht, er war nicht nur bibelfest, er war fromm, und er war der Einzige in der Runde, der eine Kipa auf dem Kopf hatte.

In den Pausen, beim Essen oder bei Ausflügen hatten auch wir beide miteinander geredet, so wie jeder mit jedem zwischendurch plauderte, es gab keine festen Cliquen oder Grüppchen in dieser Runde. Vielleicht sind wir sogar so weit gekommen, ein paar Sätze auszutauschen über unsere verschiedenen Leben und Familiengeschichten – nichts davon hat die Erinnerung gespeichert.

An einem Morgen aber, zwei Tage vor der Lesung, kam Chaim auf mich zu und nahm mich beiseite. Er sei von den Veranstaltern gebeten worden, mich bei dem Leseabend vorzustellen und meinen Text auf Hebräisch vorzulesen. Er müsse gestehen, er habe erst jetzt, in der Nacht, das Tagungsbuch mit unseren Texten gelesen. Mein Beitrag «Ich war Isaak» habe ihn so beeindruckt, dass er die ganze Nacht wenig geschlafen habe, darüber meditiert und sich Notizen für die Vorstellung gemacht habe, er müsse unbedingt mit mir über den Text reden.

Nach dem Mittagessen setzten wir uns abseits, und er

erklärte mir, immer noch euphorisch, warum der Text für ihn und für das Publikum so wichtig sei. Da drüben, auf dem Berg fast gegenüber, habe der Altar gestanden, auf dem Abraham, statt Isaak zu erstechen, die Tiere geopfert habe, und über diesem Altar sei später der Tempel gebaut worden. Der Tempelberg sei der einstige Opferberg, und die im letzten Moment gestoppte Opferung Isaaks symbolisiere zugleich einen neuen Schritt in der Entwicklung des Menschen. Der Übergang von dem Menschen-Opfer zum Tier-Opfer sei eine Aufwertung des Menschen, und wie ich das Verlangen Isaaks ausgedrückt hätte, als Mensch mit seinen Empfindungen, Ängsten und seiner Vaterliebe gewertet werden zu wollen, und nicht als Objekt, als Geisel im Kampf um den Gottesgehorsam, das habe ihn tief bewegt, das habe ihn diese alte Geschichte wieder neu verstehen lassen. Ich hätte Isaak eine Stimme gegeben, so könne Isaak gehört werden, vielleicht hat er sogar gesagt, endlich gehört werden. Es sei, sagte Chaim, in diesem Text auch der Konflikt vieler junger Israelis mit ihren Vätern, mit ihrem Staat angesprochen. Immer wieder fragten sich viele der zum Wehrdienst eingezogenen, zu Kriegen gezwungenen jungen Leute, warum sie geopfert werden sollen, damit ihre Väter ihre Gottesliebe beweisen können, damit die Existenz ihres von Gott und ihnen gewollten Staats gesichert bleibe. So redete Chaim, strahlend vor Freude, in gewandtem Englisch, auf mich ein, und ich, immer sprachloser, versuchte nur, mir zu merken, was er redete. Es sei eine Freude, ein Geschenk für ihn, dass ein deutscher Protestantensohn einen solchen, vielfach deutbaren und mythologisch wie politisch bedeutsamen Text mitgebracht habe und er, Chaim, diesen vorstellen dürfe. Ausgerechnet er, der sich seit Jahrzehnten immer wieder mit dem Abraham-Isaak-Mythos beschäftigt und viele Bücher darüber gelesen habe, finde hier nun eine neue, spezielle Variante des alten Stoffes.

Der Abend kam. Wir waren vier oder fünf Autorenpaare, eine israelische Autorin oder ein Autor stellte einen deutschen oder eine deutsche vor, las die hebräische Übersetzung, danach lasen die deutschen auf Deutsch. Wir kamen als drittes Paar an die Reihe. Chaim redete lange, über mich und den Text, länger, so schien es mir, als die anderen Israelis über ihre deutschen Kollegen, und er redete auf der Bühne noch leidenschaftlicher als zu mir. Außer den Namen Abraham, Yitzak und Delius verstand ich natürlich nichts, später meinte er, er habe nur das über den Text gesagt, was er mir auch gesagt habe. Dann las er, der geübte Leser, die Passage aus meinem Buch, und danach brauste der Beifall los, zum ersten Mal an diesem Abend richtig heftig und lange, und ich wollte ihn immer noch mehr Chaims Rhetorik oder seiner liebenswürdig engagierten Art zuschreiben als meinem Text.

Ich begann zu lesen und spürte, dass ich schon mit den ersten drei Worten, «Ich war Isaak», das Publikum auch in den entfernteren Winkeln des Saals erreichte. Zweihundert oder mehr Leute vielleicht, bestens eingestimmt, vorbereitet, hellwach, da wächst man auch als Vorleser über sich hinaus. Das Messer in Abrahams Hand, die Ängste Isaaks, sie werden schon in dem langen Satz verlängert und in Zeitlupe beschrieben, die Bedrohung in immer neuen Nuancen umkreist. Ich verlangsamte beim Lesen noch einmal die Tempi und betonte möglichst viele der mit vielen Kommata gestaffelten Wörter. Ich spielte mit der Spannung zwischen dem biblischen Abraham und dem Dorfpfarrer als Stellvertreter

Gottes auf Erden, spielte mit der Spannung des befohlenen, imaginierten, befürchteten, in letzter Sekunde abgewendeten und dennoch in Gedanken bereits vollzogenen und deswegen so ungeheuerlichen Mordes. Ich wusste nicht, wie viele Leute im Saal überhaupt Deutsch verstanden, vielleicht die Hälfte, vielleicht viel weniger, es war gleichgültig, sie hatten ja vorher die Übersetzung gehört. Ich hatte das Gefühl, jede Silbe saß richtig, jede Silbe traf auf Resonanz.

Der Beifall nach Lesungen kann höchst unterschiedlich ausfallen, spärlich, kühl, müde, pflichtschuldig, anerkennend, kurz und heftig, warm, begeistert, sehr begeistert, stürmisch begeistert, je nach Text und Ort, je nach Zivilität und Engagement der Veranstalter, je nach Neugier und Vorbildung des Publikums. Was ich in Jerusalem zu hören bekam, war etwas Einmaliges. Es war der herzlichste und wärmste Beifall, den ich je gehört hatte und auch danach nicht wieder erlebt habe. Das war kein frenetischer Beifall, wie man gern sagt, nicht jubelnd, keine übertrieben begeisterte oder stürmisch begeisterte Zustimmung, sondern es war etwas Körperliches, als wollten mich die Leute mit ihren klatschenden Händen umarmen, als wollten sie mir die Hände drücken. Chaim und ich setzten uns wieder in die erste Reihe, und die nächsten beiden absolvierten ihr Programm.

Die Veranstaltung war zu Ende, und nun geschah genau das, was ich beim Hören des Beifalls empfunden hatte. Leute traten auf Chaim und mich zu, immer mehr, umringten mich, drückten mir die Hand, sie umarmten mich zwar nicht, aber umarmten mich fast, es war schließlich keine Verbrüderung, die hier gefeiert wurde, sondern ein überraschendes gegenseitiges Verstehen. Alle sagten, wie sehr dieser Text sie berührt habe, die einen auf Deutsch, andere auf Englisch. Mir will heute scheinen, als sei mindestens die Hälfte der Zuhörer zu mir vorgedrungen, um etwas Anerkennendes zu sagen. Ich war weder die Heftigkeit der Zustimmung gewohnt noch die Menge der Leute, die sie zur Sprache brachten. In Deutschland signierte man nach der Lesung ein wenig (in den frühen neunziger Jahren war die Mode des Signierens noch nicht so weit verbreitet wie heute), hörte sich das eine oder andere Kompliment an, blickte in erwartungsvolle Damenaugen und sah zu, dass man möglichst bald fortkam oder wenigstens zu einem Rotwein. Hier fühlte ich mich beglückwünscht, nicht nur als Autor, sondern als Person. Ich war nicht gewohnt, so beglückwünscht zu werden. Als wollten die Leute mir zeigen, dass Isaak, dass ich gerettet war, dass Isaak und ich keine Angst mehr zu haben brauchten, als wollten sie sagen: Beruhige dich, das Messer wird dich nicht treffen, die Gefahr ist vorbei.

Danach fand in unserem Künstlerhotel ein Abschiedsempfang statt, und auch hier hörte der Reigen der Komplimente nicht auf. Nun waren es vor allem die israelischen Schriftsteller, aber auch die deutschen Kollegen, mit denen ich eine Woche zusammengesessen hatte, die mit einigem Erstaunen ihre Anerkennung äußerten. Bis dahin hatten sie mich nur als den unscheinbarsten der deutschen Gäste wahrgenommen, der eine Woche lang nicht viel und vor allem nicht viel Nennenswertes zur Tagung beigetragen hatte. Die meisten Kollegen sprachen mich an und ließen mich merken, wie sie an diesem Abend das Bild korrigierten, das sie von mir hatten, und ließen mich ihren Respekt spüren, zumindest den Respekt vor diesem dreieinhalbseitigen Text.

Gewiss habe ich bei diesem Empfang mehr Wein getrunken als sonst, aber ich spürte auch, wie ich in einer neuen

Spielart der Euphorie mich zwischen den andern bewegte, wie ich schwebte, das Glück noch nicht begreifend, das mir an diesem Abend widerfahren war. Irgendwann stand ich mit dem Tel Aviver Schriftsteller Tsalka und seiner Frau zusammen und hörte, in stillem Stolz, wieder Sätze der wärmsten Anerkennung, wie ich sie den ganzen Abend in vielen Varianten gehört hatte.

Da zog Frau Tsalka eine Krawatte aus ihrer Handtasche und fragte, ob sie mir gefalle. Der Stoff leuchtete rot, gelb, grün, blau, die Farben liefen ineinander. Ich sagte ja. Dann schenke ich sie Ihnen, sagte sie, dafür, dass Sie uns diese wunderbare Isaak-Geschichte mitgebracht haben. Ich stelle diese Krawatten her, erklärte sie, Batik ist meine Kunst, und verkaufe sie an Boutiquen, ich habe gerade einige dabei, die ich morgen ins Geschäft bringen will, dies ist die schönste, behalten Sie sie! Ich band sie mir sogleich um.

Später, im Bett, blieb ich lange wach und versuchte zu begreifen, was an diesem Abend geschehen war. Ich hatte eine fromme Legende, die hier ihren Ort der Handlung hatte, einen archaischen Mythos oder, deutlicher gesagt, die dramatischste aller Vater-Sohn-Geschichten, die hier, ein paar Steinwürfe von meinem Bett entfernt, vor dreitausend Jahren entstanden war, die von den jüdischen, den christlichen, den islamischen Religionen wachgehalten und in vielen Variationen interpretiert, durchgespielt und weitergegeben worden war dreitausend Jahre lang, die durch so viele Köpfe, durch so viele Bücher und Schriften gewandert war bis in den Kopf meines Vaters, der sie an mich weitergegeben hatte, und diese Geschichte, auch ich hatte sie im Kopf, im Körper, ich hatte sie, wie man leichthin sagt, im Blut, durch mich, durch meine Hände und meinen Computer war sie ebenfalls gegangen, ich hatte sie auf meine Weise interpretiert, sicher nicht als Erster in dieser Weise interpretiert, aber ich hatte die Geschichte, die allen gehörte, auf meine Weise aufs Papier gebracht und hierher zurückgebracht an den Ort ihrer Entstehung mit Chaims Hilfe, und die Menschen hier, ja, so pathetisch dachte ich, ausgerechnet die jüdischen Zuhörer, denen Abraham und Isaak unendlich mehr bedeuten mussten als mir, ausgerechnet sie hatten sie mir abgenommen mit ihrem Beifall und hatten mir zu verstehen gegeben: Die Gefahr ist vorbei, du brauchst keine Angst mehr vor deinem Vater zu haben, du bist gerettet.

Immer stärker wurde das Gefühl einer tiefen Erleichterung. Ich war ein Jahr zuvor fünfzig geworden, ich hatte mich mein ganzes Leben lang abgemüht mit diesem Vater, hinter dessen Strenge und strenger Rolle ich die Liebe zu selten gefunden hatte, die ich gebraucht, und den Schutz zu wenig, den ich gesucht hatte. Von dem Moment an, als er in das Leben des fast Fünfjährigen getreten war als gefeierter Heimkehrer, als ehemaliger Kriegsgefangener, als einer, der sich und seiner Kirche in der Gemeinde Respekt und Wirkung verschaffen musste, und der sich, wie ich erst viel später begriff, zwischen die Mutter und mich gedrängt und sich, gestern noch abwesend, heute zum Herrn des Hauses mit einer unermesslichen Autorität aufgeschwungen hatte, von diesem Schock bis zu dem Schock seines frühen Todes mit achtundvierzig Jahren und dem Schock seines Weiterlebens in mir noch drei Jahrzehnte darüber hinaus hatte ich mit ihm gekämpft, gehadert, hatte ich ihn bewundert und gehasst, beweint und zu begreifen versucht. In der Erzählung über den einen Sonntag von 1954, die ein gutes halbes Jahr zuvor erschienen war, hatte ich zum ersten Mal gewagt, meine ambivalente, meine kritische Haltung zu ihm zur Sprache zu bringen, eine schwere Arbeit, denn ich wollte nicht ihn, der schon über dreißig Jahre tot war, oder beide Eltern, die Mutter lebte noch, auf die Anklagebank setzen und kindlich vorwurfsvoll herumlamentieren. Ich hatte mir vielmehr vorgenommen, die Gefühle des Elfjährigen mit größter Genauigkeit und mit der Sprache, die mir inzwischen, wie ich hoffte, zur Verfügung stand, zu beschreiben. Dies Verfahren, meine intimsten Nöte mit dem Vater, mit der Religion, mit der Sprache zu verbinden mit der fanatischen Aufmerksamkeit des kindlichen Radiohörers während der Übertragung des Weltmeisterschaftsendspiels von 1954, diese Kombination privatester Empfindungen mit einem unvergesslichen Ereignis nationaler Wiedererweckung hatte nicht nur Beifall gefunden. Gerade in den als Intelligenzblätter geltenden Zeitungen war ich von intellektuell auftretenden Fußballideologen oder sich als Fußballexperten aufspielenden Literaturkritikern heftig kritisiert, ja verhöhnt worden für das Beschreiben kindlicher Qualen an einem heiligen Fußballsonntag. Auch wenn ich trotz aller Anfeindungen an der Richtigkeit dieser formalen Lösung nie ernsthaft gezweifelt hatte, so stellte sich doch erst jetzt, in Jerusalem, im Bett liegend, heraus, dass diese Kühnheit, für die ich viel Häme eingesteckt hatte, zu den unerwarteten Belohnungen dieses Abends, zu der großen Erleichterung geführt hatten, die ich allmählich zu begreifen begann.

Gerade die Abraham-Isaak-Passage hatten manche auch wohlmeinende Leserinnen und Leser für übertrieben gehalten, und sie hatten recht damit. Denn natürlich war mein Vater nie mit dem Messer auf mich losgegangen, es war nur der Teppichklopfer für die eine oder andere Tracht Prügel, natürlich hatte er nur dann ein scharfes Messer in der Hand, wenn der Sonntagsbraten zu schneiden war, natürlich hätte er nie eins seiner Kinder der Gefahr ausgesetzt, ermordet zu werden, geschweige von ihm selbst, natürlich gab es in der Mitte des zwanzigsten Jahrhunderts in einem vergleichs- weise zivilisierten Land andere Formen für Gottesfurcht und Opferdank als die des Mords. Ich hatte übertrieben, weil die Phantasie nicht übertrieben hatte. Ich musste über- treiben. Weil ein Gedanke, wie ich früh gelernt hatte, einmal gedacht, nicht mehr zurückgenommen werden kann. Weil die Phantasie sich irgendwann einmal diese Szene ausgemalt hatte, vielleicht irgendwann im Unterbewusstsein des Kin- des oder als Jugendlicher vor den drastischen Bildern der Bilderbibel des Schnorr von Carolsfeld oder als Erwachse- ner beim Schreiben über das Bewusstsein des Kindes. Es war das schrecklichste Bild, das ich dem Vater entgegenhal- ten konnte, die härteste Anklage, meine biblische Abwehr- waffe, aus seinen biblischen Angriffswaffen geschmiedet, der lauteste Schrei: Ich war Isaak.

Ich war nicht mehr Isaak, das spürte ich jetzt, mein Vater war nicht mehr Abraham. Ich war erlöst, der Vater kein po- tenzieller Mörder, kein Böser, kein Messermann mehr. Und ich beschloss, noch bevor ich einschlief, diesen Text, diese dreieinhalb Seiten niemals mehr vorzulesen, weder öffent- lich noch privat, weder in Deutschland noch anderswo. Die Geschichte, die in Jerusalem vor dreitausend Jahren ange- fangen hatte und die ich, dank einer Reihe günstiger Zufälle, nach Jerusalem gebracht hatte, sollte in Jerusalem bleiben oder in Jerusalem enden, jedenfalls für mich.

Zwei Nächte später, in den Stunden vor der Abfahrt von Jerusalem zum Flughafen von Tel Aviv, vor dem Flug zurück nach Berlin, hatte ich diesen Traum: Ein Toter wurde auf einer Bahre an mir vorbeigetragen, und obwohl ich das Gesicht nicht erkennen konnte, wusste ich, es war mein Vater. Ein paar Schritte neben mir stand mein Onkel, der ältere Bruder meines Vaters, der damals noch lebte, und sagte zu mir: Erinnere dich, wie brüderlich er war.

Mit diesem Satz wachte ich auf und war glücklich. Ich spürte, damit war die Versöhnung bestätigt, die mich zwei Nächte zuvor überrascht und ergriffen hatte. Ich musste diesen Mann, diesen Toten, nicht mehr als übermächtige Vatergestalt wie Abraham betrachten, ich musste ihn nicht mehr zu einer feindlichen Figur stilisieren. Mit einundfünfzig Jahren war ich inzwischen drei Jahre älter, als er je geworden war, ich konnte ihn als Bruder, ja sogar als jüngeren Bruder akzeptieren mit allen seinen guten und schwierigen Seiten, aber ich brauchte ihn nicht mehr als Gegner. Der Traum unterstrich noch einmal, was die Lesung zwei Nächte zuvor in mir ausgelöst hatte: Ich fühlte mich befreit, ich fühlte mich frei. Und ich verbarg diese Erleichterung vor den mitreisenden Kollegen und Freunden nicht, ich erinnere mich, dass einige staunten, wie heiter ich plötzlich auf sie wirkte, als wir im Bus oder auf den Hockern in der Wartehalle nebeneinandersaßen.

Die Traumszene blieb mir auch auf dem Flug präsent, sie ist mir bis heute in allen Einzelheiten im Gedächtnis geblieben. Bequem durch die Luft getragen, das Isaak-Trauma immer weiter hinter mir lassend, Gustav Mahlers Musik in den Ohren, habe ich immer wieder die Bahre mit dem toten Mann an mir vorbeiziehen sehen und immer wieder den Satz seines Bruders gehört. Auch mit kritischstem Befragen konnte ich keine andere Deutung dieses Traums finden als die einer tiefen Versöhnung. Es war unvermeidlich, dabei auch die Beerdigung des Vaters zu erinnern, vierunddreißig Jahre zuvor, als die große Nikolai-Kirche in Korbach voll war von Menschen bis hoch auf die Emporen und meine Mutter und meine Geschwister und ich in der ersten Reihe saßen. Noch heute spüre ich das Gefühl im Bauch, das ich hatte, als ich auf den Sarg starrte, ohne Tränen. Ich hielt mich für den unglücklichsten aller unglücklichen Siebzehnjährigen, hatte genug Trauer mit mir selbst und war noch nicht bereit, den Verlust zu sehen oder den Verlust zu beweinen, den ich gerade, sichtbar für alle, erlitten hatte. Ich hatte den Vater krank gesehen, dann sehr krank, nun sah ich den geschlossenen Sarg, aber man hatte mir nicht den toten Vater gezeigt, das hatte mir erst der Traum in Jerusalem beschert. Bei der Beerdigungsfeier hatte ich, solange ich konnte, mich als beherrschter Beobachter zu verhalten versucht, und erst, als die Reden und Choräle vorbei waren und die Sargträger zupackten und unsere Mutter und wir vier Geschwister uns hinter dem Sarg zur ersten Reihe der Trauernden formierten, als hunderte von Menschen auf uns blickten, stiegen die Tränen in mir auf, verlor ich die Beherrschung und weinte los, zum ersten Mal in diesen Trauertagen, und weinte lange. Im Flugzeug der El Al, vierunddreißig Jahre nach dem Begräbnis, das den pubertierenden, poetisierenden Jungen völlig überfordert hatte, feierte ich, still für mich, dies Begräbnis noch einmal, erwachsen, heiter, brüderlich, dankbar an Chaim Be'er denkend.

Ja, ich war ein anderer geworden in Jerusalem, die Krawatte von Frau Tsalka war der Beweis.

Editorische Notiz

«Als die Bücher noch geholfen haben» erschien zuerst 2012 im Rowohlt · Berlin Verlag. Der in den Anhang dieser Ausgabe aufgenommene Vortrag «Von der Tugend des Zersetzens oder: Der Belletrist im Wohlstand» wurde am 30. Dezember 1966 in der Evangelischen Akademie Hofgeismar gehalten und am 5. Februar 1967 im *Deutschen Allgemeinen Sonntagsblatt* abgedruckt; die biografische Skizze «Die Jerusalemer Krawatte» wurde geschrieben für das Friedrich Christian Delius gewidmete Heft der Zeitschrift *Text + Kritik,* Januar 2013.

Rezensionen

«Bewundernswert ist, wie Friedrich Christian Delius gegen die Legendenbildung arbeitet. Das liegt an der Genauigkeit und Uneitelkeit des Autors. Er spart nicht mit Dank und Bewunderung, verhehlt aber auch nicht seine Enttäuschungen. Er selbst ist nie nur der Beobachter, er ist immer selbst betroffen und dann mitunter derjenige, der am ratlosesten zurückbleibt.

Diese biografischen Skizzen haben auch eine literarische Dimension. Dazu gehört, dass hier jemand viel von sich preisgibt und sich dadurch auch anfechtbar macht – doch gerade durch die Unsicherheiten und Schwächen oder vermeintlichen Schwächen des Protagonisten werden die Konturen der Welt, die er beschreibt, nur umso schärfer. Er schreibt: ‹Der SDS war nichts für Lyriker. Andere politische Gruppen auch nicht. Ich konnte mir erlauben, ein Einzelgänger zu bleiben, durfte es nur nicht zu laut sagen.› Und an anderer Stelle heißt es lakonisch: ‹Ich habe mich doch nicht mühsam vom Kirchenlied emanzipiert, um jetzt neue politische Kirchenlieder zu schreiben.›

Widersprüche – in der mehrfachen Bedeutung dieses Wortes – hätte auch ein Titel sein können. Ich wage das zu sagen, weil ein Leitmotiv des Buches eine Sentenz von

Friedrich Schlegel ist, die Friedrich Christian Delius mindestens zweimal zitiert: ‹Jeder Satz, jedes Buch, so sich nicht selbst widerspricht, ist unvollständig.› Dieser Satz, schreibt Delius, habe ihn in gewisser Weise beschützt. Und er rettet ihn auch heute Abend wieder. Denn ‹Als die Bücher noch geholfen haben› ist bei aller Unvollständigkeit auch ein vollständiges Buch, denn es widerspricht seinem Titel, es führt ihn in seinem Verweis auf die Vergangenheit aufs Schönste ad absurdum.» (*Ingo Schulze bei der Buchvorstellung in der Akademie der Künste Berlin, 9. März 2012*)

«Delius ist ein herausragender Zeitzeuge. Er verkörpert die bundesdeutsche Entwicklung durch einen biografischen Umstand, der wie eine Kreisbewegung anmutet. Als kaum 21-Jähriger nahm er nämlich bereits 1964 an einer Tagung der Gruppe 47 teil, die damals auf dem Höhepunkt ihres Einflusses stand – und 1990, lange nach deren offiziellem Ende, als noch einmal eine allerletzte Ausnahmetagung bei Prag organisiert wurde, war er der letzte Schriftsteller, der dort las. Delius, so wortkarg wie er auch wirkte, war immer auf andere Autoren bezogen, das frappiert in seinen Erinnerungen besonders: Die Arbeit als Lektor spielte von Anfang an eine große Rolle. (...) Der genaue Blick dieses Autors für die Qualitäten bei anderen, gerade auch wenn sie ästhetisch ganz andere Wege beschritten als er selbst, nützte ihm ganz offenkundig auch bei der Arbeit an eigenen Texten.

Manche Szenen werden zur Allegorie. Peter Handkes kalkulierter Happening-Auftritt bei der Gruppe 47 in Princeton 1966 hat nicht nur den fast gleichaltrigen Delius überrumpelt. Und dass sich damals alle sofort in die schöne amerikanische Intellektuelle Susan Sontag verliebten, wirft von ganz anderer Seite her ein Licht auf die damalige deutsche Lage. Delius merkte plötzlich, fast erschaudernd: ‹Ästhetik und Demokratie passen zusammen.› Deswegen bezeichnet er sich allenfalls als ‹66er› und nicht als ‹68er›: Die Offenheit, das Ausprobieren, die Lust an neuen Formen vor der dogmatischen Erstarrung sind das, worauf er sich noch heute beziehen möchte.

Eine notwendige Geschichtslektion erteilt der Autor, wenn er zeigt, dass es gerade die undogmatische westliche Linke war, die die Dissidenten im Ostblock vorbehaltlos unterstützt und sie überhaupt erst bekannt gemacht hat. (…) Dass ‹linksliberal› nach 1989 bald zum Schimpfwort wurde, ist eine der vertracktesten Wendungen der Geschichte – und Delius hält dabei an einer Haltung fest, die angesichts etlicher opportunistischer Wendehälse in seiner Generation als redlich erscheint, abseits jeglichen Zynismus. Wie sehr sich bei ihm literarischer Impetus und politische Haltung durchdringen, wird in seiner Dankesrede zum Büchnerpreis 2011 deutlich. Sie steht, lesbar als Poetik des Autors, programmatisch am Schluss.» (*Helmut Böttiger, Süddeutsche Zeitung*)

«1978 endete eine Phase in der Biografie von Friedrich Christian Delius, der sich nun als freier Schriftsteller am Ende seiner Wanderjahre etablierte, zeitglich mit einer politischen Zäsur, dem endgültigen Auslaufen der linksradikalen Bewegung nach dem ‹Deutschen Herbst›, die sich im alternativ-grünen Parlamentarismus bald selbst domestizierte. Erst Mitte 30 begann für Delius die Zeit intensiver Aufarbeitung jener Jahre, von der die ‹biografischen Skizzen› erzählen. Diese wiederum sind als literarische Quelle besonderer Qualität für den Zeithistoriker von hohem Wert hinsichtlich der Bedeutung subjektiver Perspektiven im Kontext der 1960er und 1970er Jahre. (…) Delius berichtet nicht nur, sondern vermag vielmehr mit seinen literarisch präsentierten Erinnerungsfragmenten das Bild einer bereits fern erscheinenden Zeit zu zeichnen, das nachdenklich macht und neue Perspektiven weist.» (*Axel Schildt, Text + Kritik, Heft 197, 2013*)

Bildnachweis

Renate von Mangoldt: 19, 33, 40, 42–43, 77, 140, 233; Reinhard Hummel: 23; Bob Peterson / Time & Life Pictures / Getty Images: 55; Rainer Nitsche: 65; Stefan Moses: 105, 107; Bettina Wassmann: 115; Martin Kurbjuhn: 148–149, 153; Verena Herzog-Loibl: 160, 162; Marianne Kunert: 227, 229; Bernd Oeburg: 248; Roger Melis: 254, 261; Isolde Ohlbaum: 280–281.

Personenregister

(erstellt von Frank Pöhlmann)